策划编撰单位：
莆田学院妈祖文化研究院
福建省妈祖文化传承与发展协同创新中心
福建省社会科学研究基地莆田学院妈祖文化研究中心
福建省高校新型特色智库·莆田学院妈祖文化研究院
福建省妈祖文化研究会
福建省高校人文社科研究基地（莆田学院妈祖文化研究中心）

妈祖学研究丛书编委会成员

主　　编：宋建晓

副主编：姚志平　宋一然　林明太

编　　委：王少华　王清生　刘福铸　朱新华　宋一然
　　　　　宋建晓　陈智雄　林明太　林鸿熙　林荣华
　　　　　林永生　孟建煌　姚志平　姚鸿琨　徐国喜
　　　　　程德华　黄瑞国　黄少强

福建省社科规划社科研究基地重大项目资助

——"新海丝"战略中妈祖文化跨语境传播的话语建构模式研究：以界面研究为视角（项目编号：FJ2015JDZ057）

妈祖文化跨语境传播的话语模式建构

李丽娟 ◎著

图书在版编目(CIP)数据

妈祖文化跨语境传播的话语模式建构/李丽娟著.—厦门:厦门大学出版社,2019.5
(妈祖学研究丛书)
ISBN 978-7-5615-7418-8

Ⅰ.①妈… Ⅱ.①李… Ⅲ.①神－文化传播－研究－世界 Ⅳ.①B933

中国版本图书馆 CIP 数据核字(2019)第 093680 号

出 版 人	郑文礼
责任编辑	章木良
封面设计	蒋卓群
技术编辑	朱 楷

出版发行　**厦门大学出版社**
社　　址　厦门市软件园二期望海路 39 号
邮政编码　361008
总　　机　0592-2181111　0592-2181406(传真)
营销中心　0592-2184458　0592-2181365
网　　址　http://www.xmupress.com
邮　　箱　xmup@xmupress.com
印　　刷　厦门市金凯龙印刷有限公司

开本　　720 mm×1 000 mm　1/16
印张　　19.75
插页　　2
字数　　275 千字
版次　　2019 年 5 月第 1 版
印次　　2019 年 5 月第 1 次印刷
定价　　68.00 元

本书如有印装质量问题请直接寄承印厂调换

厦门大学出版社
微信二维码

厦门大学出版社
微博二维码

序　言

在2018年8月召开的全国宣传思想工作会议上,习近平总书记指出:中华优秀传统文化是中华民族的文化根脉,其蕴含的思想观念、人文精神、道德规范,不仅是我们中国人思想和精神的内核,对解决人类问题也有重要价值。要把优秀传统文化的精神标识提炼出来、展示出来,把优秀传统文化中具有当代价值、世界意义的文化精髓提炼出来、展示出来。要完善国际传播工作格局,创新宣传理念、创新运行机制,汇聚更多资源力量。这一战略要求视野高远、内涵丰富,为中华文化走向世界,为建设"一带一路"和构建人类命运共同体指明了方向。

妈祖文化源远流长,历久弥新,是中华民族文化的瑰宝,是一种"活态文化",博大精深的妈祖文化体现了人类普遍的共同价值与理想。2009年,妈祖信俗被联合国教科文组织列入人类非物质文化遗产代表作名录,成为全人类共同的精神财富。2016年"发挥妈祖文化等民间文化的积极作用"写入我国国家"十三五"规划纲要,标志着妈祖文化正式上升为"国家战略",把妈祖文化全面推向了新时代。据不完全统计,有据可查的海外妈祖宫庙、有关机构等,自明代以降有1000多座(个),分布在世界40多个国家,而且还呈现出不断增长的态势,妈祖文化在国际有着广泛的群众基础。独具特色的妈祖文化作为中华民族的一种具象形态,对中国文化

的国际化势必发挥出巨大的作用。新形势下,随着我国"一带一路"倡议的深入实施,如何更好地宣扬妈祖文化、传播妈祖精神,以此更好地促进不同国家、不同文明、不同族群之间的文化融通、文明互鉴、民心相通,不仅是我们讲好中国故事、传播好中国声音、宣扬好中国精神、塑造好中国形象的需要,也是更好地保护、传承世界非物质文化遗产的需要;不仅是践行海上"一带一路"文化建设中的重要课题,更是构建人类命运共同体,进行文化理论基础建设的重要课题。新时代要求妈祖文化的研究必须朝理论化、学科化、时代化、国际化方向发展。

妈祖文化延续千年而历久弥新,其研究范围广泛,呈现出多学科研究的态势,可说是硕果累累,但鲜有从语言学和跨语境角度研究妈祖文化。李丽娟教授自2008年率先开拓从语言学视角研究妈祖文化的新领域,出版了《妈祖文化的多模态语篇研究》专著,发表了多篇相关的学术论文,并多次担任国际妈祖文化学术研讨会的大会英语翻译,具有一定的学术造诣。作为福建省社科规划社科研究基地重大资助项目,她的《妈祖文化跨语境传播的话语模式建构》一书选题有理论意义和现实意义,拓展了妈祖文化的研究领域,对妈祖文化的海外传播很有参考价值,也为中华文化走向世界进行了有益的探索。本书以语言学理论为基础,研究妈祖文化的海外传播规律、方式和作用等问题,具有较高的学术创新和学术价值,主要体现在以下几个方面。

一、研究理论与方法的创新

本书从系统功能语言学、跨文化传播学、翻译学等界面角度,以语言与文化的界面研究为主,综合运用定量研究与定性研究相结合,特别是采用问卷调查、人物访谈的方法进行资料的收集,探究恰当的跨语境话语模式,使妈祖文化实现"国际表达",让妈祖文化"走出去""走进去",成为世界各国人民了解和认识中华文化的重要窗口之一,为我国建设21世纪海上丝绸之路发挥其桥梁和纽带作用,具有重要的研究价值和研究意义。

二、研究内容的创新

本书探索妈祖文化在海外传播的规律、作用与途径,归纳海外非华人受众的文化需求、妈祖文化跨语境传播的内容,探究妈祖文化在不同语言、不同文化、不同意识形态等之间的话语模式建构,使妈祖文化实现"国际表达",从而有效弘扬和传播妈祖文化的精髓,加深各国对中华文化价值源流的理解,塑造和传播更有亲和力、感召力的中国形象,为解决"如何推动中国文化走出去""塑造中国友好和平的国家形象"的时代课题提供了新思路和新视野。

(一)开辟妈祖文化在海外非华人受众中的影响力调查研究

目前,妈祖文化在海外非华人受众中的影响力研究可以说是空白。本书率先采用文献调研、问卷调查、人物访谈等方法,调查妈祖文化在海外及其对当地政府及民间,尤其是非华人受众的影响力,了解非华人受众对妈祖文化的关注情况、妈祖文化与海外各国本土文化融合共生的样态,以及其在世界信息空间的影响力和认可度。针对问卷、访谈等结果提出妈祖文化海外传播的现存问题及挑战。

(二)构建融通中外的妈祖文化传播话语体系

本书从语言与文化的界面研究视域,以语言为逻辑思维的起点,具体运用系统功能语言学、翻译学、跨文化传播学等理论,通过

研究西方社会的语言思维、政治经济社会、宗教信仰、文化习俗等要素，归纳总结既易被他们接受，又与新丝绸之路理念相契合的核心文化，甄选出妈祖文化跨语境传播的话语资源；从寻求中西文化共性、探究国际话语模式、打造跨语境传播多元矩阵、发挥妈祖的民间外交功能等方式探究妈祖文化跨语境传播的战略举措；从文化译介、妈祖文化语内翻译、妈祖文化语际翻译、妈祖文化符际翻译等界面研究妈祖文化外宣材料中存在的问题及其原因，探讨妈祖文化跨文化语境下的有效翻译策略，探究妈祖文化的跨语境话语建构模式，把握话语权，为中华妈祖文化的对外有效传播构建世界通道。

《妈祖文化跨语境传播的话语模式建构》的出版，可喜可贺！祝愿李丽娟老师在妈祖文化的传播研究上再创佳绩！

是为序。

黄瑞国

2019 年 3 月

目 录

第一章　绪论 ⋯⋯⋯⋯⋯⋯⋯⋯⋯⋯⋯⋯⋯⋯⋯⋯⋯⋯⋯⋯⋯ 001
　　第一节　妈祖文化的渊源 ⋯⋯⋯⋯⋯⋯⋯⋯⋯⋯⋯⋯⋯ 004
　　第二节　妈祖文化与中华文化的关系 ⋯⋯⋯⋯⋯⋯⋯⋯ 027

第二章　妈祖文化海外传播概况 ⋯⋯⋯⋯⋯⋯⋯⋯⋯⋯⋯⋯ 033
　　第一节　妈祖文化在亚洲的传播 ⋯⋯⋯⋯⋯⋯⋯⋯⋯⋯ 034
　　第二节　妈祖文化在美洲的传播 ⋯⋯⋯⋯⋯⋯⋯⋯⋯⋯ 067
　　第三节　妈祖文化在大洋洲的传播 ⋯⋯⋯⋯⋯⋯⋯⋯⋯ 076
　　第四节　妈祖文化在世界其他地区的传播 ⋯⋯⋯⋯⋯⋯ 081

第三章　妈祖文化跨语境传播的现状与挑战 ⋯⋯⋯⋯⋯⋯⋯ 090
　　第一节　妈祖文化在西方社会的现状 ⋯⋯⋯⋯⋯⋯⋯⋯ 091
　　第二节　妈祖文化外宣效应问题 ⋯⋯⋯⋯⋯⋯⋯⋯⋯⋯ 106
　　第三节　妈祖文化跨语境传播的挑战 ⋯⋯⋯⋯⋯⋯⋯⋯ 118

第四章　妈祖文化跨语境传播的话语资源 ⋯⋯⋯⋯⋯⋯⋯⋯ 122
　　第一节　妈祖故事的叙事体系 ⋯⋯⋯⋯⋯⋯⋯⋯⋯⋯⋯ 124
　　第二节　妈祖故事的话语系统 ⋯⋯⋯⋯⋯⋯⋯⋯⋯⋯⋯ 142
　　第三节　妈祖故事的话语优势 ⋯⋯⋯⋯⋯⋯⋯⋯⋯⋯⋯ 153

第五章　妈祖文化跨语境传播的战略举措 ⋯⋯⋯⋯⋯⋯⋯⋯ 185
　　第一节　寻求中西方文化共性 ⋯⋯⋯⋯⋯⋯⋯⋯⋯⋯⋯ 186

  第二节 探究国际话语模式 …………………………………… 189
  第三节 打造跨语境传播多元矩阵 …………………………… 194
  第四节 发挥妈祖文化的民间外交功能 …………………… 214
第六章 妈祖文化跨语境传播的话语效果 ……………………… 226
  第一节 妈祖文化的译介 ………………………………………… 226
  第二节 妈祖文化的语内翻译 ………………………………… 233
  第三节 妈祖文化的语际翻译 ………………………………… 241
  第四节 妈祖文化的符际翻译 ………………………………… 272

结 语 …………………………………………………………………… 291
参考文献 …………………………………………………………………… 293
后 记 …………………………………………………………………… 307

第一章　绪论

国家形象不仅是国家文化软实力的重要标志,也是一个国家基于文化的生命力、创新力、传播力而形成的思想、道德和精神力量。国家形象在国际社会中的构建从本质上来说就是一种外交行为,构成国家外交政策的一项重要内容,外交是为了提升国家软实力,文化外交是一国构建国家形象的重要途径。中华文化源远流长、灿烂辉煌。在5000多年文明发展中孕育的中华优秀传统文化,积淀着中华民族最深沉的精神追求,代表着中华民族独特的精神标志,是中华民族生生不息、发展壮大的丰厚滋养,是中国特色社会主义植根的文化沃土,是当代中国发展的突出优势,对延续和发展中华文明、促进人类文明进步,发挥着重要作用。我国党中央、国务院高度重视弘扬中国优秀传统文化。习近平总书记指出,民族文化是一个民族区别于其他民族的独特标志。博大精深的中华传统文化是我们最深厚的软实力,是我们在世界文化激荡中站稳脚跟的根基。中华传统美德是中华文化精髓,蕴含着丰富的思想道德资源。要努力用中华民族创造的一切精神财富来以文化人,以文育人。

随着中国经济实力和综合国力的不断增强,中国在海外的影响力日趋扩大,中国与世界的交流对话日渐深化、广泛,中华文化的对外传播建设也在不断推进。党的十八大以来,以习近平同志为核心的党中央极其重视对外宣传工作,做出一系列重大决策和

部署。

2013年8月19日,习近平在全国宣传思想工作会议上指出:宣传阐释中国特色,要讲清楚每个国家和民族的历史传统、文化积淀、基本国情不同,其发展道路必然有着自己的特色;讲清楚中华文化积淀着中华民族最深沉的精神追求,是中华民族生生不息、发展壮大的丰厚滋养;讲清楚中华优秀传统文化是中华民族的突出优势,是我们最深厚的文化软实力;讲清楚中国特色社会主义植根于中华文化沃土、反映中国人民意愿、适应中国和时代发展进步要求,有着深厚历史渊源和广泛现实基础。要精心做好对外宣传工作,创新对外宣传方式,着力打造融通中外的新概念新范畴新表述,讲好中国故事,传播好中国声音。中华五千年文明,好故事源远流长、内涵丰富、寓意深远。

同年12月30日,习近平在中共中央政治局第十二次集体学习时发表重要讲话:提高国家文化软实力,要努力展示中华文化独特魅力。在5000多年文明发展进程中,中华民族创造了博大精深的灿烂文化,要使中华民族最基本的文化基因与当代文化相适应、与现代社会相协调,以人们喜闻乐见、具有广泛参与性的方式推广开来,把跨越时空、超越国度、富有永恒魅力、具有当代价值的文化精神弘扬起来,把继承传统优秀文化又弘扬时代精神、立足本国又面向世界的当代中国文化创新成果传播出去。①

2014年6月6日,习近平在会见第七届世界华侨华人社团联谊大会代表时表示:中华文明有着5000多年的悠久历史,是中华民族自强不息、发展壮大的强大精神力量。我们的同胞无论生活在哪里,身上都有鲜明的中华文化烙印,中华文化是中华儿女共同的精神基因。希望大家继续弘扬中华文化,不仅自己要从中汲取

---

① 国务院新闻办公室、中央文献研究室、中国外文局:《习近平谈治国理政》,北京:外文出版社,2014年,第161页。

精神力量,而且要积极推动中外文明交流互鉴,讲述好中国故事、传播好中国声音,促进中外民众相互了解和理解,为实现中国梦营造良好环境。

2015年5月21日,习近平就《人民日报》海外版创刊30周年做出重要批示:我们必须以创新性的战略思维,积极打造具有中国特色的对外话语体系,用国外民众"乐于接受的方式、易于理解的语言,讲述好中国故事,传播好中国声音"。

习近平总书记在一系列重要讲话中,对新时期外宣工作做出重要指示,要求讲好中国故事,要重点展示中国的文明大国形象、东方大国形象、负责任大国形象、社会主义大国形象。① 总书记提出"讲好中国故事"这一重大命题,不是一句简单的口号,而是提升我国国际传播能力过程的开始,是新形势下我们传播中华优秀文化、提升国家文化软实力的大好时期。

2017年1月25日,中共中央办公厅、国务院办公厅印发了《关于实施中华优秀传统文化传承发展工程的意见》:随着我国经济社会深刻变革、对外开放日益扩大、互联网技术和新媒体快速发展,各种思想文化交流交融交锋更加频繁,迫切需要深化对中华优秀传统文化重要性的认识,进一步增强文化自觉和文化自信;迫切需要深入挖掘中华优秀传统文化价值内涵,进一步激发中华优秀传统文化的生机与活力。② 该意见指出:传承发展中华优秀传统文化,就要大力弘扬讲仁爱、重民本、守诚信、崇正义、尚和合、求大同等核心思想理念。因而,向世界"讲好中国故事,传播好中国声音"有利于增强我国的文化竞争力,加强中外文化交流,推动中华文化走向世界,树立中国在世界上的良好形象,展示中华文化的独特魅力。

---

① 国务院新闻办公室、中央文献研究室、中国外文局:《习近平谈治国理政》,北京:外文出版社,2014年,第106页。

② 《关于实施中华优秀传统文化传承发展工程的意见》,http://www.gov.cn/gongbao/content/2017/content_5171322.htm。

第一节 妈祖文化的渊源

文化是一种历史现象,随着人类社会的产生而产生,发展而发展。"人类学之父"英国爱德华·伯内特·泰勒(Edward Burnett Tylor)1871年在《原始文化》中将文化定义为:一个复杂的总体,包括知识、信仰、艺术、道德、法律、习俗以及人类在社会里所得到的一切能力与习惯。可见,文化包含了社会的方方面面。

我国古代,文化是指人类的物质财富、道德修养、精神生活和创造活动及其成果。现在的文化一词有广义和狭义之分。广义的文化指的是人类在社会历史发展过程中所创造的物质财富和精神财富的总和。狭义的文化仅仅指精神文化,即知识、信仰、宗教、艺术、道德、思想、风俗、习惯等。狭义的文化,是严格意义上的文化,因此文化的内涵即人类的精神活动及其产品,是经济和政治的反映,归根到底是人类物质活动的反映。

文化遗产指历史上遗留下来的精神财富和物质财富,一般指古代遗留下来的精神财富。任何一个民族的文化,都有一个发展的过程。文化的发展过程实质上是保留文化中优秀的部分,摒弃腐朽的部分,创造出符合社会和时代要求的新文化的过程。文化的优秀部分就是文化遗产。

一、妈祖信仰的起源

妈祖又名"林氏女""神女""默娘""娘妈""婆祖""灵女""林夫人""天妃""天后""天上圣母"等,是我国宋代以来的民间神祇。关于妈祖的身世和事迹,一千年来,人们赋予诸多神奇的色彩、美丽

的传说,如"窥井得符""乘席渡海""机上救亲""白日飞升",等等。这当然只是反映人的某种善良的愿望、奇妙的想象,但历史上,妈祖确有其人。妈祖作为人的存在,不是单纯靠民间口头流传下来,而是有确凿的史料记载为依据的。目前被认为最早的相关记载见于南宋廖鹏飞的《圣墩祖庙重建顺济庙记》:"……姓林氏,湄洲屿人。初,以巫祝为事,能预知人祸福;既殁,众为立庙于本屿。"①据《莆田县志》记载:妈祖,原名林默,又名林默娘,湄洲屿人,于宋建隆元年(960年)农历三月廿三日生于福建莆田。海边出生的林默从小跟大海结下了不解之缘。她经常跟随父亲出海,目睹无情的大海吞没无数的船只和无辜的生命,因而立志长大后一定行善济难。林默自幼聪颖灵悟,勤奋好学,事亲至孝;成人后,识天文、懂医理、熟水性、急公好义、见义勇为,一生行善济世,常常风里来雨里去,乐为舟船引航,趋吉避凶。每逢风暴来时,她总会驾舟出海,白天她引臂高呼,夜晚红灯高举,指引漂流在海面上的船只一一进港避风,从而受到人们尊敬、信奉,被人尊称为"神姑""女神"。

宋雍熙四年(987年)农历九月初九日,林默娘因搭救遇险船只不幸罹难,年仅28岁。后人援引"人行善事,死后为神",就认为她羽化升天为神,仍然行善济世,救逢凶遇难之人。"有功德于民则祀之",百姓感念敬仰她生前行善大爱、救苦救难的精神,当年自发在湄洲峰立庙祭祀她,尊她为护航女神,这就是最早的妈祖庙,世人尊称为湄洲妈祖祖庙。经历代修建、重建,湄洲妈祖祖庙2006年被国务院列入第六批全国重点文物保护单位,而妈祖祭典被列入首批国家非物质文化遗产名录。

妈祖海上救难的故事,最初是在民间口口相传。凡是得到她帮助的人们,奔走相告,一传十,十传百,妈祖便以海上"神女"的形象出现,成为劳动人民理想的化身。后来,传说她经常显灵护佑船

---

① 蒋维锬编校:《妈祖文献资料》,福州:福建人民出版社,1990年,第1页。

湄洲妈祖祖庙

湄洲妈祖祖庙匾额"神昭海表"

湄洲妈祖祖庙供奉的妈祖金身

湄洲湄屿峰上的妈祖石雕像

只,拯救海难,这其实是与她生前助人为乐的品质分不开的。妈祖牺牲之后,人们就按自己的愿望和理想,进一步把她塑造成一位慈悲博爱、护国庇民、可敬可亲的女神,其目的仍是教育子孙后代和弘扬民族精神。妈祖,封建社会的一介平民女性,在其短短的一生中,以拯危济困、扬善去恶、济世救人的博爱精神和高尚品德赢得了乡民的爱戴,并在死后得到了更高的尊崇、进一步的神化。自宋绍兴二十六年(1156年)起历经元、明到清末,历代王朝先后36次对妈祖祭封褒奖,妈祖的地位不断提高,逐渐被神化,成为民间神祇,被尊为至高无上的海神。清康熙五十九年(1720年),妈祖与孔子等一起被尊为"春秋谕祭"之神,列入国家祀典。如今,湄洲祖庙妈祖祭典与黄帝祭典、孔子祭典一同成为三大国家级祭典非遗项目。至此,妈祖的地位越来越高,信仰传播也越来越广。妈祖信仰,已逐渐演化成一种以民间信仰为核心的内容广泛、极具特色的文化形态。

湄洲妈祖祖庙祭坛

二、妈祖文化的发展

妈祖文化的形成和发展,经历了一个漫长的过程。它肇始于对一位真实历史人物的纪念。林默是人,也是神。她是官民同敬的一个神祇,被民间尊奉为海上女神始自北宋。她生前奔波海上,救急扶危,济险拯溺,护国庇民,福佑群生,航海人敬之若神,在"羽化升天"之后得到更高的尊崇。岛屿民众来妈祖庙烧香磕头,既为了感激妈祖生前的圣迹和懿德,也希望妈祖的灵魂能够像她生前一样护佑人们的生活、生产安全,结果是"有祷必应"。当时湄屿峰上的妈祖庙虽然小,但在航海者中的影响却非同一般,先由福建船民开始,在船上供牌位,奉香火,很快在沿海船民中传开,成为船民一致认可的海上女神。人们感恩于心,并希望有这样一位品格高尚的"神女"永久地襄助他们。有着慈悲之心、天赋异禀的神奇女子林默,逐渐在大家的愿望、想象和虚构中被美化与神化了,由此林默的身份发生了变化,由巫女变成了神女,传说她经常显灵显圣,护国佑民,救人于危难。人们在遇到困难时只要祈祷"妈祖保佑",妈祖就会闻声而至,让人们逢凶化吉,遇难呈祥,人们最终将妈祖奉为名副其实的"海上女神"。于是,林默即由一位乐善好施、仁爱济世的普通民间女子,慢慢演化成广施恩泽、护国佑民的四海共仰的海上和平女神。她由莆邑一带走向五湖四海,达到无人不知、无神能替代的程度。这期间自然包含了人们口口相传的对她短暂而传奇的人生的各种传颂和演绎,以及历代文人墨客的一次一次著书立说的赞颂,加上历代皇帝一次一次的褒封。

中国海洋事业的发展促进了妈祖文化的传播。妈祖文化最初只局限于湄洲湾一带。作为妈祖信仰的发祥地,妈祖升天传说在这里流传已久,在湄洲岛上祖庙后边的石崖上,还刻有"升天古迹"

四个大字,迄今有许多香客到此朝拜。宋刘克庄《白湖庙二十韵》诗:"灵妃一女子,瓣香起湄洲""始盛自全闽,俄遍于齐州",这些诗句概括了妈祖由人变神的史实,并点明妈祖文化肇自湄洲。

升天古迹(陈昉 摄)

作为海洋文化载体或者介质,海水永远处于无休止的运动中。一个海区与另一个海区之间交换,具有稳定的外向运动特点,所以海洋文化也从它产生的海区或大海边缘向外传播,特别是在交通不发达的古代,海洋是人类往来的重要通道,文化交流借此而发生。因江河湖海相通,妈祖文化先是由沿海传播到了与水相关的有漕运和河运的地方。北宋时期,随着造船技术的提高和指南针在航海中的应用,我国东南沿海的交通和海上贸易已相当发达。从事海上贸易活动的民间海商越来越多,航海者于茫茫大海之中航行,犹如沧海一粟,面对瞬息万变、波涛万顷的大海,他们不免产生朝不虞夕的恐惧感。于是,在缺乏科学预测能力的情况下,只好把希望寄托于神的力量,祈求"海不扬波""顺风顺水"。而故土乡关这位集智慧、勇气、善良于一身的海上女神,便成为航海者的精神寄托,有如在航海者心目中燃起了一盏明灯,照亮了他们的千里航程。出于海上谋生的需要,航海者迫切希望能有种超自然的保护神来庇佑他们平安无事。妈祖信仰适应了航海者祈求平安的心态,应运而生。妈祖信仰的产生,是百姓心中的愿望,是时代的需要,也和古今中外各种神明的产生一样,是一种社会阶段和历史发展的必然。

航海交通、贸易的高度发展而使妈祖庙宇遍布闽、粤、浙、苏、鲁等沿海区域,到元明清随着漕运、海外交通的进一步发展,闽商的走南闯北,妈祖信仰文化从沿海城镇深入内河水运的周遭地区。在我国广大的疆土上,特别是沿海地区,妈祖宫庙更是星罗棋布。在林默逝世后的十二年,即咸平二年(999年),在湄洲岛隔海相望的平海澳(今平海镇)建起了一座妈祖庙,这是迄今有确切年代记载的最早的妈祖分灵庙。

平海天后宫

山东庙岛显应宫与湄洲妈祖祖庙同建于北宋。它始建于北宋宣和四年(1122年),距今有近900年的历史。它是中国北方修建最早、规模最大、影响最广的妈祖庙,既为北方少有,更是中国最早的妈祖庙之一,享"天妃北庭""北海神乡"之誉。

山东庙岛显应宫宫门

山东庙岛显应宫供奉的天后圣母

政府的敕封对于妈祖文化的发展与传播起到了很大的促进作用。林默逝世后百余年，其影响逐渐扩大。原本只是民间信奉的神明第一次受到官方认可，则是在 1123 年，宋徽宗赐封"顺济"二字作为林默的庙额名号。南宋莆田学者廖鹏飞《圣墩祖庙重建顺济庙记》[①]记载了林默获得皇帝赐封的前前后后：北宋宣和五年（1123年）给事中路允迪出使高丽（朝鲜历史上的王朝，918—1392年）途中，船遇大风巨浪，共有8艘使船，覆没7艘，唯独路允迪乘坐之船安然无恙。传说突遭飓风之际，情况十分危急，他及船上人员都望空跪拜，祈求神灵庇佑。倏地，只见一道祥光，有一红衣女子端坐桅间，瞬即风平浪静，终于转危为安。随船的莆田李振告知是家乡信奉的圣墩女神搭救，路允迪回朝复命奏闻，宋徽宗（1123年）下诏给妈祖庙赐以"顺济"匾额。这是妈祖神迹第一次由民间传到官府，并得到朝廷的认可、褒奖。这对妈祖信仰文化在民间的流传自然起到一定的推动作用。

妈祖文化真正得到大发展始于南宋。进入南宋，林默开始受到朝廷重视。当时泉州港的海上贸易十分兴盛，尤其是南宋中后期，泉州进入黄金年代，海外贸易额占到全国总数的三成以上。经济繁荣往往与宗教兴盛相伴相随，朝廷认为林默具有护国安邦的"神力"，褒封她为"夫人""妃"，在南宋的100多年间对妈祖的褒封达14次之多。林默由夫人晋爵为妃，其身价倍增，神名远播，逐渐成为各地航海者崇拜的女神。

元代，元政府十分重视海上贸易和漕运。朝廷对这位汉民族的海神推崇备至，称她为"天妃"。1281年，忽必烈诏封林默"护国明著天妃"，此后20多年间数次加封，大大提升了林默的海神地位。元政府的最后一次加封称号为"护国辅圣庇民广济福惠明著天妃"，名字之长超过以往的所有封号。妈祖林默，终于从众多神明中脱颖而出，独享海神美名，成为国家级的航海保护神。

明洪武年间，一方面，为避倭患，"禁濒海民不得私自出海"，

[①] 蒋维锬、郑丽航辑纂：《妈祖文献史料汇编：第一辑·碑记卷》，北京：中国档案出版社，2007年，第1页。

"禁濒海民私通海外诸国","禁民入海捕鱼,以防倭故也"。另一方面,对明朝廷而言,海运仍很重要,除了平定战乱之外,朝廷还需要船队把粮食从江南运到北方,因此也难免与妈祖有一定的关系。洪武五年(1372年),明朝廷加封海神林默为"昭孝纯正孚济感应圣妃",这是明朝廷首次赐封妈祖为"圣妃"。至明成祖,放弃海禁政策,一方面恢复元朝极为活跃的海运并疏通河道开始内河航行,另一方面派遣使臣出使海外诸国,其中最著名的便是郑和七次下西洋。1405—1433年的28年中,郑和奉命率领庞大的远洋船队,七下西洋,远航西洋各国,遍访了东南亚和印度洋的孟加拉湾、阿拉伯海、红海直到非洲东部沿岸大小30余国。据史料记载,郑和七次下西洋都有受到妈祖庇护而脱险的记载,这无疑又赋予了林默许多浓厚的"护国庇民"神话色彩。随着郑和下西洋的船队,妈祖文化不仅在元代的基础上向福建、南京、山东、天津、台湾、广东等地继续传播,随着郑和下西洋和海商华侨的足迹,明代妈祖文化已传入马六甲、琉球等地。此时,妈祖文化的传播范围远远超过宋元时期。

从康熙到同治近200年间,6位皇帝10余次加封,妈祖的称号由明代的"天妃"升至"天后"。清康熙五十九年(1720年),妈祖被尊为"春秋谕祭"之神列入国家祀典。清代光绪皇帝对妈祖的封号是最后一个封号,长达64个字,其神牌全称为"护国庇民、妙灵昭应、弘仁普济、福佑群生、诚感咸孚、显神赞顺、垂慈笃祐、安澜利运、泽覃海宇、恬波宣惠、导流衍庆、靖洋锡祉、恩周德溥、卫漕保泰、振武绥疆、嘉祐敷仁天后之神"①,在诸神封号中遥遥领先,创中国神仙封号的字数之最,其地位尊贵无以复加。为什么呢?究其原因是,"传闻利泽至今在""已死犹能效国功"。

历代朝廷的累累封赐,最终树立了妈祖作为唯一海神的至高

---

① 蒋维锬:《"天后""天上圣母"称号溯源》,《莆田学院学报》2004年第1期,第78页。

无上地位,也使妈祖这一民间信仰文化的传播范围愈益扩大,即从自宋代发源于福建莆田后,相继南下传入两广乃至海外,北上浙、江、鲁、辽等省的沿海地区,随着水运的发达快速地传播到内陆省份,几乎遍及全国。宋陈宓《白湖顺济庙重建寝殿上梁文》记载:"昔称湘水神灵,独擅南方;今仰白湖香火,几半天下。"刘克庄《风亭新建妃庙》亦云:"非但莆人敬事,余北游边,南使粤,见承、楚、番禺之人祀妃尤谨,而都人亦然。"从目前已知的研究资料来看,妈祖宫庙分布国内27个省、自治区、直辖市,如福建、广东、浙江、上海、江苏、山东、河北、天津、北京、辽宁、内蒙古、湖南、湖北、四川、贵州、云南、广西、河南、安徽、陕西、甘肃、江西、海南、重庆、香港、台湾、澳门等。

其中,享有"先有天后宫,后有天津卫"盛誉的天津天后宫始建于元泰定三年(1326年),距今有将近700年的历史。天津天后宫每年妈祖节(农历三月二十三日)举行的妈祖祭典仪式被称为皇会,于2008年入选国家级非物质文化遗产名录。

天津天后宫(刘青健 摄)

其他规模及影响力较大的妈祖庙,有福建泉州天后宫、长乐显应宫、江苏浏河天妃宫、宁波庆安会馆、上海天后宫等。

江苏浏河天妃宫

浏河天妃宫供奉的妈祖神像

浏河天妃宫修建碑记

宁波庆安会馆（天后宫）

宁波庆安会馆（天后宫）内的砖雕

宁波庆安会馆（天后宫）殿内
供奉的妈祖彩塑神像

宁波庆安会馆（天后宫）内的戏台

上海天后宫

上海天后宫内供奉的妈祖像

南京天后宫

南京天后宫内供奉的妈祖像

自16世纪以来,妈祖文化就已经深深地扎根在台湾人民的精神当中,成为台湾人民抵御外寇、联系大陆同胞感情的最重要动

苏州泗阳妈祖文化园内的三面妈祖像

力。如今,妈祖是台湾地区民间信仰最具代表性的神祇。据不完全统计,截至目前,台湾地区2300万人口中信仰妈祖的就占了2/3。台湾地区有众多的妈祖庙,仅登记的、具备法人资格的、有一定规模的宫庙就近1000座,从台湾地区的妈祖庙分灵到世界各地20多个国家和地区。值得一提的是赫赫有名的大甲镇澜宫"三月疯妈祖"——妈祖巡安绕境,是全台湾岛每年农历三月规模最大的民间信仰活动,它和麦加的朝圣、印度恒河的洒红节名列世界三大宗教活动。自活动创办一个世纪以来,大甲妈祖绕境活动每年吸引近150万人参与历时九天八夜的徒步参拜,风雨无阻。

更有趣的是,据传澳门名字的由来与妈祖有直接的关系。明神宗万历年间,一支葡萄牙船队行驶到邻近珠江口的一处小岛,靠岸停泊。他们在妈祖阁前登陆时,根本不知道那里的地名,便向一位正在妈祖阁里的妇女打听此处的地名,因为语言不通,妇女以为是问妈祖庙的名字,便回答说"妈阁",葡萄牙人于是就以"妈阁"的谐音称澳门为Macau。妈祖阁中历史最悠久而且有据可查的弘仁

台湾大甲镇澜宫

台湾镇澜宫从福建湄洲妈祖祖庙分灵的翡翠妈祖像

妈祖绕境现场（刘青健 摄）

殿,是澳门史册上记载的第一座庙宇。2005年7月15日,包括妈阁庙前地在内的澳门历史城区被列入世界遗产名录。

澳门妈祖阁

在中西文化交汇融合的国际大都市香港,妈祖依然是其民众最崇拜的民间神祇之一,天后庙的数量之多、分布之广均居香港之最。整个香港地区的天后庙约有100座,香火鼎盛,无论是市民还是游客都不少。香港的天后庙大多是在清朝时兴建或重修的,最古老的妈祖庙要数九龙佛堂门天后宫,始建于宋代,至今已有700多年的历史了。比较著名的天后庙,分布在香港岛的赤柱、香港仔、铜锣湾,九龙的油麻地、土瓜湾,新界的元朗等地。香港地区普遍修建天后庙,反映出自古以来香港航运业和捕鱼业的兴盛。

香港新界元朗天后古庙(林明太 摄)

然而,到了明末清初,由于各种原因,特别是政府的海禁政策和移民政策等,素以善于经商著称的闽粤商人便把眼光转向内地,并深入内陆各地从事经商贩运。于是,随着闽粤移民流入及其商业开展,妈祖文化在内陆地区沿陆路或者内河沿线的苗、侗等少数民族地区传播开来。因此,除了沿海地区崇拜妈祖外,连湘西、黔东、四川等西部内陆的人们也祀奉妈祖。目前在湘西、黔东现存的三座天后宫中,芷江天后宫以精湛绝伦著称,镇远天后宫以精致典雅见长,旧州天后宫则以宏伟壮丽闻名。

湖南芷江天后宫外景

芷江天后宫的石雕

经过千年岁月的发展,妈祖已经走出单纯的民间信仰殿堂而形成一种影响广泛的民俗文化——妈祖文化。

妈祖文化传播主要是通过妈祖信仰传播来实现的。妈祖信仰随着宋元时期海疆的拓展,明时郑和下西洋推动的海上丝绸之路与清代的瓷器外销,以及华侨华人和沿海同胞的往来海上,从诞生地福建莆田的湄洲岛逐渐向国内外传播,形成了一个特殊的妈祖信俗文化圈。妈祖因海洋而生,也因海洋而灵,妈祖文化具有海洋文化的种种特性。相对于陆地而言,外向性、开放性是海洋文化显著的基本特征。而妈祖文化也具有外向性、开放性的特征,不断地扩大交流和传播,从一个地域到另一个地域,跨出国门走向全世界。有江河湖海的地方就会有华人,有华人的地方就会有妈祖信俗,就有妈祖影响力。妈祖信仰的传播过程也是妈祖探索和实践海洋文明的过程。妈祖信俗文化伴随漂洋过海的华侨、海员和外交使节,传到世界各地,成为颇具世界影响的海神。随着我国与邻国的海上贸易日益活跃,妈祖信仰经由海上丝绸之路传播到海内外,成为众多不同国籍、不同种族、不同肤色百姓的共同信仰。时

至今日，世界各地还分布着大量具有悠久历史的妈祖庙，海上丝绸之路的沿途各国无不留下妈祖的圣迹，从太平洋沿岸到大西洋之滨，从北到芬兰、冰岛，南至澳大利亚、新西兰，从某种意义上说，妈祖是他们漂洋过海、立身处命的精神依赖，也是他们同祖国保持联系的重要渠道之一。据湄洲妈祖祖庙官网统计，截至2018年底，妈祖信仰文化在世界40多个国家和地区，尤其是海上丝绸之路沿线国家地区的妈祖文化积极与当地文化交流融合、落地生根，融入当地社会生活，成为沿线国家地区民众的共同文化记忆，成为沿线各国家与我国加强文化、人员交流联系的纽带和桥梁之一。至今每年三月二十三日妈祖诞辰，许多国外的妈祖庙都会举行祭祀等活动，如马来西亚的槟城海南会馆天后宫与槟城及威省多个团体联合举办"天后圣母灵身巡幸槟城海陆大典"，日本横滨、美国旧金山等地的妈祖庙也举行类似的活动。平常这些宫庙也开展各种慈善公益活动，如为贫老弱病群体组织捐赠，设立文教活动基金，帮助需要捐助的华人学校，举办环保活动等。它们传播着妈祖的仁爱精神，在当地群众中有着良好的口碑。

能够跨越千年，从古代一直延续到现代社会，妈祖信仰文化长盛不衰，在古代众神中也是相当罕见。妈祖信仰文化之所以历久弥新，主要是因为不同的时代、不同的地区、不同的阶层、不同的民族都参与了妈祖文化的创造与发展的过程，并和当地的文化元素有机地融合在一块，从而形成了各具地方特色的妈祖文化。妈祖信仰之所以深深扎根于民众，是顺从了民众求平安、求福、求顺、求生存、求发展的心理需要，这种信仰发展为历史认同、文化认同、民族认同、社会认同、国家认同的层次。妈祖信仰也成为住地华侨华人乃至当地民众的一种崇高信仰，并成为一个世界性的民众信仰，其根源在于妈祖精神的内涵——"立德、行善、大爱"，以及妈祖文化"和谐、包容、平安"等特征。这种"真、善、美"具有的共享价值，

不仅是中国所需要的,也是世界各国人民所需要的;不仅是古代社会所需要的,也是现代社会所需要的,因而形成了具有恒久性、世界性的文化现象。

20世纪80年代兴起"妈祖热"后,妈祖又有了"海峡和平女神""世界和平女神"的时代新称谓。这肯定了妈祖文化在推动东西方文化交流,促进人类和平与进步方面所做出的历史贡献。湄洲妈祖金身巡游台湾、世界各地信众来湄洲进香朝拜,已然成为民间文化的交流盛事。2009年9月30日,由祭祀仪式、民间习俗和故事传说组成的湄州"妈祖信俗"被联合国教科文组织列入人类非物质文化遗产代表作名录,成为我国首个也是目前唯一的信俗类世界非物质文化遗产。

2013年,人民出版社出版的《妈祖学概论》对妈祖文化的概念做了初步的界定:妈祖文化是以妈祖信仰为主旨,妈祖宫庙、祭祀、传说神话及有关妈祖的活动等为主要载体,衍生并融合各种文化元素而形成的一种特色文化。

妈祖文化从其存在形式来看,可以分为物态文化、制度文化、行为文化和心态文化。

妈祖物态文化包括妈祖宫庙建筑、妈祖民间工艺、妈祖服饰、碑刻、雕像等。

妈祖制度文化在长期演变和发展中逐渐形成了一些约定俗成的制度,比较有代表性的是:大醮、清醮、出游、分灵(神)和回娘家。

妈祖行为文化在与各地自然、经济、社会、文化的长期交融中,逐渐形成了颇具特色的行为模式。莆田妈祖文化是世界妈祖文化的代表,其行为文化有妈祖祭祀仪式、妈祖民俗活动等。

妈祖心态文化是指妈祖信众表现出来的信仰、心态、思维指向等,集中反映了妈祖文化的核心——妈祖精神,即"仁爱、正义、勇敢、和平"。它的表现形式多种多样,包括小说(含民间神话传说等)、剧本(含戏曲、话剧、影视等)、诗词、楹联、散文、音乐、绘画、雕塑、建筑等。①

我们可以从内涵和外延两方面来理解妈祖文化。从妈祖文化的内涵来看,妈祖文化的产生、传播、发展历程展示了妈祖仁爱慈善、扶危救困、见义勇为、助人为乐、热爱和平的高尚情操,体现了中华民族的传统美德和价值观念;从妈祖文化的外延来看,则是妈祖信仰持续一千多年来形成的文明发展的重要成果,妈祖文化内容涉及科技、经济、政治、伦理道德、宗教信仰、神话故事、民间传说、文学艺术、教育、军事、外交、民俗、华侨、移民、航海等领域,与海洋文化、宗教文化、地域文化、民俗文化、文学艺术、工艺美术等诸多文化形态相互交融,内涵丰富,外延深广。

第二节　妈祖文化与中华文化的关系

《关于实施中华优秀传统文化传承发展工程的意见》对中华优秀传统文化的描述是:中华优秀传统文化蕴含着丰富的道德理念和规范,如天下兴亡、匹夫有责的担当意识,精忠报国、振兴中华的爱国情怀,崇德向善、见贤思齐的社会风尚,孝悌忠信、礼义廉耻的荣辱观念,体现着评判是非曲直的价值标准,潜移默化地影响着中国人的行为方式。传承发展中华优秀传统文化,就要大力弘扬自强不息、敬业乐群、扶危济困、见义勇为、孝老爱亲等中华传统美德。

一、妈祖文化是中华民族的优秀文化遗产之一

妈祖,一位凡间女子,一位海之女神,衔接中华民族福泽天下、

---

① 黄瑞国主编:《妈祖学概论》,北京:人民出版社,2013年,第1～2页。

博大精深的慈爱文化与救急扶危、化育万代、热爱和平的文化真情,演绎出一场感天动地的大爱传奇,用昂扬正气为后人留下了一座大爱的丰碑。

妈祖是中国影响力最大的航海保护神,被誉为"世界和平女神",是流传于中国沿海地区的传统民间信仰,妈祖文化则体现了中国海洋文化的特质。源于妈祖信仰的妈祖文化肇于宋,成于元,兴于明,盛于清,繁荣于近现代。妈祖文化绵延千年而历久弥新,是劳动人民千百年来尊崇、信仰妈祖过程中遗留和传承下来的物质及精神财富的总称,是中华民族文化瑰宝之一。经过千百年的衍播,妈祖文化从发源地福建莆田走向世界,已成为独具魅力、富有凝聚力、超时空、跨越国界的国际性信俗,在国际上具备一定影响力的文化现象,更是全人类文明尤其是21世纪海上丝绸之路沿线国家共属的精神财富和宝贵遗产,已受到越来越多世人的关爱和敬仰,上升为人类传承文明、发展进步的世界性课题。迄今为止,世界各地妈祖宫庙已达近万座;信众达3亿多人,遍及40多个国家和地区。正如全国政协原副主席张克辉先生所指出的:妈祖信仰"其延续之久,传播之广,蕴涵之厚,影响之深,是其他民间崇拜无法比拟的"。

妈祖文化,寄托了中华民族对崇高与善良的追求。一方面,包含了妈祖生前的正直、善良、仁慈,表现出来的助人为乐、扶危济世等感人事迹;另一方面,也包含了妈祖被神化后,和人们一起战胜自然灾害的神话传说。而妈祖的神话与传说之所以延绵千年,其神话体系之所以成为一个系列化、彼此连贯而又各具不同时代特征的妈祖神话体系,至今仍焕发出强大的生命力,归根结底,在于妈祖文化承接了中华民族文化的源头,不断撷取、融合了中华传统文化的精华,演绎发展成集中华传统文化与海洋文化之大成的一种"活态文化"。妈祖在中国历代,不仅受到广大民众的顶礼膜拜、

文人墨客的诗词咏叹,而且受到官方朝廷的嘉许弘扬,这在历史上都是非常罕见的。宋代状元黄公度的诗云:"已死犹能效国功""传闻利泽至今在"——这是已知年代最早的妈祖题咏;"但见舳舻来复去,密俾造化不言功"——这是宋代学者陈宓的诗句;"普天均雨露,大海静波涛"——这是元代诗人张翥的诗句;"扶危济弱俾屯亨,呼之即应祷即聆"——这是明成祖永乐皇帝的题诗。以上这些诗句既是对妈祖精神的高度概括,而又说明历代政治家、思想家和文学家都很重视发挥妈祖的教化功能,希望使这一民间信仰文化成为促进国家昌盛、民族团结、民生富饶的推动力。从这个意义来说,妈祖文化无疑是中华民族的优秀文化遗产之一。

中华优秀传统文化中讲仁爱、重民本、守诚信、崇正义、尚和合、求大同的价值追求,有利于促进国家之间、人与人之间的和谐相处,对当代世界发展有着重要意义。以"仁爱、正义、勇敢、和平"为核心精神的妈祖文化积淀着中华民族最深沉的精神追求,妈祖的大爱精神所昭示的正是中华文化传统美德的核心,中华民族的"和谐""和善"理念在妈祖精神上都得到了充分的展现。可以说,弘扬与传承妈祖文化即弘扬妈祖的精神。这种精神内涵是人类永恒追求的美好理想,是全人类共同的精神财富,具有极大的感染力与教化作用。因而妈祖文化已成为中华民族的一种特殊文化形态,至今仍呈现出极强的活力,成为一种活态文化,是中华民族文化中的一支重要序列,是宝贵的文化遗产,也是今天创造新文化的桥梁和基础,其内涵也随着时代的发展而不断发展。

二、妈祖文化是国家形象建构的重要载体

英国哲学家罗素(Bertrand Russell)说过,"中国至高无上的伦理品质中的一些东西,现代世界极为需要","若能够被全世界采

纳,地球上肯定比现在有更多的欢乐祥和"。

2013年,国家主席习近平相继提出了建设"丝绸之路经济带"和"21世纪海上丝绸之路"的宏伟构想。"一带一路"的理念是合作共赢,方法是共建,体现中国走和平发展道路、承担大国责任的决心。建设21世纪海上丝绸之路是中国"亲、诚、惠、容"外交理念的具体化,是构建合作共赢新型国际关系的具体行动。

妈祖文化博大精深,具有极为深厚的内涵,无论是古代、近代、现代,都在政治、经济、文化、社会等领域发挥巨大的影响和作用。妈祖文化不仅仅是民间组织的文化,也受到党和国家的重视。习近平在福建工作时,十分重视妈祖文化传承和妈祖故乡的生态文明建设。1998年,习近平亲临湄洲岛参加植树造林,从此生态文明理念植根妈祖故里。目前,湄洲岛是全国生态文明建设示范区,莆田市成为全国森林城市。2000年,习近平拨出省长基金200万元支持妈祖文化建设。2011年全国两会期间,习近平同志在参加福建代表团审议时就强调,"既是乡土文化也是重要旅游资源的妈祖文化,是凝聚两岸同胞的一条纽带,要充分发挥其在促进两岸交流合作中的重要作用"。2016年全国两会期间,李克强总理指出,"妈祖文化就包含着海洋精神"。接着,"发挥妈祖文化等民间文化的积极作用"被写入国家"十三五"规划纲要,标志着妈祖文化正式上升为国家战略,妈祖文化被全面推向了新时代。2016年初,国家海洋局、教育部、文化部、国家新闻出版广电总局、国家文物局联合印发了《提升海洋强国软实力——全民海洋意识宣传教育和文化建设"十三五"规划》,其中明确提出"积极传承和弘扬妈祖文化等传统海洋文化,构建21世纪海上丝绸之路文化纽带"的具体工作要求,为进一步促进妈祖文化的传承与建设做出了明确指示。

妈祖文化源于社会生活本身,是人们思想观念、风俗习惯、生活方式、情感样式的集中体现,超越了时间、空间、民族的界限。

600年前郑和七下西洋,向海外带去妈祖的信仰之力、文化之源、和平之音。今天,"立德、行善、大爱"的妈祖精神内涵及以"和谐、包容、平安"为特征的妈祖文化充分展现了中华民族以"和谐""和善""和而不同"为核心的理念,与"和平之海、合作之海、和谐之海"的中国海洋观相互映照,与国外不同文明的核心价值存在着许多相同或相近的要素,成为21世纪海上丝绸之路建设民心相通的维系纽带。

妈祖文化源于"海丝",属于世界。妈祖文化在各国的存在及发展是丝路精神的生动写照。千百年来,妈祖在默默践行着自由、文明、包容、和谐、正义、合作、共赢的海上丝绸之路精神。千百年来,浸透着中华文化基因的妈祖庙一直默默地传颂着中华文明,讲述着中国故事,宣扬着中国精神。妈祖文化在世界各国的传播实质上是人类历史上文明互鉴、沟通对话的见证,是海上丝绸之路的文化使者,也是海上丝绸之路发展的见证者。国之交在于民相亲,民相亲在于心相通。妈祖文化,就是让世界人民心连心的纽带。妈祖文化承载着人类普遍的价值追求,承载着人类共同的情感纽带,承载着当今世界发展所需的精神内核,正是我们讲好中国故事、传播好中国声音、建构新时期下良好国家形象的重要载体。对于正在崛起并遭遇国际上其他国家因中国崛起而产生疑虑并施加压力的中国来说,弘扬妈祖精神,有利于让世界各国的人们更深刻地认识中华传统文化的特色和精髓,更清楚地看到中华民族和平崛起的文化基础。

新形势下,随着我国"一带一路"倡议的深入实施,妈祖文化在促进不同国家、不同文明、不同族群之间的交流交往中,必将发挥着更加重要的作用。当前,中央高度重视中华优秀传统文化的传承、保护和弘扬工作。我们应该倍加珍惜这一重大历史机遇,加强对妈祖文化的研究保护,使妈祖文化得到更好的传承、更广泛的传

播。因此,应该充分挖掘妈祖文化的现实价值,以更好地传承与弘扬中华优秀传统文化,通过向世界讲述妈祖的故事,弘扬中华文化,传播中华思想,传递正能量,让妈祖文化在新的时代条件下焕发新的生机和活力,从而在建设 21 世纪海上丝绸之路中充分"发挥妈祖文化等民间文化的积极作用"。

第二章　妈祖文化海外传播概况

妈祖的身份经历了自民间女子,到"天妃",乃至"天后"的地位变迁;妈祖文化亦经历了自地方家族式的信仰,一步步成为国家权力机构认可、政府专门祭祀,且具有最高地位的国家级、世界性的文化。

妈祖在中国沿海地区拥有众多的信众,不仅从福建传播到台湾,且随着华侨华人足迹传播到世界各地,出现了"有海水处就有华人,有华人处就有妈祖"的奇特现象。迄今为止,妈祖信仰文化现已传播至世界40多个国家和地区,妈祖足迹遍布朝鲜、韩国、日本、菲律宾、马来西亚、泰国、缅甸、印尼、新加坡、越南、柬埔寨、印度、文莱、沙特阿拉伯、加拿大、美国、澳大利亚、新西兰、墨西哥、阿根廷、法国、挪威、丹麦、英国、巴西、毛里求斯、津巴布韦、南非、苏里南、意大利、莫桑比克、智利、匈牙利等,共有上万座从湄洲祖庙分灵出去的妈祖庙,3亿多名妈祖信众。许多妈祖庙保存着庙宇建筑沿革、神像供奉情况等资料,保存不少文物、古迹等实物。

那么,妈祖文化如何成为世界五大洲公认的信仰文化?《简明不列颠百科全书》对文化传播的定义是:"文化从一个群体到另一个群体散布的过程。"妈祖文化传播正是由南方群体向北方群体、由国内民众向海外大众传播扩散的过程。妈祖文化从诞生之日起就随着海上丝绸之路的发展传播到沿线各国,并融入当地社会生活,成为所在国较具影响力的信仰文化。随着中国海洋事业的发展,在海河相通之处、在帆桨所及的濒海临江处和岛屿上,编织成

了一个个纵横交错、涵覆广泛的妈祖信仰文化圈。

特别值得一提的是,明代郑和下西洋促进了妈祖文化的传播。明永乐至宣德年间在我国航海史上出现了举世闻名的郑和下西洋,在 28 年的时间内,郑和率领着巨大的航队七次下西洋,历尽惊涛骇浪、飓风袭击和海寇截劫。每当遇险时,他们总是祈求妈祖的庇护,在史书和文物资料中都有较详细的记载。郑和的船队从江苏太仓出发,经福建、广东沿海地区再往我国南海诸岛出国访问。这时期,在郑和下西洋的影响下,妈祖文化向海内外广泛传播。从郑和下西洋至 20 世纪初的移民潮,大批中国沿海人民向域外迁移,他们纷纷"效郑和之故智",广泛"崇奉天妃以保平安",因而他们迁移的同时,也使他们的信仰和文化在海外生根、发展,华人在各地广建妈祖宫庙。可以说,妈祖文化是中国海上与世界各国和平交往的轨迹中不断发展的"精神界碑"。

在妈祖文化的传播过程中,多种不同的人群,从一代帝王将相到平民百姓,从艺人、文人到商人,都在妈祖文化的传播中扮演着重要的角色。

第一节　妈祖文化在亚洲的传播

在亚洲华人聚居的沿海城乡,"莫不有'妈祖'的神迹"。亚洲诸国,都建有妈祖庙宇。

一、妈祖文化在日本

日本是妈祖文化在海外传播较早的地方之一。根据近 30 年日本学界的调查资料及著作可知,妈祖文化在日本源远流长,已有

600多年的发展历程。随着宋元时期的海上商贸往来,华人移居日本,传播中华文化,为妈祖文化在日本的传播奠定了基础。随着祈求航海平安和保佑在日本拓展顺利的需要,妈祖信仰传播到日本,并且很快扎下根来,其中航海者和商人为妈祖信仰的主力军,在日本许多地方建起宫庙奉祀妈祖。

妈祖文化在日本最早的传承之地,乃是18世纪以前被称为琉球王国的冲绳。琉球王国早期有久米村的上天妃宫、那霸的下天妃宫和久米岛的天后宫等。

久米岛天后宫(林国平 摄)

明洪武五年(1372年),中国与琉球王国正式建立外交关系,使节交往频繁,在琉球祭封妈祖已是官方正式行为。明太祖曾赐福建三十六姓移民琉球,集中于那霸附近久米村。清代三十六姓后裔蔡世昌《久米村记》记载:"久米村,一名唐荣,即古之普门地。明太祖赐唐人三十六姓,聚族于此,故曰唐营;又以显荣者多,故曰唐荣。国王厚其禄,世其糈,故取世禄之义曰久米。村之中有长道,

迂回数里,蜿蜿蜒蜒。……自村口而入,行数十步,有神庙曰上天妃宫,嘉靖中册使郭汝霖所建。宽不过数亩,周围缭垣,殿宇宏敞。其正中为天妃神堂,其右为关帝位座,其左为久米公议地。凡中朝册使及一切渡海官民,莫不赖天妃灵佑,故累朝天使,皆谒庙行香、竖匾挂联以酬之。"三十六姓华裔,而后大都成为琉球贵族阶层,是传承妈祖信仰的核心群体。不仅如此,根据潘相《琉球入学见闻录》卷二《书籍》记载:"上天妃宫还有教学之功能,即唐营的孩子八岁入学者,于通事中择一人为训诂师,教之天妃宫。至十二岁,才正式送入孔学。"在此,琉球的妈祖信仰不仅具备国家信仰、庇佑海事的功能,还具备了教育子弟、兼顾唐人会馆的功能。①

日本本土的妈祖信仰集中在拥有典型的中华街的长崎和横滨,以民间传说、三唐寺、唐人僧侣构成流传至今的唐人风习或者祭祀活动,并且以多样化的形式,或是直接保存原风貌,或是融会佛教文化而构成日本独有的"习合"文化,或是加以本土化的改造,从而形成了多元文化共生的、多重变异体式的妈祖文化。②

16世纪中期前后,随着中日之间的走私贸易活动,妈祖信仰最初由航舶(或称唐船)带入日本本土,在九州岛南部的萨摩和九州岛西部海上的平户、五岛、长崎,以及南部萨南片蒲等地落户,其中尤以萨摩野间岳(现今鹿儿岛县南萨摩市)的妈祖信仰最为显著。

17世纪初期,妈祖文化主要随着中日间长崎贸易的开展被传播到了长崎地区,其中的突出代表就是长崎三唐寺和唐人坊的妈祖信仰。"以妈祖堂、关帝庙为主体"而兴建的长崎三唐寺(兴福、崇福、福济三寺),在日本妈祖文化传播的历史上具有不可替代的作用。这些寺庙都是来到长崎的中国海商为了祭祀守护神妈祖,

---

① 蒋维锬、郑丽航辑纂:《妈祖文献史料汇编:第一辑·散文卷》,北京:中国档案出版社,2007年,第125~126页。

② 林晶:《作为共生文化的妈祖文化——以妈祖文化的日本传播为对象》,《日本问题研究》2015年第3期,第39~45页。

从置身于会馆的祠堂发展而成的。

兴福寺也称海天司命堂,长崎三唐寺当中建立最早的一座,俗称南京寺,由来自江苏、浙江和江西的华人移民的"三江帮"修建。1623年,祖籍江西的富商欧阳云台捐出5000多坪土地,作为兴建兴福寺的用地。兴福寺设有妈祖堂,供奉天后宫圣母,堂中挂有"海天司命"匾,两侧有多副对联,如:"帆悬四海波涛静,泽被群生雨露新""普施施恩泽,天空云敛,尽歌圣德之光明;利济济危艰,风正波平,咸荷母慈之保抱"等。兴福寺建成后,其住持从第一代直到第九代都是来自中国的高僧。寺庙至今犹存。①

兴福寺木塔

图片来源:http://image.so.com/i? q=％E6％97％A5％E6％9C％AC％E5％85％B4％E7％A6％8F％E5％AF％BA&src=srp.

崇福寺(妈祖堂),俗称福州寺,建于1629年。长崎的福州籍华侨帮群领袖为了同乡联谊和表明宗教信仰,由施主林楚玉、何高材、林仁兵卫等发起,于高野平乡建立该寺。该寺也设有妈祖堂,

---

① 罗晃潮:《日本华侨史》,广州:广东高等教育出版社,1994年,第136页。

正面挂有"万里安澜"匾,对联亦多,如:"扬帆登宝所,慈爱见婆心""湄屿灵昭千古迹,寿山崇视万年春"。每年妈祖诞辰时,崇福寺都要举行盛大庆典。而且,崇福寺的妈祖祭祀近世以来作为华侨传统节庆也面向八方游客。这是长崎市政府成功地将传统节日进行旅游开发并且产生经济效果的代表事例。此外,该寺还附设有书院、唐人墓地等文化与慈善机构。该寺至今保存完好,亦堪称奇迹。①

现代长崎崇福寺的妈祖诞(松尾恒一 摄)

　　福济寺内有青莲堂,始建于1628年,福建漳州、泉州籍华侨集资扩建该寺,使其成为规模宏大的佛寺。与兴福寺不同,该寺最早是以妈祖庙的面貌出现的。此寺不仅奉祀天妃,而且成为闽南商舶信仰妈祖聚会之所,在国内外有较大的影响。

　　这个时期,妈祖文化与佛教信仰已经融合在一起。而由于佛教已经被日本社会所接受并融入其民族文化之中,那么与佛教信仰融合的妈祖信仰,自然也就会被日本社会所接纳并兴盛于一时了。长崎三唐寺便是典型的例子。日本人将妈祖文化与佛教信仰结合在一起,将妈祖奉称为"菩萨",而且"菩萨扬"(指唐船携带菩萨即妈祖神像抵达长崎之后,唐三寺分别于3月、7月、9月举行祭

---

① 罗晃潮:《日本华侨史》,广州:广东高等教育出版社,1994年,第137~139页。

祀活动，以祈祷海路平安，保佑船民。祭祀之时，游行队伍持灯笼、铜锣、棒头，抬妈祖神像、左右侍女像、千里眼与顺风耳神像，游行至唐三寺。祭祀完毕之后，中国船只会将神像带回中国）的活动也以长崎"妈祖巡游"的形式得以保留流传至今。① 每年的三月二十三日妈祖诞辰，与旅日华侨关系较深的长崎、神户、横滨在妈祖庙或天后堂举行庆祝妈祖诞生活动依然盛行；不仅如此，各家在厅堂或其他房间也会摆放香烛，供上糕点、水果来祭拜妈祖。

17世纪后期，妈祖信仰在日本信徒的传播下到达东日本地区，最北甚至到达本州岛最北部的下北半岛（现今青森县东北部）。这期间，妈祖信仰与日本传统信仰发生了融合，带有鲜明的日本特色。事实上，日本不仅保留了作为"原典"传承的妈祖文化，作为融会佛教文化的"神佛习合"文化，还树立了以自身神话传说为底蕴的，也就是日本化了的妈祖文化。1923年长崎市政府编撰的《长崎市史》记载，妈祖信仰与日本天照大御神结合在一起，成为天照大御神的神化分身之一，妈祖文化被赋予了日本神道文化的深刻内涵。与日本本土的地方信仰结合在一起，正是妈祖文化得以在日本不断传承下来的关键之所在。②

中国学者张丽娟等指出，妈祖信仰与日本本州茨城县"弟橘媛神社"信仰二者之间存在着习俗融合。③ 根据学者李献璋的研究，唐人在鹿儿岛海滨建立了"雀宫"神祠，"祈求海上平安，可认为是妈祖。《名胜图绘》把此祠当作辨才神社，是按照日本人自己的观念变化的结果；位于日置郡照岛上的松尾大明神祠，因松尾发音

---

① 蒋维锬编校：《妈祖文献史料汇编·第二辑·史摘卷》，北京：中国档案出版社，2009年，第53页。
② 林晶：《作为共生文化的妈祖文化——以妈祖文化的日本传播为对象》，《日本问题研究》2015年第3期，第43页。
③ 张丽娟、高致华：《中国天妃信仰和日本弟橘媛信仰的关联与连结》，《宗教学研究》2011年第2期，第269页。

'马知',与妈祖的发音相仿,应该可认为是和妈祖传说相结合"。①因而,妈祖信仰被投射到著名的松尾神社的崇拜上。妈祖成为日本民族宗教神道教神社中的祭神,出现在当地的祭祀中,深深地扎根于日本社会。妈祖文化与日本传统的神道信仰习俗产生互动关系,出现相互影响的有趣现象。

除了以寺庙为形式供奉妈祖神像、传播妈祖信仰之外,在日本,还有在会馆内部附设厅堂,以之为人们崇祀妈祖的场所。如长崎八闽会馆内设有天后堂,创建时间为1736年。又如建立于1871年的岭南会所(后改称广东会所),为粤籍华侨商会组织,此后又建造西式楼房为联谊场所,并附设天后祠供信众祭祀妈祖。再如神户中华会馆内设有关帝庙,庙内配祀观音菩萨与天后圣母。② 所有这些正式寺庙之外的妈祖崇拜场所,也都具有传播妈祖信仰的功能。

总之,如今在日本的华侨华人社会中,妈祖信仰习俗依然被重视并传承下来。妈祖庙或独立,或是妈祖像供奉在关帝庙内被作为主神来祭拜。同时,华侨华人的传统中国信仰习俗在某些方面又逐渐与日本神道教信仰相互融合,形成互动关系,促成了中日文化的相互交融。

冲绳、长崎、鹿儿岛、茨城、青森、千叶、神奈川、大阪、兵库等一府八县十七所流传着妈祖信仰。③ 据日本国际妈祖会会长曾凤兰介绍,目前,日本妈祖庙有100多座,还成立"妈祖会"的信仰组织,距今有45周年,预计将在2019年建庙。④ 每年在日本横滨市中华街举办"妈祖节"或"妈祖祭"活动,还在长崎举行灯会。灯会的点

---

① 蒋维锬编校:《妈祖文献史料汇编:第一辑·碑记卷》,北京:中国档案出版社,2007年,第166页。
② 周南京、沈立新:《华侨华人百科全书·社区民俗卷》,北京:中国华侨出版社,2000年,第48、213、346页。
③ 徐晓望、陈衍德:《澳门妈祖文化研究》,澳门:澳门基金会,1998年,第22页。
④ 湄洲妈祖祖庙官网:www.mz-mazu.org.cn。

灯仪式启动时有"妈祖队列",再现了明清年间中国船队靠港长崎的情景。日本妈祖信众经常会来湄洲祖庙谒祖进香或考察调研。

横滨妈祖庙(郑星瑶 摄)

二、妈祖文化在朝鲜半岛

历史上,朝鲜半岛的王朝与我国往来密切,常有官方使者通过海路往来。早在秦朝,中朝之间就开始了海上互动;到了宋代,海上贸易来往频繁。由于航海事业的繁盛和海上航行的危险,人们需要一位海神作为保佑海上安全的信仰,于是妈祖信仰便应运产生。随着航海的发展,妈祖文化也得到了广泛的传播。

从宋代开始,在政治、经济、文化的多重作用下,妈祖信仰文化在朝鲜半岛得以广泛传播,成为有影响的民间信仰。我国山东长岛县的庙岛(古称沙门岛)在明代是朝鲜使臣往返中朝的必经之地。岛上的显应宫前身为佛寺,始建于北宋宣和四年(1122年),是中国北方修建最早、规模最大、影响最广的妈祖庙,享"天妃北庭""北海神乡"之誉。元代,海上漕运日益繁盛,至元年间,由妈祖故乡船民出资,在原地增建屋宇殿堂,改佛院为专门奉祀妈祖的道场,世称海神娘娘庙。作为当时北方地区的第一座妈祖庙,庙岛显应宫的显赫名声不仅遍布黄海、渤海沿岸的海口与内河,而且远播

于朝鲜和日本。当时就有许多朝鲜的使者留下了著名的诗词。据《朝鲜王朝实录》记载,从高丽末期到丙子之乱前,朝鲜王朝使臣常到沙门岛瞻仰妈祖庙并吟诗作文,祈求航海平安。据中国学者统计,在明朝277年中,高丽(朝鲜)使臣出使中国共1252个行次。据韩国东国大学校林基中教授《燕行歌辞之研究》统计,自1644年清军入关至朝鲜朝末叶的1893年,朝鲜出使清朝也多达700余次,赴燕要员则有30余名。这些来华使臣以文臣居多,许多人都有文集传世。当时来华使臣基本都需要渡海,而沿途的天妃庙就成为他们的必经之地,从海路来华或归国的朝鲜使臣,高丽朝前期的郑梦周、权近、李詹等使臣主要是过鸭绿江后从旅顺渡海经庙岛群岛,从蓬莱登陆,然后取道赴南京。而后来的全湜、金尚宪、吴天坡等人则是从鹿岛出发,经长山岛(辽宁长海县)、庙岛(山东长岛县),从蓬莱登陆,再后从陆路去北京。因此朝鲜使臣候风经过的沙门岛、三叉河等处天妃宫都留下了不少来华使臣有关妈祖的诗文史料。如郑梦周(1337—1392)的诗文集《圃隐集》卷一有《沙门岛》一诗,据载为"洪武十七年(1384年)三月十九日过海宿登州"时所作,诗曰:

神女祠何处,沙门海上岑。
戎车连鹤野,贡道接鸡林。
利涉由灵贶,徽封自圣心。
泊舟来酌酒,稽手冀来歆。

诗中的神女祠指的是供奉着妈祖的天妃庙,表达了对妈祖的虔敬之情以及希望得到妈祖的"灵贶"庇佑。

又如李崇仁《留沙门岛,奉呈同行评理相君》"神妃享祀应需报,海若潜形不敢窥",反映了"起航先拜妈祖,有船必有妈祖祈像"

的习俗已经传入高丽。再如李朝进士，官至庆尚监司黄海监司的吴天坡《泊庙岛》诗中写的"春波如练好风迟，处处移帆近古祠。向夜悄然人语静，船头香火礼天妃"，说明当时朝鲜使船上普遍供奉天妃，并且有舟祭习俗。①

韩国顺天乡大学朴现圭教授《韩国的妈祖信仰现况》记载，现存朝鲜半岛妈祖庙有首尔居善堂、仁川义善堂、仁川中华会馆的妈祖香炉、釜山妈祖庙的韩圣宫、济州岛的妈祖神坛等。②

义善堂妈祖神像（朴现圭 摄）

总的来说，妈祖文化在朝鲜半岛的传播离不开中朝人民的共同努力，离不开勇于开拓的古人对海洋的探索精神和对自然的敬畏之心。

---

① 刘福铸：《朝鲜汉文诗文集中的妈祖史料》，《妈祖文化研究》2017年第1期，第89～99页。
② ［韩］朴现圭：《韩国的妈祖信仰现况》，《莆田学院学报》2016年第1期，第2～7页。

仁川中华会馆妈祖香炉（朴现圭 摄）

三、妈祖文化在马来西亚

马来西亚自古以来就是海上丝绸之路的重要节点，至今仍然保存着许多历史印记。马来西亚华人是马来西亚的三大族群之一，由于渡海移居海外，妈祖成为他们的主要信仰之一。妈祖文化在马来西亚有着悠久的历史，妈祖信仰氛围十分浓厚，深入人心。现有史料显示，妈祖信仰在马来西亚之传播，有案可稽之史迹少说也有 300 年的历史，如创建于 1673 年的马六甲青云亭，是新马一带历史最为悠久的华族庙宇，也是出现在南洋群岛中最早的妈祖庙宇；创建于 1795 年的宝山亭，是马来西亚第二古老的天后宫。

妈祖信仰在马来西亚的传承分两个发展阶段。19 世纪之前主要由侨领甲必丹倡导募建庙宇，而且往往是同观音菩萨合祀。如青云亭，便是由前第一、二、四任甲必丹郑芳扬、李为经、曾其禄相率倡始、肇造和扩建。正殿供奉观音大士，右供奉航海者的保佑神天后娘娘，左供奉关圣帝君。庙宇的建筑材料都是来自中国，让人感受到浓浓的中国庙宇建筑特色。

马六甲青云亭外景

建立于1800年,槟榔屿最古老的庙宇广福宫,也是主祀观音,合祀天后圣母和协天大帝。

而以妈祖为主祀神的庙宇,则包括:吉兰丹督公村的圣春宫和哥打峇汝唐人坡的镇兴宫、嘉庆年间(1796—1821年)建立的登嘉楼和安宫、约建于1883年的柔佛麻坡利丰港天后宫、约建于1887年的永平天后宫,及约建于1890年的槟榔屿顶日落洞网寮山海宫。

进入19世纪后,随着华人大量增加,以祖籍和方言为纽带的宗乡会馆便应运而生,而这些来自闽粤移民的宗乡会馆又大多以奉妈祖为主兼祀各自家乡的神祇,因而呈现出以地缘性和血缘性组织所建立的兼具会馆或宗祠功能的"会馆庙宇结合体结构"庙宇。年代久远者,如:槟榔屿海南会馆天后宫建于1870年(现存一方同治九年书刻"莫不尊亲"之匾额);马六甲海南会馆天后宫约建于1869年(据同治八年碑刻);登嘉楼海南会馆天后宫建于1896年(现存"子惠元元"志年光绪二十二年之匾额),但早在道光年间(1820—1850年)此庙已见雏形;马六甲福建会馆约建于1843年;槟榔屿林氏九龙堂建于1863年;槟榔屿颍川堂陈公司建于1878年;

柔佛麻坡海南会馆天后宫建于1882年;马六甲兴安会馆天后宫约建于1893年;峇株巴辖林氏宗祠天后宫1911年成立,1915年建庙。①

马六甲福建会馆

马六甲福建会馆供奉的妈祖神像

马来西亚的天后宫,迄今仍以"会馆庙宇结合体结构"居多。比如,兴安会馆有34个,每个会馆的最高一层皆设有专门供祀妈祖的神龛或殿堂,其中马六甲兴安会馆位居龙头地位。设立天后宫的海南会馆有34个,而供奉妈祖的海南会馆则多达46个。②

马来西亚的妈祖文化传播广泛,见证了早期华侨华人艰辛的谋生、创业、发展史。妈祖宫庙是凝聚华人社会群体、联结华人情感纽带的重要媒介,为早期华人及其子女的启蒙教育、文化素质提高,以及中华文化在海外的传承发展起到了重要的作用。

---

① 蒋维锬:《妈祖信仰与华侨会馆》,莆田文化网,http://www.ptwhw.com/? post=4712。

② [马来西亚]刘崇汉:《海外会馆天后宫与妈祖文化——以马来西亚两座天后宫为例》,《妈祖文化研究》2018年第1期,第50页。

福建会馆内的南洋妈祖文化(马六甲)交流中心

马来西亚妈祖庙还得到当地政府的大力支持,如吉隆坡的雪隆海南会馆天后宫就是在政府支持下建造的。为了加强与海外天后宫之联系,并促进各国妈祖研究学者之交流,雪隆海南会馆天后宫于2003年10月19日正式成立"妈祖文化研究中心",并举办了首届"妈祖文化国际研讨会",主题为"妈祖文化与21世纪东亚文明"。此后,每两年举办一届妈祖文化国际研讨会,如2005年主题为"妈祖信仰、海洋文化与现代社会的对话",2007年主题为"妈祖文化的普世价值观",邀请了中国、新加坡、马来西亚等国内外知名专家学者主讲,还出版了专业期刊《妈祖研究学报》;2018年10月5—6日,与中国上海海事大学、中华妈祖文化交流协会联办了以"海外华人与妈祖文化的传播"为主题的国际学术研讨会,来自中国、马来西亚、新加坡等国家的专家学者,就妈祖文化的传播、发展,以及对当今人类社会的贡献,进行深刻研讨。此外,还主办了一连串的妈祖文化旅游节,其中包括"妈祖千秋宝诞致祭大典""妈

祖出巡表演""妈祖资料展"等,在推广妈祖文化和妈祖拜拜方面无疑是做了更进一步的提升。

雪隆海南会馆天后宫

图片来源:http://image.so.com/i? q=％E9％9B％AA％E9％9A％86％E6％B5％B7％E5％8D％97％E4％BC％9A％E9％A6％86％E5％A4％A9％E5％90％8E％E5％AE％AB&src=tab_www.

同样,为弘扬妈祖文化,凝聚乡情,发展旅游,马来西亚马六甲兴安会馆天后宫于2014年举办为期一个月(2014年10月2日至11月2日)的妈祖文化节,展演妈祖升天祭典、莆仙音乐、"赞颂妈祖"诗词笔会、妈祖主题才艺比赛、妈祖巡境祈福大游行、妈祖庙会、慈善义卖会和"妈祖之光"舞剧等具有莆仙文化特色的节目,通过上述各项弘扬妈祖"立德、行善、大爱"精神及传承信仰文化。如今该天后宫已成为吉隆坡主要旅游景点,为振兴当地经济做出了贡献。①

2017年7月,"妈祖下南洋·重走海丝路"暨中马、中新妈祖文化活动周活动也得到了当地华人和政府的积极支持,取得非常大

---

① [马来西亚]刘崇汉:《海外会馆天后宫与妈祖文化——以马来西亚两座天后宫为例》,《妈祖文化研究》2018年第1期,第51~53页。

的成功。马六甲兴安会馆天后宫组织当地数十家妈祖宫庙和社团参与湄洲妈祖圣驾夜巡马六甲及妈祖祭祀大典活动，邀请马来西亚交通部部长拿督廖中莱及当地政府领导出席，吸引了数十万华侨华人及当地民众共襄盛举，反响热烈。①

2017年湄洲妈祖巡安马来西亚马六甲兴安会馆天后宫
图片来源：https://mp.weixin.qq.com/s/ZRN7Vpc6ILQFF7lpTUFeWA.

目前，资料显示马来西亚以祀奉妈祖为主神的宫庙大约有200座，按设立时间划分可看出本地华社信仰妈祖的渊源久长，而从新近设立的妈祖庙则可看出妈祖信仰仍代代有新人，方兴未艾。②

四、妈祖文化在印尼

印尼妈祖信仰是在明代随福建人的渡海开始的。据印尼华人李卓辉《金德院与印华文化史》介绍，由福建龙溪侨领郭桥兄弟于

---

① https://mp.weixin.qq.com/s/PjeLf9t3XsfSKDuHkK.
② [马来西亚]林德顺、陈碧华：《妈祖信仰在"一带一路"中扮演的文化沟通角色探析》，《妈祖文化研究》2017年第4期，第37页。

1650年创建的一座观音亭奉祀观音和妈祖,后改名金德院,是印尼妈祖信仰的发祥地。① 大约1751年,为了保护过往华侨、行贾坐商和中国海员,福建侨商在雅加达巴城创建第一座天后宫,供奉妈祖,后经多次修缮,改名为女海神庙。19世纪后,由华商集资兴建的天后宫几乎遍及印尼各埠,如杜板慈灵宫、岩望慈德宫、南旺慈惠宫和天后宫、三宝垄妈祖庙、坤甸三口洋天后宫、曼帕瓦天后宫、邦戛天后宫、苏拉威西天后宫、丹绒槟榔天后宫等。

据目前所知,印尼妈祖庙现有60多座,分布在爪哇、苏门答腊、婆罗洲等华人聚居岛屿。据印尼华侨陈荣儒介绍,印尼的华侨大约有200万人,大约100个印尼人当中就有一个华人。在印尼,宗教信仰很多,但很多华侨都信仰妈祖,特别是在爪哇省,妈祖庙众多,有50多座。这些庙的妈祖像都是以前华侨下南洋时带过来的,每年它们都会通过举行妈祖绕境和妈祖海巡等活动,扩大华人间的交流并增进友谊。2012年4月13日,印尼金爪哇妈祖庙慈安宫举办天上圣母妈祖出游巡安活动,60座庙堂参加。

妈祖文化是中国传统文化的一个组成部分,除了具有中国传统文化的向心力与凝聚力外,还同世界其他各民族文化一样具有流动性。文化是属于人类的共同财富,是由众多文明民族世代积累与不断交融的结果。因此,妈祖文化传播到海外以后,在华侨华人与当地人共同开发、建设当地社会的过程中,在一些地方已经逐渐与当地宗教信仰互相融合,并为当地居民所接受。比如:在东爪哇泗水福安宫中,除主祀妈祖,陪祀关圣帝君、福德正神、广泽尊王、哪吒与韦驮外,还在二堂主神坛供奉当地居民信奉的印度教女神"难近母"(Mahesasuramardhani),体现了妈祖信仰文化已经逐渐与当地印度教信仰互相融合。供奉妈祖的苏门答腊岛棉兰天后

---

① 陈名实:《印度尼西亚、新加坡、泰国妈祖庙考略》,《妈祖文化研究论丛(Ⅱ)》,北京:中国文史出版社,2014年,第140页。

宫于1911年兴建,在1978年重修竣工时,该宫又取一印尼文名称"Wihara Ariya Satyani",目的是适应该宫有关信仰在印尼当地民众中传播的需要。① 再如,丹绒槟榔市小坡天后宫大殿楹联:

> 显迹湄洲,航海梯山同庇荫;
> 光辉南岛,华民异族共沾恩。

其意为:天后妈祖在湄洲显迹,不论信众过海翻山,航程困难,都会受到庇荫;妈祖信仰在南洋发扬光大,不论华族还是异族,都共同蒙受神恩。这说明移民到民丹岛的华人,与当地的民族和谐共处,在笃信自身的传统宗教文化以外,还尊重友族的文化习俗,故能在居住地共荣互信、和谐安宁。该楹联字里行间体现了除华族之外,也有其他种族人士前来天后宫膜拜感恩。②

丹绒槟榔市小坡天后宫(黄海山 摄)

天后宫大殿楹联
(黄海山 摄)

① 李天锡:《试析印度尼西亚华侨华人的妈祖信仰》,《东南亚纵横》2009年第6期,第68页。
② [印尼]黄海山:《印尼民丹岛丹绒槟榔市天后宫及其文物》,《妈祖文化研究》2018年第3期,第29页。

五、妈祖文化在新加坡

新加坡是东南亚唯一的发达国家。1965年独立成国,其人口由华人、马来人、印度人及欧亚混血人种构成,其中60%以上为华人。妈祖信仰随着中国沿海各地移民的增加,在新加坡极为普遍。他们视妈祖神像为"食德思根"的象征,以表达思念故土,不忘中华优秀文化之根。新加坡的华人人口中以福建籍居多,琼粤籍次之,因而在妈祖庙的风格上,呈现出源自多地域的特色。

妈祖信仰在新加坡的传播,几乎与新加坡开埠同步。19世纪初,中国东南沿海对东南亚的海运发达,促成了妈祖信仰从中国对新加坡的传播。据不完全统计,新加坡现有50多座妈祖宫庙,主要的有天福宫、粤海清庙、琼州会馆天后宫、兴安会馆天后宫、福州会馆天后宫、宁阳会馆天后宫、义顺西河公司天后宫、木山圣母宫、星洲金榜山亭天后会、林厝港亚妈宫、云峰天后宫、浮罗乌敏半港天后宫、后港联合庙天后宫、林氏大宗祠九龙宫等。

据华裔学者考证,新加坡最古老妈祖庙天福宫地址原为海湾。福建移民到新加坡的第一艘船在直落亚逸(Telok Ayer)靠岸时,船员就在海滩上设立了土庙以奉祀妈祖,后来经扩建,由小庙变为大庙,1842年落成后,主祀妈祖。宫内的妈祖像也是福建华侨从莆田湄洲妈祖祖庙恭请过去的,其他建筑材料也由中国运去,当时还举行了一次隆重的迎神盛会。其1830年竖立的碑文写道:"我唐人由内地航海而来,经商兹土,惟愿圣母慈航,利涉大川,得于安居乐业,物阜民康,皆神庥之保护。"[①]庙宇建筑古朴,充满着乡土风情。出入船员都到此朝拜,保佑出海平安。这一仪式和天福宫的

[①] 林国平:《海神信仰与古代海上丝绸之路——以妈祖信仰为中心》,《福州大学学报(哲学社会科学版)》2017年第2期,第9页。

历史被华人自身和殖民地的西方人都记录了下来。在这段记述里，特别提及了妈祖作为海上女神的细节。"出海航行的每只帆船中都备有对她奉献的祭坛"，无疑是对妈祖在19世纪上半叶作为海上女神受到所有船主海商供奉的最好概括。天福宫正殿内尚挂有一副对联，其上联云"此地为涉洋第一重冲要帆樯稳渡又来万里拜慈云"，足以想见当年中国帆船云集天福宫前之盛况。现该宫庙已被新加坡国家古迹保留局公布为第一批重点古迹之一。

天福宫供奉的妈祖（林纬毅 摄）

粤海清庙位于直落亚逸街旁的披立街（Philip Street），是1820年由广东潮籍人士建立起来的供奉天后圣母（妈祖）和玄天上帝的宫庙。建立之初只是一间"亚答厝"（用棕榈叶搭建的），到了1926年，就建成一座完整的宫庙。1996年，粤海清庙已被新加坡国家发展部正式认定为国家级保护古迹，也成为新加坡重要的旅游景点。

除了单独成庙外，新加坡的妈祖庙与马来西亚、印尼、越南等地一样，也呈现为宫庙皆同会馆结合的特色；并且有大量的以妈祖作为陪祭神的宫庙，数不胜数。妈祖信仰在宗乡会馆的运作下，已融入社会的各个层面，如永春会馆、兴安会馆、宁阳会馆、琼州会

馆、三和会馆、福建林氏九龙堂、电船公会、摩托联合会、星洲炭商公会,皆奉祀妈祖。

琼州天后宫具有165年的历史,其信众多为海南籍后裔。兴安天后宫由兴化侨民始建于1900年,神像分灵于湄洲祖庙。[①] 妈祖作为联系海内外华侨华人情感的重要纽带和友谊桥梁,一直扮演着重要的角色。琼州天后宫在2015年和2016年连续两年来湄洲谒祖进香。2017年7月,湄洲妈祖千年来首次跨出国门,前往马来西亚、新加坡开展为期一周的"妈祖下南洋·重走海丝路"暨中马、中新妈祖文化活动周,获得了马来西亚、新加坡华侨华人的鼎力支持与参与,轰动一时,琼州天后宫也积极参与。为纪念建庙165周年,琼州天后宫于2018年11月8—10日举办"世界宗教和谐与首届妈祖文化节",并邀请了中国大陆、香港、澳门、台湾,以及印尼、马来西亚、泰国等周边国家的妈祖宫庙共襄盛举。

由于新加坡华侨华人对妈祖的虔诚崇信,妈祖信仰在促进新加坡华侨华人团结奋斗、创办公益慈善事业及寄托对祖籍国思念等方面都产生了重要影响。根据莫美颜、李白娟2013年在新加坡《联合早报》上发表的文章《新加坡经久不衰的妈祖信仰》,妈祖信仰不仅在血缘和地缘组织上发挥了团结的作用,也在业缘组织上产生相同的功能。在新加坡的妈祖信仰中还包含了华族先驱者南来拓荒的血泪史和社会价值观,是新加坡传统文化的组成部分。作为一种文化传承,妈祖文化已越来越受到社团的注意。[②]

六、妈祖文化在越南

越南古称交趾、安南,自东汉时便与中国有商贸往来,宋代大

[①] 陈名实:《印度尼西亚、新加坡、泰国妈祖庙考略》,《妈祖文化研究论丛(Ⅱ)》,北京:中国文史出版社,2014年,第144页。

[②] http://news.sina.com.cn/o/2004-05-18/10382559872s.shtml。

中祥符二年(1009年)即有华侨前往越南。越南有100多万华人，深受中国传统文化的影响，从明代开始，妈祖文化便传播到了越南，也为当地人接受和崇信。明代郑和下西洋开创了华侨开发越南的新时代，带动越南妈祖文化的传播。越南华人在越南各地建立会馆与妈祖庙合一的建筑，作为华人联谊场所。因此庙宇不仅是信仰宗教的空间，而且是当地华人展现政治、经济、社会、教育与文化等功能的场所。在社会转变、跨族文化交流的过程中，妈祖信仰也从当初的海神崇拜变为一种福神与财神崇拜。在华人民间文化宝库中，妈祖信仰作为一种非物体文化遗产，从华南传播到越南，在不同地方得到保留并发扬其价值。作为不同社群的相聚处，是信众祈求福气、设立与巩固社会关系以及享受文化、教育资源的地方，妈祖庙当前被誉为华人文化宝库。

在越南妈祖庙中，最著名的是胡志明市(旧称西贡)的穗城会馆天后庙(阿婆庙)，创建于1760年，是为来越的广东穗城籍华侨兴建之联络同乡供奉妈祖之地。天后宫内碑记显示1800年曾进行一次大规模的修缮。该天后宫是胡志明市最古老的天后宫之一，也是前往越南西贡的华商第一个正式落脚之处。穗城会馆天后庙正殿是"三宫"式格局，正殿的中间是天后殿，左侧是关帝殿，右侧是财帛星君殿。正殿正中妈祖像两旁分列掌扇侍女和侍卫，左右神坛供奉金花娘娘和龙母娘娘，其中后两者体现了颇具岭南地域特色的母神崇拜信仰。该庙香火鼎盛，四面八方的善男信女至此焚香膜拜，祈求、祷告或谢恩，并且慷慨解囊。会馆就把这些捐款用于各种慈善公益事业，很好地传承了妈祖"立德、行善、大爱"的精神。穗城会馆天后庙也是典型的中国式建筑庙宇，由来自中国的工匠和部分本地华人工匠修建，峨堂皇巍，宏伟壮观，雕梁画栋，有砖雕、木雕、石刻、灰塑、陶艺等，集诗、文、联、画于一体，内容颇多，具有丰富的历史文化内涵。据统计，庙中现存文物约达

400件,包括神座、石狮、碑记、匾额、楹联、壁画等。其中清代人撰的"暮鼓晨钟同觉悟,欧风亚雨两调和"楹联可以印证妈祖是"世界和平女神"的说法。因为悠久的历史和丰富的文物,穗城会馆天后庙于1993年被评为越南国家级建筑艺术遗产。因而,它更受广大海内外游客喜爱。据估计,该庙每天要迎接逾百位外国游客前往进香、参观。①

穗城会馆天后庙

　　胡志明市温陵会馆,又称观音庙,建于清乾隆年间。该会馆是由当时福建泉州府五县,即晋江、南安、惠安、同安、安溪的同乡一同创建的。会馆内供奉天后圣母,后又增供观音,故人们习惯把会馆称作观音庙。它也是一座木、石雕刻精湛并带典型闽南特色的

---

① 李天锡:《越南华侨华人妈祖信仰初探——以胡志明市穗城会馆天后庙为重点》,《莆田学院学报》2011年第1期,第4～6页。

建筑,具有极大的历史文化价值和建筑艺术价值。因而胡志明市温陵会馆于2002年12月被越南政府认定为国家级历史文化艺术建筑古迹。

越南首都河内的福建会馆内有天妃宫,会馆大门上方有朱漆木匾"福建会馆",门上以水泥刻制对联,上书"福培桑梓地,建树栋梁材"。正厅祭祀天妃。会馆内有嘉庆已卯年(1819年)立之"克配上帝"匾额以及"海国春回""海国慈航""海不扬波"等匾额,均突出了妈祖作为海上女神的重要特征。

越南中部岘港省的会安,是越南最早的华埠,其妈祖庙也是最多。其中,位于陈富街的中华会馆是会安建立的最早的华人会馆,相传建于明朝成化年间(1465—1487年)。其前身叫"洋商会馆"(即五帮会馆),是由福建人、广东人、海南人合资兴建,作为当地华人的共同会馆,肩负起继承和发展中华文化的重任。会馆正面是红色的天后宫,主祀天后圣母妈祖,两边配祀观音菩萨和财帛星君。该馆于1928年第三次重修时更名为"中华会馆"并沿用至今。会馆内有一立于乾隆六年(1728年)的《会安中华会馆碑记》详细记述了建馆缘由,并明确提到了会馆内供奉妈祖的情况。碑文曰:"夫会馆之设,由来久矣。虽谓会同议事之所,实为教礼重义之地。吾人于此,存公道,明是非,息争讼,固不比别事例相同者也。内崇天后圣母,春秋朔望,或祷或庆,诚称异国同堂,会计经营,必公正,相与同心协力。至于疾病相扶,患难相助,福因善果,不胜枚举。……"[①]

会安福建会馆(Phuc Kien Assembly Hall)又名金山寺,是最重要的一座华人会馆,由福建商人于1697年建立。其建筑规模比较大,有着牌坊、前门、中门等构成的四合院落,典型的闽南风格,完全按中式古老建筑修筑而成,充分表现了当时修建者对家乡的

---

① 李露露:《妈祖信仰》,北京:学苑出版社,1994年,第132页。

怀念及崇拜，也体现了当时华人对于落叶归根的根深蒂固的传统思想。整个建筑雄伟辉煌，古朴威严。华丽的双层牌楼上雕刻甚多，上层写着"金山寺"，下层写着"福建会馆"，后面又写着"天后宫""惠我同仁"等，会馆大殿供奉的是有"群钦大母"匾额的海神妈祖，栩栩如生，慈祥博爱。殿内有精美的壁画和雕像，色彩艳丽，还有一艘长数米的木造古帆船模型。天后宫长年香火不断，香火也很有特色，像伞状一样的盘香从屋顶盘旋而下。

会安福建会馆前门

会安福建会馆供奉妈祖的大殿

大殿主祀妈祖

大殿内的各个匾额

会安福建会馆牌楼

会安广肇会馆由广东肇庆的商人于 1885 年建立，馆内主祀武圣关老爷，陪祀妈祖，也是典型的中式建筑风格。其装饰精美，雕梁画栋，富丽堂皇。尤其是院落中间的腾龙雕塑，中国文化特色十分明显，据说许多小部件都是在中国完成制造后运到会安来组装。事实上，许多早期的东南亚妈祖宫庙，不是在中国进行砖瓦木件雕刻和内部装饰祭器的制作，就是邀请中国工匠赶赴当地进行制造，由此体现出的无疑是妈祖宫庙建筑工艺的传承性。

会安广肇会馆大门　　　　　　　会安广肇会馆主殿

主祀关公　　　　　　　　陪祀妈祖

自17世纪起南下移居越南南部地区的华人群体受到广南国阮氏政权的接纳,并成为帮助其南进拓殖的主力军之一。随着更多的华商以东南亚为主要贸易对象,越南南部成为华人汇聚之所,19世纪华人移民越南南部再现高潮,妈祖信仰也随着华人的脚步遍布西贡、平阳、头顿、同奈、前江、朔庄等16个省市地区,天后宫数量总计63座。① 而与此同时,妈祖信仰也逐步深入越南本土信仰,并吸引南部越人、占婆人和高棉人的参与,从而也使妈祖信仰带上了越南本土化特色。

据越南学者阮玉诗介绍,越南的华人聚集社区主要在湄公河三角洲一带,所以也是天后庙数量最多的地区。据其统计,全湄公河地区共有70座天后宫,其中有54座由华人创建于举办信仰活

---

① ［越］阮玉诗:《越南南部的妈祖信仰》,2016年6月17日,http://www.vanhoahoc.vn/nghien-cuu/van-hoa-viet-nam/van-hoa-ung-xu-voi-moi-truong-xa-hoi/2322-nguyen-ngoc-tho-tin-nguong-thien-hau-tai-nam-bo-viet-nam.html.

动的，剩下 16 座是越南人建的。同时，配祀天后的神庙在整个南部还有 150 座左右。

湄公河地区是越、华、棉、占四族人共存的地方，混合式的居住方式以及紧密相连的生产、经济和生活使得各族之间的文化交流越来越频繁。华人接受越南人的神明、接受高棉族的南行佛教与土神崇拜，越南人与高棉人当然也接受华人的民间信仰，这其中就有天后崇拜。高棉人虽然接受天后信仰，他们很热心地参与天后宫的信仰活动，不过没有建立任何庙宇。南行佛教本来内部结构很紧，高棉人宗教精神特别深，不容易放弃本族宗教来实行一种新型宗教，所以他们接受天后而非唯一主祀天后。跟高棉人不一样，信仰北行佛教的越南人拥有开朗的性格，很快就接受天后，把天后安排在不同信仰宗教的结构中去。一部分人把她排列在家里的神明祭坛上，一部分人把她融入于佛教寺庙里边跟佛祖、观音、护法神一起供奉（往往跟着伽蓝菩萨关公），另一部分人自己建立天后庙专门供奉天后。全区有 15 座越南人天后庙，如隆安省新安市两座天后庙以及槟榔省巴知县县城天后庙和 Tiem Tom 天后庙等。

妈祖文化得以融入越南南部地区的本土信仰，为非华人群体所接受，有多方面原因。越南文化中普遍存在的母神信仰传统为越南人接受妈祖信仰提供了思想基础，而且南部越南人原本就拥有多神信仰传统，由此形成开放的宗教意识，有利于其迅速接受外来神明。妈祖信仰传入越南南部近 300 年，越南人一直认为妈祖是福神，是掌管人间福禄、兴旺和富足的圣母，而并非海神，这种认知使妈祖信仰迎合了越南民众向往美好生活的愿望。加之一部分在城市从事商贸的华人富裕起来，很多越南人认为此乃天后圣母庇佑所致，因此倾向于接受华人的妈祖信仰。当然，越南战争结束后，华人文化融入南部越南民众主流文化的广度不断扩大，深度也不断拓展。另外也存在越南人通过佛教再信仰妈祖的现象，他们

认为妈祖相当于佛陀活菩萨。①

2018年9月2日,越南妈祖文化交流协会、越南福建莆田同乡会、越南福建莆田华人华侨工商联合总会,在中国驻越南大使馆的指导与越南各侨界朋友的支持下成立。妈祖文化作为华人形象的重要象征,不仅仅是华人长期以来在越南经营生活的最好反馈,也是越南这个东南亚国家对华人所做出的重要贡献的肯定。

七、妈祖文化在泰国

泰国是海上丝绸之路沿线重要国家之一,泰国妈祖被称为"七圣妈"。妈祖信仰在泰国传播始于清乾隆年间(1736—1795年)。在泰华人普遍崇信天后妈祖,尤其祖籍是福建、潮州和海南的人,妈祖庙宇散布泰国各府县,妈祖文化在泰国华人社会中具有相当的影响力,在泰国华人社会发展、华人成功融入泰国社会、泰国华人海洋经营和中泰文化融合等方面都起着重要的促进作用。泰国华商建立的天后宫主要分布在曼谷、洛坤、素叻三地。其中曼谷三座,即潮州侨商分别建于1851年和1863年的七圣妈(因林默有五姐一兄,排行老七)庙,福建侨商建于1864年的天后圣母庙(后改名新兴宫)。洛坤天后庙由潮州侨商建于1887年。素叻天后圣母庙由琼州侨商建于1901年。越粒府建有天后圣母庙,信武里府建有天后宫,普吉府有三山天后宫,巴真府建有天后宫,叻丕府建有天后圣母宫,等等。

另有其他神祇为主祀而兼祀妈祖的,即素叻府的玄天上帝庙、顺福宫、本头公庙,北揽府的本头古庙,北大年宋卡港的城隍庙。据中山大学段立生教授20世纪80年代对60座中式寺庙的调查,

---

① [越]阮玉诗:《天后信仰在越南湄公河流域的传播及其特点》,《妈祖文化研究》2017年第1期,第56~69页。

发现其中已有12座主祀或附祀妈祖。泰国妈祖信仰在有些地方已与当地宗教文化融合在一起,为当地民众(甚至上层人士)所接受。当地福建华侨华人在信仰妈祖、观音的同时,也信仰当地的土地神"属府王爷"。曼谷达挠路的玄天上帝庙以玄天上帝为主神,妈祖等诸神为陪神。然而,泰国人却把此庙称为虎神庙。华侨华人信仰的玄天上帝、妈祖等神明与泰国人民信仰的虎神,便在同一庙中祭祀,混为一体,显示了中泰宗教的融合。①

泰国林氏天后宫(吴国春 摄)

八、妈祖文化在菲律宾

菲律宾是一个群岛国家,是华侨华人最集中的地区之一,目前,在菲华侨华人约达140万人,其中80%以上的祖籍地是福建。

---

① 李天赐:《潮汕籍华侨与泰国华侨的妈祖信仰》,2008年11月25日,http://www.fjsen.com/b/2008-11/25/content_1148513.htm.

菲律宾妈祖信仰文化源远流长，1572年（即明隆庆六年）就建起了第一座妈祖庙。

菲律宾作为曾经西班牙的殖民地国家，在宗教信仰上，信奉天主教和新教等基督宗教体系是菲律宾社会的主流，因此，菲律宾的妈祖宫庙情况与东南亚其他地区有着极大的不同，既带有福建特色，又带有菲律宾特色。在菲律宾，有一尊特殊的妈祖与两座特殊的"宫庙"。这尊妈祖像其真身供奉于天主教教堂，而仿作供奉于华人捐建的天后宫。据载，华侨于1572年在菲律宾描东牙示省达亚社（Taal, Batangas）建造起第一座妈祖庙，却供奉着一尊身穿天主教服饰的妈祖，也称凯萨赛圣母。

供奉于天主教教堂的凯萨赛圣母（拍摄者不详）

凯萨赛圣母的来历据说是1603年有个叫范马的渔夫，从达社仙俞谢的拜斯毕河上捞起一尊约6英寸高的木雕神像，消息传开，居民们纷纷前来参观膜拜。后来听华侨说，这位女神就是妈祖。

随着历史的变迁,当地小寺院经常变更,但这座妈祖庙却作为古迹一直保留下来,并由天主教神父主持。还约定俗成:每星期四下午,妈祖金身由达社大教堂迎往仙俞谢小寺庙,星期六下午又从小寺庙迎回犬吠日大教堂。有趣的是,菲律宾本土居民将其视作圣母玛利亚神像予以供奉,而华人则将这尊神像当作妈祖,并且以中国的传统方式对神像进行供奉。1954年,世界天主教会在菲律宾举行祈祷大会。教皇特封妈祖为天主教七圣母之一,并为她隆重加冠。① 凯萨赛圣母在某种意义上被视为菲律宾土著与华人族群融合的象征。

菲律宾南吕宋妈祖庙,由1872年旅居菲律宾的晋江华侨创建。现存的妈祖庙皆为20世纪60年代以后华人所建,其中规模最大、香火最旺的是位于拉允隆省仙彬安洛社区中心的隆天宫。据说1967年时,一艘台湾渔船在海上遇风漂流至菲律宾,受到当地华人的帮助与热情的接待。台湾渔民感激此地华人的鼎力相助,遂将船上供奉的妈祖神像赠予当地华人,希望妈祖同样庇佑当地华人万事顺遂。1975年,当地的华人集资建造了隆天宫用于供奉妈祖。隆天宫占地约3000平方米,在东南亚地区亦可算是规模颇大的妈祖宫庙。在1987年妈祖千年祭时,组团至湄洲妈祖祖庙谒祖朝拜,并再分灵妈祖神像请回宫内供奉。另外,在首都马尼拉也有几座妈祖庙,其中福海宫为独立的妈祖庙,风里庵和隐秀寺的妈祖堂皆为20世纪70年代从台湾北港朝天宫分炉。②

据统计,全菲律宾华侨奉祀的妈祖庙约有100座,妈祖文化受到菲律宾人民的广泛认可和推崇,不仅成为菲律宾华人寄托对故土思念的象征,成为华人与祖国密切联系的桥梁,也说明菲律宾天主教与华人民间信仰的互动融合。

---

① 宋元模:《妈祖信仰在菲律宾的传播》,《莆田乡讯》,1987年10月25日。
② 蒋维锬:《妈祖信仰与华侨会馆》,《妈祖研究学报》2008年第3辑,第23页。

九、妈祖文化在东南亚其他地区

根据湄洲妈祖祖庙官方网站记载,除以上地区之外,东南亚的缅甸、柬埔寨、老挝、印度、文莱等国也存有妈祖宫庙。

印度的孟买市有天后庙。清季戊戌变法失败后的维新派领袖康有为,奔走世界各地做华侨工作,于光绪二十七年(1901年)到过印度,在其《印度游记》中有如下的记述:"是夕到支那街天后庙演说……广州人皆聚居支那街,百货俱备,无一非中国人用物。其岁时宴会,红帽长衫,鼓乐爆竹,俨如内地,几若忘在外域者。"①

妈祖文化的传播是随着华侨华人在缅甸的经商活动不断发展的。缅甸有4座华人兴建的祀有妈祖的古庙。其中丹老天后宫是由粤船商集资兴建于19世纪初,庙内有佛山镇万金炉铸造的大钟一口,钟上的铭文内容为:道光十七年腊月吉旦(1838年初),番邑萧日、香邑吴正辉同敬送。②

缅甸庆福宫位于仰光市拉塔区,是仰光市内最古老,也是最大的妈祖庙。其始建时以"观音庙"为名,内中主祀妈祖和观音,拥有数量庞大的信徒,香火鼎盛。信徒主要为来自福建的华人群体,其次是广东人与客家人。该庙于1861年起建,至1863年正式完工,历时两年。

柬埔寨王国位于中南半岛,是一个与中国有着悠久交往历史的国家。历史上柬埔寨地区以吉蔑王国、高棉等称呼见诸中国史料。根据1999年的数据统计,柬埔寨生活着约40万的华侨华人,绝大多数主要居住在金边。2015年4月,柬埔寨金边京都隆边区

---

① 一凡:《妈祖庙在印度、法国》,《莆田乡讯》,1987年5月20日。
② 李新铭:《缅甸华人的民间宗教信仰研究》,云南师范大学硕士学位论文,2013年,第23页。

妈祖庙善信 30 余人曾赴湄洲妈祖祖庙参访进香。

老挝，全称老挝人民民主共和国，是印度支那半岛上的重要国家之一。历史上老挝也有许多华侨华人，其中潮州人占有很大比重。老挝首都万象的唐人街上亦有妈祖庙。

第二节 妈祖文化在美洲的传播

除日本和东南亚各国外，新老华裔在世界五大洲传承妈祖文化的足迹还分布在北美洲的美国、加拿大，南美洲的墨西哥、阿根廷、巴西、智利、苏里南等国家。

一、妈祖文化在美国

美国是拥有最大华人群体的西方国家。迄今为止，妈祖文化在美国已有 160 余年的存在历史。从中国到美国的移居迁徙过程中，要面临太平洋的风浪，于是出行在外的人们便从家乡的妈祖庙祈求护身的香火，在船上供奉妈祖希望其能指引船只行驶，同时保佑自身平安。人们安全到达美国之后，为报答妈祖佑护之恩，便会在当地建筑屋庙供奉妈祖。于是妈祖文化就这样被早期的华侨华人和航海者从大洋彼岸带到美国，并落地生根融入当地的社会环境，焕发出新的活力，也成为当地华侨华人最崇拜的民间神祇。

在华人最早开始聚集的美国旧金山，有一条原来名为威弗莱的街道，因为天后庙的建筑与兴旺，逐渐被人们称作"天后庙街"（Tien Hau Miu Gai），成为闻名遐迩的参观景点。天后庙的落成，是妈祖作为佑护民众平安的"海上保护神"形象走入美国社会的重要节点。

旧金山天后庙于 1852 年由广东华侨集资兴建，几乎与第一批

华侨同时到达美国新大陆,是当时诸多华侨庙宇中最早,也是最著名的庙宇之一。其建立,归因于美国西部的"淘金热"掀起的向美国移民的热潮。鉴于这一移民群体大部分都来自于有着妈祖奉祀传统的闽粤沿海地区,当他们离开自己的故乡来到陌生的新大陆安家落户时,自然也带来了大量与故乡有关的生活习俗和文化传统,但是水土、气候、语言等不适应,风俗习惯各异,促使他们互相帮助,于是迅速地建立了妈祖庙以慰藉思乡之情,并祈求妈祖的保佑。

自20世纪70年代以来,世界经济形势的变化,将大量中国大陆、台湾、香港等的新移民带到了美国,他们将极富有地域特色的妈祖信仰文化带到美国,给美国的妈祖文化注入了新的力量。其中,旧金山朝圣宫最为著名。旧金山朝圣宫(San Francisco Chao Sheng Kuag)是来自祖庙北港朝天宫的赐名,也称"美国妈祖庙"(Ma-Tsu Temple of USA)。根据其官方网站的介绍,该庙由旅美华侨高可达(字益升)建立于1986年,主旨为"奉迎妈祖香火流传美洲,提供侨胞精神的寄托与慰藉,及弘扬妈祖济世仁民之懿德"。创立者高可达本人为台湾北港镇人,因此坚持由北港妈祖分香,将旧金山朝圣宫明确作为北港朝天宫妈祖的分灵庙宇,于1986年3月在台湾北港朝天宫祖庙进行分灵仪式,奉请分灵妈祖移居旧金山。

美国妈祖庙(林淑馨 摄)

当年8月得到加州政府的许可设庙,9月在旧金山维也纳街（Vienna St.）554号进行了隆重的分灵仪式。旧金山朝圣宫后来迁至中国城都板街（Grant Ave.）562号。建立两年之后,其专门前往台湾祖庙谒祖进香,又于1992年首次举办妈祖绕境。有趣的是,这次域外的妈祖绕境,巧妙地与旧金山本地著名的中国新年大巡游结合在一起。于是,朝圣宫作为美国加州政府正式批准的非营利性宗教慈善团体,每年获邀参加旧金山农历新年大游行活动,更在2014年成为旧金山市政府指定的观光景点之一,这可视作将中国信仰文化与美国文化借由妈祖信仰完美结合的典型事例。同年,旧金山朝圣宫在洛杉矶设立了日落区分庙,同样也奉祀北港朝天宫的分灵妈祖。①

与此同时,越战的阴影导致大量印支地区华人移民来到美国。这些印支地区的华人难民,在故乡本来就已经多有妈祖奉祀的传统,他们在逃离战区时感受到独特的妈祖神迹体验,劫后余生,促使他们在美国依靠妈祖信仰的力量凝聚在一起,纷纷建立妈祖庙,来答谢妈祖在逃难过程中的护佑,并且祈求妈祖在之后的生活中继续加护。因此,美国的加州、纽约州、夏威夷州和首都华盛顿等也先后从台湾北港朝天宫和湄洲祖庙分灵神像,建造庙宇供奉。

在洛杉矶、华盛顿可见为数不少的以印支华人社团为背景建立的天后宫庙。洛杉矶有两座:一座位于拉丁裔聚居的林肯高地,另一座位于洛杉矶的中国城。洛杉矶中国城的"罗省华埠天后宫"建筑富丽堂皇,占地6000平方英尺（1平方英尺≈0.093平方米）,耗资200万美元。这座新庙宇的建设完成于2005年9月,在1980年由越南华裔"美国金瓯同乡联谊会"购买了一座天主教教堂改建而成。

华盛顿的"大华府天后宫"（俗称阿婆庙）也较为著名。2015年

---

① 刘婷玉:《妈祖文化的外向型特征及其在美国的播迁》,《莆田学院学报》2016年第3期,第3～6页。

5月,大华府天后宫与印支华人互助中心在弗吉尼亚州举行了"庆祝天后妈祖1055年宝诞"的盛大仪式,费城的印支华裔老人相济会和200多位费城进香团团员、华府地区越棉寮乡亲也特意赶来参与。同月,美国纽约法拉盛41大道132-15号举行妈祖大厦落成暨观音菩萨、妈祖像开光的盛典。主祀的妈祖神像分灵自湄洲妈祖祖庙,祖庙董事长林金榜一行专程护驾妈祖神尊赴美。美国多家中文媒体以"特大喜讯"为标题,许多信众不辞辛劳、远道而来参加仪式,见到妈祖像时激动落泪。筹建该大厦的美国妈祖基金会成立于2014年,是以弘扬妈祖文化精神为宗旨的公益组织,让妈祖在大西洋彼岸普照信众,并将妈祖文化立德、行善、博爱等美德传承中外,对中美两国经济、文化和学术等多个层面的交流也有促进作用。据基金会黄丽萍主席介绍,"从湄洲妈祖祖庙分灵妈祖像到美国妈祖庙以来,每天都吸引了当地众多华侨华人信众前往祭拜,向妈祖敬香,祈福民众幸福安康,掀起了一股拜谒妈祖的热潮"。2016年,美国妈祖基金会首次以妈祖分灵銮轿出巡的传统模式结合美国当代文化因素,举办"妈祖巡安绕道游行",以"祈求世界和平、风调雨顺"为主题的巡安祈福活动,传播了妈祖无国界的博爱精神。这次巡安游行,是第一次以妈祖分灵銮轿出巡古典传统形式结合美国实情,充分展示中华妈祖文化的精彩。世界各地文化机构、信众代表和当地群众数万人或护驾,或沿路朝拜,队伍浩大、场面壮观。①

此外,夏威夷的檀香山、关岛等地也都建有妈祖庙。近十年来,美洲各国华侨华人不断创建及修葺妈祖宫庙,妈祖文化经由在地华侨华人的广泛传播,逐渐深入当地,引起了民众及政府官员的关注。

妈祖在美国华人信众心中是比肩美国自由女神的"万能保护神",虔诚的妈祖信众向妈祖祈愿消灾免难、人民安泰、世界和平,

---

① https://mp.weixin.qq.com/s/SCnZYMowAZQuWvh_hvtGBA.

以各种各样的方式传播着妈祖文化的人文价值。美国妈祖基金会自2014年5月12日成立以来,始终坚持以海纳百川的妈祖大爱精神,以服务"一带一路"和独特海洋文化自信为指导,进行了诸多人文层面的妈祖文化善行服务工作,如2015年举行了纪念妈祖羽化升天典礼和妈祖文化交流研讨活动,为法国飞机遇难所有亡者举行了供灯祈祷;2016年为美国民众遭遇罕见暴风雪举行祈福法会和冬季施粥慰问善行活动,同年2月6日组织为台南地震灾区捐款;2017年获悉国内福建、九寨沟等地遭受严重地震、洪水灾害,美国妈祖庙连续七日举行供灯祈福法会,并为近期以来美国哈维等地的飓风、洪水受灾民众和拉斯维加斯数百名伤亡无辜民众举行供灯祈祷活动。每逢农历三月二十三日、农历九月初九日举行祭典;逢初一、十五、星期日、佛陀纪念日,均组织诵经、供斋、供灯,以不同形式弘扬妈祖文化。①

2018年6月5日,从美国专程赶到湄洲妈祖祖庙的西雅图妈祖文化协会会长王娟珠女士,与中华妈祖文化交流协会常务副会长俞建忠、湄洲妈祖祖庙董事会董事长林金赞相聚,共商妈祖文化发展大计,宾主就妈祖文化交流及其相关工作进行认真讨论和研究。王娟珠会长就美国西雅图成立妈祖文化协会、建设妈祖文化活动场所,以及拟申请加入中华妈祖文化交流协会等事宜进行认真介绍,特别表示要组织美国中学生"妈祖文化夏令营",来中国学习妈祖文化,为弘扬妈祖精神做贡献。

二、妈祖文化在加拿大

华人移民加拿大源于19世纪中期哥伦比亚弗雷塞地区发现金矿,妈祖被远渡重洋的广大华裔航海者视为精神信仰和故土的

---

① https://mp.weixin.qq.com/s/_KNZ3B2sWUxkzhbP6IUkLg.

象征。如今,华人移民已占加拿大总人口的5％,中文成为加拿大第三大语种。妈祖凝聚华人,其庙宇的构建承载了华人的家国意识和文化使命。妈祖已成为跨越国籍、跨地区的民间信俗,是联结世界各地华人的情感纽带。妈祖在历史和现实中所凸现的众多优秀品质,已成为海外多数华侨华人的共识,也正为越来越多的国际友人所认同。①

根据加拿大学者玛丽等对妈祖信仰在加拿大分布情况的研究,历史上最早的加拿大妈祖庙是维多利亚市的中华会馆,始建于光绪十年(1884年),奉祀天后、关帝、孔子、华佗等神灵。移民加拿大的华人大部分是广东人,妈祖信仰在他们那里已经传承了800余年,妈祖是广大航海者的精神依托,给了远渡重洋的信众战胜灾难的希望、信心和勇气,激励华人开拓进取,发展了海上丝绸之路的交通与贸易,而且也是他们寄托乡思的精神纽带。所以在华人聚集的维多利亚市建造了妈祖庙,使妈祖信仰与当地民族文化共存交融。②

和谐是世界各国人民的共同追求,因而妈祖信仰不仅在中国流传,而且随着华侨出国而传播到海外,这种信仰被越来越多的外国人民及政要所接受。早在1998年6月,加拿大多伦多皇家安大略省博物馆亚洲美术部主任鲁克思(Klaas Ruitenbeek)就来莆田调研妈祖文化。2006年9月,加拿大卑诗省坎伯兰市市长弗雷德·贝茨(Fred Bates)随加拿大经贸代表团到福建参加投洽会时,了解到湄洲岛的妈祖庙对世界华侨华人有很强的吸引力,是世界华侨华人崇拜的女神,加拿大有许多华侨华人信仰妈祖。于是,他专程前往湄洲岛恭请妈祖分灵坎伯兰。两个月后,弗雷德·贝茨市长应莆田市

---

① https://mp.weixin.qq.com/s/SCnZYMowAZQuWvh_hvtG。
② [加拿大]玛丽、李强:《加拿大的妈祖文化与海上丝绸之路》,《妈祖文化研究》2017年第4期,第43~44页。

的邀请,前来参加第八届中国·湄洲妈祖文化旅游节,并代表坎伯兰市与莆田市签订了缔结友好城市意向书,进一步促进两地文化交流,开展各领域的友好合作。

2016年9月,多伦多莆仙商会从湄洲祖庙恭请妈祖神像分灵"中华天后宫",供当地海外华人祭祀,旨在通过传播妈祖文化,团结凝聚当地华侨华人,将妈祖"立德、行善、大爱"的精神发扬光大,把妈祖文化的精髓融入日常生活中,并传给下一代,让下一代不忘记祖先,不忘记根本。同年底"加拿大中华妈祖文化交流协会"在多伦多注册成立,仅一周之内,就募集了90万加币的建庙资金。作为加拿大妈祖文化活动的主要推广者与组织者,加拿大中华妈祖文化交流协会携手加拿大中华湄洲妈祖庙,于2018年5月8日(农历三月二十三日)在位于加拿大安大略省万锦市Dickson Hill Road 124号修缮一新的"中华天后宫"妈祖庙,隆重举办"2018妈祖诞生1058周年庆典"活动。主办方加拿大中华妈祖文化交流协会自成立以来,得到了多伦多华人社团等各界人士的广泛支持,加拿大联邦国会议员谭耕、蔡报国,安省省议员董晗鹏,万锦市市长薛家平(Frank Scarpitti)发来贺信;约克区区议员安思创(Nirmala Armstrong)、李国贤,万锦市市议员杨琦清,列志文山市市议员陈志辉,世界传统文化研究院加拿大分院名誉会长(前国会议员)梁中心、执行会长叶祉均等纷纷发来贺电,各社团侨领、政商名流,善男信女等500多人共襄盛举!万锦市市长薛家平特别委托其助理代为出席庆典。加拿大中华妈祖文化交流协会和加拿大中华湄洲妈祖庙,以传承弘扬妈祖"立德、行善、大爱"为宗旨,以践行"一带一路"精神为己任,大力推进妈祖文化在加拿大的传播、发展与创新,为搭建加中交流合作平台,促进加中文化及经贸交流做出了积极贡献,并获得了加拿大社会各界一致认可与肯定。

加拿大中华天后宫

图片来源：https://mp.weixin.qq.com/s/nMFA4iOOYLPIEocj4LSjGg。

三、妈祖文化在南美洲

在遥远的南美洲，墨西哥、阿根廷、巴西、智利、苏里南等国家也有广大的妈祖信众及相应的妈祖奉祀场所。

据《湄洲妈祖志》的"大事记"，1971年巴西华侨吴启振夫妇从北港朝天宫迎请分灵妈祖在巴西圣保罗市建庙奉祀，成功开启了妈祖文化在巴西的传播。

2018年6月19日，阿根廷华侨代表一行13人，在阿根廷地产协会主席、阿根廷金字塔建筑建材有限公司董事长陈荣华的带领下，来到妈祖文化的发祥地湄洲岛，向湄洲妈祖祖庙咨询在阿根廷首都布宜诺斯艾利斯筹建妈祖庙相关事宜。据祖籍辽宁的阿根廷侨胞刘金刚介绍，中阿两国友谊深厚，在阿根廷有20万左右华侨。在当地各界人士的推动下，阿根廷华侨在首都布宜诺斯艾利斯靠近市区的地方成功申请到了9公顷的土地，用于筹建"阿中人民友谊公园"。友谊公园将向阿根廷各族人民展示中国的各地代表性特色文化，其中包括妈祖庙。刘金刚还说到，20万阿根廷华侨中，

有80%来自福建,其中莆田人有近6万人;他们忙碌在餐饮业、零售业、进出口贸易业等各行各业。妈祖作为福建乃至中国的一张文化名片,最为阿根廷的福建华侨所推崇,因此大家倡议在公园内筹建妈祖庙和妈祖石雕像,妈祖文化项目总投资2000多万美元,将建成阿中人民友谊公园的主题标志和文化象征。①

同样,智利华侨华人心怀祖国、情系家乡,对妈祖文化敬崇有加。2018年8月29日,两拨智利妈祖人代表同时来到世界妈祖圣地——湄洲妈祖祖庙。一拨是为了问卜祖庙妈祖分灵智利的日期,一拨是启动湄洲妈祖分灵智利首都圣地亚哥中国公园的善举。2018年以来,在中华妈祖文化交流协会常务副会长俞建忠的直接推动下,智利华商总会、智利伊基克总领事馆、伊基克华商会积极筹备,湄洲妈祖分灵智利工作进展顺利。妈祖灵显,好事成双。同年智利中国统促会副会长、智利莆仙同乡联合会会长邱丽华女士,率团来中华妈祖文化交流协会商讨在智利首都中国公园建立妈祖像、建设妈祖文化机构事宜。②

在拉美地区唯一把春节作为法定假期的国家苏里南,当地商会会长谢达介绍,"在苏里南有近60万华人,约占其总人口10%,其中莆籍华人就有七八千人,在当地,华人有着很高的社会和经济地位。苏里南是一个多宗教的国家,那里信仰自由,每个国家的移民都会将本国的信仰带到苏里南,包括基督新教、天主教和印度教,但唯独咱们华人在那边没有宗教"。2016年12月,南美洲苏里南福建商会恭请湄洲妈祖分灵苏里南,并着手与当地政府合作筹建妈祖文化旅游园区。这次将妈祖恭请到苏里南福建会馆,不仅将妈祖文化弘扬到苏里南,同时将填补当地华人的信仰空白,更能促进华人之间的相互交流。这是继妈祖分灵巴西、阿根廷和智利

---

① https://mp.weixin.qq.com/s/RoC3U_wKuLBcEt13z0wOzg.
② https://mp.weixin.qq.com/s/9Mzb_BkdAQOF9R_gWZBfZg.

之后,再次登陆南美洲,并首次分灵苏里南。①

妈祖文化多元包容的外向型特征,及其"立德、行善、大爱"的精神内核,伴随着华侨华人经略海洋,开拓海疆,在广袤的美洲大陆落地生根,与当地文化融合并催生出新的文化景观,成为这些港口和城市的重要信仰。

第三节 妈祖文化在大洋洲的传播

澳大利亚四面环海,是一个移民国家,来自120个国家和140个民族的人们移民到这块美丽富饶的国土上共同生存发展。澳大利亚国策提倡多元文化,共同发展。妈祖文化传入澳大利亚,源于19世纪40年代末契约华工的输入和50年代的淘金潮时代。在当时的"黄金时代",吸引了包括广东、福建在内的东南沿海4万多名华侨移民澳洲。华侨定居的同时,也带来了他们自己的寺庙、信仰和传统文化。而后随着联邦政府白澳政策的实行,华工纷纷回国,妈祖文化的传播处于倒退状态。20世纪70年代,随着多元文化政策的推行,许多受妈祖文化影响深远的东南亚华人移民来到澳洲。妈祖庙宇建造逐渐形成规模。如今,妈祖文化已经成为跨社区、跨移民背景的许多华人的共同文化。在一个传统的西方国家,妈祖文化在澳洲的传播可谓欣欣向荣。② 妈祖信仰是移居澳大利亚的华人和祖国的精神纽带,激励华人开拓进取,扎根他乡开展新生活。

如同其他海外妈祖文化的传播,澳大利亚的妈祖信仰事业也

---

① 中国新闻网,2016年12月3日,http://www.chinanews.com/hr/2016/12-03/8082798.shtml.

② [澳]林亦瀚:《澳大利亚妈祖文化传播历史、现状与展望》,《妈祖文化研究》2018年第4期,第24页.

是沿袭"先人后庙，以庙聚人"，形成早期的妈祖信俗。林亦瀚先生为了考究妈祖文化传入澳洲的确凿证据，不厌其烦多方搜寻资料。据他描述，在2014年7月弗林德斯大学考古学系的一份报告中提到，1845—1930年间，澳大利亚境内有关华侨华人庙宇历史的记录不多。在111个华侨华人寺庙遗址中只有58个能够通过收集的历史性报纸得以确定，且对寺庙都缺乏详尽描述。许多报告只记录审美细节，并没有解释它为谁供奉，但其中也揭示了早期华侨华人庙宇的宗教功能混合性。其通常供奉不止一个神佛，包括佛教、儒教和道教仪式的混合，以及崇敬祖先、民间传说和杰出历史人物。在给本迪戈金龙博物馆（Golden Dragon Museum）研究人员麦利（Leigh McKinnon）的回邮中，林亦瀚指出关于妈祖信俗在澳洲的历史记载甚少。但他提供了1859年4月8日，吉朗广告（Geelong Advertiser，VIC：1859—1929）第3页，题目为《本迪戈第一白山的中国人营地》的一篇报道拷贝。报道描述了沃登·安德森先生前一天十二时，拜访了第一白山的华人营地，警察赖安和丹恩以及中国口译员阿舒克随同的情形。文章说这个村庄的外观有更高的富裕程度，赌场盛行，葡萄酒店和鸦片店相当多，而且非常繁华。在白山村，居民似乎是由一个更勤劳的阶层组成的。村里有座香宫比其他区内的神殿逊色，没有那些精巧的装饰。按照中国宗教的习俗，围墙上写着各种各样的文字，并且还列出了建造圣殿的捐助者名单。有着占卜石和"杖"，还有庙里的其他器具，高高的旗杆上竖立着一面标语，在微风中飘扬，上面用中文写着"南半球东方皇后"，英文报道翻译为"East Royal Empress of the Southern Hemisphere"。当时在金矿周边的华人庙宇多为供奉关公和其他男性神佛，这幅横标极大可能就是奉献给妈祖，因此妈祖信俗最早传入澳洲可能是在19世纪50年代淘金时代。这份报道是目前为止查到的记录当时妈祖信俗传入澳洲的唯一证据，也证明了

妈祖文化"先人后庙,以庙聚人"的传播方式。

随着20世纪70年代"白澳政策"的结束,澳大利亚开始推行多元文化政策,并逐步放宽了亚洲移民政策,使得许多华人移民来到了澳洲。①

位于悉尼西区的越棉寮天后宫,是迄今在澳洲本土可见的第一座供奉妈祖的华人庙宇。这座天后宫是移居澳洲的越南、柬埔寨、老挝的华侨华人为了表达对妈祖娘娘护佑他们脱离苦海的谢意和敬意,于1989年开始捐资筹建,至1995年建成。当地的妈祖信众经常来此礼拜,宫庙还组织信众从事慈善事业,香火鼎盛。但越棉寮天后宫建成至今还未与莆田湄洲妈祖祖庙取得联系,其一直希望能组织到湄洲祖庙"探亲"进香。可喜的是,这个夙愿终于在2018年10月6日实现了。当日,澳大利亚莆田商会会长戴秉凡、澳大利亚纽省越棉寮华人联谊会会长吴贵光偕澳大利亚悉尼天后宫代表一行,来到湄洲妈祖祖庙,手执清香,虔诚恭请分灵妈祖起驾。湄洲分灵妈祖于悉尼当地时间10月7日抵达,并安座于悉尼天后宫,供香客朝拜。澳大利亚华人体育协会醒狮团举行了隆重的迎接妈祖仪式。②

海南的妈祖信仰历史悠久,世界各地许多海南会馆的前身就是妈祖庙,同时许多海南会馆都附设天后宫。随着旅居澳洲华人的增多,澳洲悉尼卡市的海南妈祖乡亲2004年在卡市创建了第一间琼府会馆妈祖庙,2010年开始筹划重建。经过多方的筹款准备,2017年9月12日正式启动奠基典礼仪式,目前已经完工70%。位于墨尔本东南区Springvale的朝圣宫(原名维州东南区天后宫),由20世纪70年代从马来西亚移居墨尔本的侨领林长兴太平

---

① [澳]林亦瀚:《澳大利亚妈祖文化传播历史、现状与展望》,《妈祖文化研究》2018年第4期,第24~25页。

② https://mp.weixin.qq.com/s/pBx5qdpogEpn3NyX-Bb4Yw。

悉尼天后宫（林亦瀚 摄）

绅士等人组织建立。林先生10年前与人合资购买占地800平方米的居所，从墨尔本天后宫恭请了一尊妈祖神像，2007年9月28日物业过户并择当日开光供奉妈祖。2009年9月15日，维州天后宫［Tian Hou Gong Association（Victoria）Inc.］非营利性组织成立，为扩建和重建妈祖庙进行积极筹备。

墨尔本天后宫坐落在美丽的马瑞巴农河（Maribyrnong River）河畔，兴建于2009年4月。天后宫的妈祖金身神像，身高16米，此像铸成于中国南京，奠基石是由富茨克雷（Footscray）市长开光奠基。墨尔本天后宫妈祖圣像和这个气势威严的南半球最大的仿古妈祖宫殿建筑群，包括天后宫正殿、天后广场、雄伟的巨石雕牌楼、会展厅、御膳堂等，让澳洲多元文化之都墨尔本成为南半球妈祖文化的中心。这是妈祖文化在澳洲得到弘扬的典型代表，尽显中国传统建筑特色之风采，集祭祀、朝拜、集会和游览于一体。

据澳大利亚妈祖文化协会会长林亦瀚介绍，澳洲妈祖文化协会是于2017年9月在维州注册成立的非营利性民间社会组织。协会以弘扬妈祖文化，传承中华优秀传统为宗旨，崇尚立德、行善

墨尔本天后宫（林亦瀚 摄）

和大爱；以建立文化和谐社区为目的，发扬慈悲仁爱、团结互助、无私奉献的妈祖精神，促进来自世界各地的华人团结互助，以及华人与其他民族和谐相处。①

妈祖文化活动在澳洲从民间到政府越来越受到重视，妈祖宫庙建设得到热心人士、信众和政府的大力支持。2018年7月，墨尔本天后宫举办盛大的天后圣像建成十周年活动，盖利布兰市（Gellibrand）的联邦国会议员蒂姆·沃茨（Tim Watts）先生、玛莎·汤姆森（Hon. Marsha Thomson）议员及马瑞巴农市市长 Cr Cuc Lam 均发来贺词祝贺。② 这说明，妈祖文化所蕴藏的自由、文明、包容、和谐、正义和合作共赢的海上丝绸之路精神，符合中澳两国人

---

① ［澳］林亦瀚：《澳大利亚妈祖文化传播历史、现状与展望》，《妈祖文化研究》2018年第4期，第26～27页。

② 《澳大利亚妈祖文化协会助力妈祖文化弘扬天下》，搜狐网，2018年7月13日，http://m.sohu.com/a/241081379_726270。

民的共同利益和愿望。①

2005年6月17日,新西兰妈祖文化交流协会注册成立,并于同年10月底从中国湄洲妈祖祖庙恭请去一尊木质妈祖神像,供奉在首任会长林秀琴家中;经常有人前往祭拜,四季香火不断。2013年5月21日,新西兰妈祖文化交流协会参与协办"2013中华文化海外行——新西兰营"开营仪式,在新西兰南岛城市克赖斯特彻奇举行。2015年,新西兰福建商会会长率商贸恳亲团一行参访妈祖文化研究院,介绍了福建商会和新西兰妈祖文化交流协会近年来致力于践行妈祖精神,成为凝聚华人的主要精神力量。②

第四节 妈祖文化在世界其他地区的传播

妈祖信仰在欧洲及非洲的传播规模和速度,虽然远远不能与亚洲各地相比,但是其分布的区域非常广阔。近年来,在东南亚、美洲乃至欧洲、非洲、南太平洋地区等地华人、华商聚居区,新建的妈祖庙在不断增加,并且得到当地官方的重视和支持。天后的足迹无所不到,实际上,哪里有中国海员,哪里就有天后的足迹,在郑和七下西洋的600多年前如此,在航海业发达的今天,情况也没有改变。不论是欧洲的荷兰、西班牙、法国、意大利、挪威、丹麦,还是南非的开普敦,以至文莱斯里巴克湾圣母宫等,只要有华人,就有人供奉妈祖。

---

① [澳]陈国生、关照宏:《澳大利亚的妈祖信仰与海上丝绸之路》,《妈祖文化研究》2017年第4期,第54页。

② http://www.hycfw.com/Article/189008.

一、妈祖文化在欧洲

有关妈祖的神话传播到欧洲的记录最早是在明代。1545年出生于西班牙的门多萨(Juan Gonsales de Mendoza),成年后从军到墨西哥,后在奥斯定会任教职。门多萨在墨西哥收集多种资料后辑录成《中华大帝国史》一书,其中有十章叙述中国的宗教情况。其上册第二卷第二章"续谈他们的宗教及他们崇拜的偶像"中,即载有妈祖助官兵破敌的故事。1549年,葡萄牙籍耶稣会教士沙勿略(St. Francois Xavier)在麻剌加登上了一艘中国帆船,这船载重量有三四百吨。他给致教友信中提到关于他在帆船上看到的情景:"在船舱的左侧,这是上座的神龛里,供着一个妈祖的像,因为她是水手及海盗的保护者。在她的两旁,一边有一个侍卫,全都给她跪着:一个叫千里眼,一个叫顺风耳。""妈祖婆也叫天妃,船上的人对她敬礼很勤,每天一早一晚的,总要用高香长烛在她的像前燃着,遇着非常的事故,还要用一种占卜的方法,请求她的指示。"沙勿略发出的一封封信札和关于妈祖崇拜的实况记述,也被保存在西方教会工作文献里,为欧洲教友所熟知。

同样记载妈祖的文献还有万历三年(1575年)西班牙籍教士马丁·德·拉达(Martin de Rada)所著《出使福建记》和《大明中国的事物》,其中介绍了湄洲娘妈及中国船员对妈祖的崇拜情形。

西方传教士在途经南洋群岛、南中国海的记载中,生动而具体地反映了古代船员、商人崇敬妈祖,祈求神明保佑的情形。由此可见,在西方人的心目中,妈祖不仅具有支配海上事件的神力,还是一个有求必应的航海保护神,他们记录的材料形象地描绘了妈祖对航海事业的精神促进作用。

16世纪80年代至17世纪初叶,正是英、法等国同西班牙、葡

萄牙、荷兰等国争夺海上霸权,并成立东印度公司的一段时间,欧洲各国对中国抱有极大的兴趣。门多萨关于中国地理、宗教、社会、民俗的著作初版问世之后,很快风靡了欧洲,包括妈祖信仰在内的中国宗教文化就这样传扬到西方。[1]

荷兰人包乐史(Leonard Blussé)在《荷兰东印度公司时期中国对巴达维亚的贸易》一文中,就生动地描述了荷兰东印度公司时期(1602—1799年,即我国明万历至清嘉庆年间),驶往东南亚贸易的福建帆船在即将起航离开厦门港口时,海员会虔诚地进行拜祀妈祖的仪式:"他们支付出口关税,然后海员们从船上的神龛取出海上女神'妈祖'的塑像,列队携至寺庙并献上祭品,以祈求航行得以一路平安。这种对寺庙的礼拜经常伴随戏剧性的演出,而全体海员共享已经作为祭品之用的酒和盘碟上的肉、鱼、菜。事毕,这尊塑像携回船上,在一阵紧锣和炽烈的鞭炮声中,锚被拉起,帆篷被扯起,接着这艘超载的船只徐徐驶出海洋。"不仅是出航前的岸上拜祀,凡是福建人远航东南亚的船舶,都要在船上专辟一个地方设立妈祖神龛,以使船员和乘客在漫长的海上航行途中,能够每天上香和供奉祭品,不断地拜祀大家心目中所信奉的海上保护神。[2]

1972年,法国巴黎高等研究院中国道教会员施博尔博士(Kristofer Schipper)在巴黎创建了"真一堂",供奉妈祖为主神,尊称妈祖为国际和平女神。此后,施博尔每年均汇200美元前来中国,资助农历三月二十三日妈祖诞辰的两天祭祀活动,并让祖庙人士为其备办祭品供奉;而在诞辰当天,施博尔还会在真一堂举行仪式,向湄洲祖庙方向遥祭。[3]

---

[1] 杨钦章:《海神天妃故事在明代的西传》,《海交史研究》1987年第1期,第67~70页。
[2] 潘真进:《妈祖信仰在西欧》,http://www.chinamazu.cn/mzdg/whyy/fxlc20150310/27601.html。
[3] 一凡:《妈祖庙在印度、法国》,《莆田乡讯》,1987年5月20日。

在遥远的欧洲大陆,意大利是继法国、英国、丹麦、挪威和俄罗斯之后,妈祖在欧洲留下的一个新足迹。据意大利福建华商会代表关丽涵女士介绍,意大利目前有华人十几万,福建籍的有4万多人,其中祖籍莆田的有1万余人。在意大利,当地人几乎都是信仰天主教,而来自中国的老一辈华侨华人都信仰佛教。随着岁月推移和文化融合,长辈担心子孙辈改信天主教而忘记了中国文化,因此,聚居在意大利那不勒斯的福建华商会基于那不勒斯靠海和妈祖信仰在福建人心中的地位考虑,提议来湄洲恭请妈祖。这个提议得到当地华侨华人特别是福建商会的一致同意。终于在2016年11月15日,关丽涵女士等一行5人,恭请湄洲妈祖分灵意大利那不勒斯福建华商会。这是继2015年4月翟墨团队恭请湄洲妈祖重走海丝路,参加米兰世博会后,妈祖再次登陆亚平宁半岛,并首次定居意大利。①

2018年7月24日,欧洲侨团联合总会匈牙利分会主席、匈牙利福建同乡会会长等一行4人也来到湄洲妈祖祖庙,请教关于建庙分灵妈祖至匈牙利首都布达佩斯事宜。据郑春生董事长介绍,匈牙利有近5万名的华侨华人,其中福建籍1万多人,莆田籍千余人。很多华人的后代已经渐渐融入了欧洲的文化生活,如何让远在海外的华人后代记住、传承中华传统文化是每一位海外游子的心结。在匈牙利,现有河北人建的虚云禅院,还有一个宝济寺,因此,将妈祖文化传播至匈牙利是这位匈牙利福建同乡会会长的愿望。②

---

① https://mp.weixin.qq.com/s/VPCiFkeC-rztSXotWIGZTA.
② https://mp.weixin.qq.com/s/tQuiZsDOiLnQXXXiZZvc4A.

二、妈祖文化在非洲

南非共和国的立法首都开普敦,位于非洲大陆的最南端,是被大西洋和印度洋环抱的天涯海角,南半球的"海角之城",是世界著名的旅游度假胜地,开普敦港是中国大陆及台湾远洋渔船主要的补给基地之一。早在2000年,每年就有800多艘次的台海两岸的渔船进出,侨居开普敦地区的两岸侨胞有数万人之多,当地侨民与远洋船员之中有许多是虔诚的妈祖信徒,有强烈的敬拜妈祖神像的意愿。开普敦台湾商会林锦华会长等台胞于2001年从台湾供奉妈祖最有历史和规模的北港朝天宫妈祖分灵至开普敦,并集资兴建了开普敦朝天宫。妈祖神像高1.6米,是全非洲大陆的第一座妈祖神像。开普敦妈祖庙的建成,对于渔民及侨民信仰的凝聚,具有十分重大的意义。妈祖分灵南非已有17年,不仅华人信众日多,当地黑人信众也年年增加。2018年3月,开普敦朝天宫举办了为期七天六夜盛况空前的2018年妈祖绕境南非祈福巡安活动,全程超过4000千米,创下北港朝天宫最长的绕境行程。妈祖绕境所到之处的华人争相膜拜,当地黑人看到黑面妈祖法相庄严、肤色与他们相同,除虔诚跪拜外,也争相扛轿。

令人惊奇的是,据当地报道,在妈祖出巡离开开普敦时,开普敦的两岸同胞及当地的信众们真的见证了妈祖的神灵显赫。3月29日开普敦地区突降甘霖,有效缓解了政府的限水令危机,当地群众倍感奇特。当妈祖出巡队伍来到德班时真是万人空巷、一片沸腾,华人商家、当地黑人、白人、印巴人络绎不绝前来朝拜,共沐妈祖灵光。护驾团中英语较好的就给朝拜的当地群众介绍起妈祖的圣迹及礼拜的礼节。特别有意思的是,台湾北港分灵的妈祖有三百多年的历史,因香火鼎盛被熏成了黑脸,因为没有肤色的差别意

2018 年开普敦朝天宫妈祖绕境南非祈福巡安

图片来源:https://mp.weixin.qq.com/s/pdmd_NqTelgpI9rOlBCOnA.

外地使"黑脸妈祖"打破语言和种族的隔阂,让黑人倍感亲切。护驾团的执事们更喜欢用"天上圣母"来介绍妈祖,黑人们就认定黑脸妈祖也是他们的祖先,富有舞蹈基因的黑人们还和妈祖仪仗队里的电音三太子(由人装扮的)跳起了舞蹈,执事成员也进行了舞龙和打响鞭等中华功夫特色表演,广场一时热闹非凡。开普敦朝天宫苏振隆董事长介绍说,妈祖的每一次巡安祈福在南非各地都增添了不少当地黑人信徒。妈祖情缘源远流长,南非妈祖绕境祈福巡安活动让人们看到妈祖信俗在南非得到新的阐释和繁衍,满足了人们对平安、向善、博爱的愿望。以非洲大地最南端的"海角之城"为桥头堡,妈祖信俗、妈祖精神、妈祖文化在两岸同胞携手合作下必将在非洲这片广阔的大地上发扬光大,普济非洲大地。①

此外,随着"一带一路"国际合作的深入开展,妈祖文化在世界

---

① 张飞帆:《女神灵光耀南非——妈祖南非绕境巡安祈福侧记》,《人民日报》,2018年5月11日。

范围的传播也日益扩大。2017年5月25日,莫桑比克共和国贝拉市华人商会会长商家钊一行也恭请湄洲妈祖分灵贝拉市华人商会会馆。根据商家钊介绍,位于非洲东部的沿海国家莫桑比克曾经是中国古代海上丝绸之路的最南端,也曾是中国与西方、非洲进行海上贸易的重要停靠港口。贝拉港口是莫桑比克第二大港口,随着"一带一路"国际合作的深入,也为他们在当地发展迎来新契机。恭请湄洲妈祖到贝拉市华人商会会馆,填补了华人信仰空白,强化了华人之间的相互交流。①

三、妈祖文化在南太平洋地区

2018年4月23日,瓦努阿图驻中国首任大使罗治伟偕瓦努阿图福建同乡会会长郑玉鹏等一行5人,前往湄洲妈祖祖庙恭请分灵妈祖。瓦努阿图位于南太平洋西部,属美拉尼西亚群岛,由83个岛屿(其中68个岛屿有人居住)组成,约有30万人口。在瓦努阿图,中国人很受尊重;目前当地有1000多名中国人,其中莆田籍的有100多人。在瓦努阿图,有代表着中国文化的孔子学院;所以这次分灵湄洲妈祖到福建同乡会,更是将家乡的妈祖文化带过去,丰富当地中国人的交流方式。② 在其首都地区的妈祖庙,给瓦努阿图民众和在瓦华人增进交流提供了很好的场所,已成为瓦中两国友好合作的重要标志。

汤加作为四面环海的南太平洋岛国,对海洋有着深厚的情感。2017年11月21日,湄洲妈祖祖庙分灵的妈祖圣像顺利抵达汤加努库阿洛法市科洛福欧县,得到汤加人民的热烈欢迎,在汤加与中国之间架起文化交融、民心相通的新桥梁。

---

① HTTPS://MP.WEIXIN.QQ.COM/S/TMVMT4W1LSRSANCABSGLQW.
② https://mp.weixin.qq.com/s/Y3oJJ4Ch8TFIc1sNIvXqPQ.

四、小结

妈祖文化跨出国门而迈向世界,主要是靠华侨华人的虔诚传承。反言之,海外移民也是以妈祖文化为精神支柱,这是他们与祖国联系的纽带。而且,海外的华侨华人始终怀念着家乡的一砖一瓦,天后宫寄托着他们对家乡的思念。他们的天后宫主体建筑物也是承传着中华古典建筑的特色,屋脊上雕塑着双龙戏珠,屋顶是琉璃瓦铺就的,顶饰、彩梁、斗拱、雀替、藻井、承尘、龙柱、栏杆更是中华艺术的展现。例如,澳大利亚墨尔本天后宫,墙壁上画着菊花、梅花、麒麟、松鹤,雕刻着中国古代的传说人物和精彩故事,讲述妈祖伏机救亲、焚屋引航、怒海救难的故事,或者"二十四孝"故事壁画,或者《三国演义》中"桃园三结义"的故事。另如,马来西亚雪隆海南会馆编的《马来西亚天后宫大观》写道:"在槟城海南会馆天后宫的众中的匾额中有一块康有为在1904年书写的'同心爱国'匾额。还有会馆顾问李雄之作词、陈鸣歧作曲的《天后宫颂》:巍巍壮丽天后宫高高耸立/乐圣岭画栋雕梁盘龙飞凤/象征华裔文化结晶……"妈祖文化不仅与华侨社会有着密不可分的联系,它对所在国文明建设也起一定的影响。妈祖文化在历史和现实中所凸现的许多精神价值,已成为海外多数华侨华人的共识,也正为越来越多的国际友人所认同。在妈祖文化的海外传播中,我们可以认识到现存的妈祖文化乃是以华人为中心,兼顾华人会馆之功能,带有外来信仰的性格,作为一个外来文化,与现地文化相互交错、彼此融合。

也许可以这么说,没有妈祖文化,也就没有海上丝绸之路的延续与繁荣。① 如今,我们如果把全球 40 多个国家和地区近万座的妈祖宫庙连接起来,不就是一条海上丝绸之路吗?这些浸透着中华优秀文化基因的妈祖庙千百年来一直默默地传颂着中华文明,讲述着中国故事,宣扬着中国精神。随着 21 世纪海上丝绸之路的开启和不断延伸,妈祖文化更是如同一条文明纽带,促进了中国人民与各国人民的相互了解和友谊,发挥了重要的民间交流作用,既推动了沿线国家和地区的民心交融,又促进了东西方文化的交汇融合。可以说,妈祖源于中国、源于"海丝",属于世界。

---

① 林国平:《海神信仰与古代海上丝绸之路——以妈祖信仰为中心》,《福州大学学报(哲学社会科学版)》2017 年第 2 期,第 9 页。

第三章　妈祖文化跨语境传播的现状与挑战

中国在解释国际立场时所强调的"和平、发展、合作"三个原则,在国家建设中所奉行的"和平发展"的宗旨都是源自中华文化精神,同时也是对这种精神的体现。从这个意义上说,中国国家形象的对外展示离不开中华文化的对外传播与说明。妈祖作为海上丝绸之路的保护神,具有跨语境、跨国界、跨文化而且信众多、分布广的特点。妈祖文化与新海上丝绸之路沿线国家不同文明的核心价值存在着许多相同或相近的要素,是"新海丝"沿线国家拥有的共同的历史记忆。面对不同的受众,对外能否讲好妈祖故事,有效发出中国声音,关键要看受众是否愿意听、听得懂,能否与我们形成良性互动,产生更多共鸣。

新时代背景下,妈祖文化价值理念的对外传播面临着诸多问题。尽管目前妈祖文化已在全球40多个国家和地区落地、生根、开花,但其信众仍以华侨华人为主,妈祖信仰的传承则基本是由华侨华人推动;崇祀妈祖的主体是民众,是非官方;妈祖信仰群体是极其有限的,信仰群体的身份、职业并没有发生变化,也就是说妈祖文化并未被海外广大民众普遍接受。

第一节 妈祖文化在西方社会的现状

文化传播又称文化扩散,指人类文化由文化源地向外辐射传播或由一个社会群体向另一群体的散布过程,分为直接传播和间接传播。直接传播通常由具备文化的人们通过商队、军队等途径直接传播某种精神或物质方面的文化内容,如新的农艺技术和发明创造等;而间接传播表现出一种较为复杂的文化扩散营力,主要指某一社会群体借用外来文化特征中的原理,进行文明创造活动的一种刺激传播,如欧洲最终发明瓷器是在知道中国瓷器大约200年之后。文化散布过程取决于文化的实用价值和难易程度以及文明声望、时代适应性、抗逆性等多种因素。

妈祖文化作为一个从民间信俗发源而起的民俗文化,在过去的近百年里经由直接传播和间接传播两种传播方式从其发源地几乎不间断地走出。妈祖文化的海外传播成绩斐然,成功的经验是在早前的文化传播中,妈祖文化曾随着商船或者外出谋生的个人通过直接途径传播到了东南亚及海上丝绸之路沿线国家,并在当地以间接传播的方式被接触认可进一步传播,多由原来就认可妈祖文化的外来移民带着妈祖文化迁移入境,因此具有较广的受众基础,以亚洲或"一带一路"沿线国家为主。那么,在西方世界包括北美、南美、欧洲等主要国家在内区域的非华人受众对妈祖文化的认知是否一样呢?

一、问卷调查

为了调查妈祖文化在海外非华人受众中的传播情况,并寻找

效果最佳的推广方式或方法,课题组特地设计了一份专门针对英语国家非华裔民众的调查问卷投放国外。该问卷共有10道问题,内容涵盖三个部分:对广义中国文化的了解现状和信息获取主要途径(Q1-Q3);对海神妈祖文化的了解情况和已有的信息获取主要途径(Q4-Q6,Q10);问卷回答者的基本情况,包括年龄、生长地、教育背景(Q7-Q9)。

该问卷通过网络平台对指定人群发放,共收回来自英美国家指定非华裔人群的260份有效回复,其中158份来自美国民众,102份来自英国民众。这些受调查者通过平台条件设置,均被限定在非华裔的范围内,由此来看妈祖文化在非华裔英语国家民众中的被认知现状、他们经常采用的信息获取渠道和对妈祖文化细分状态下的优先兴趣点。这些数据弥补了目前对妈祖文化传播的调研有太多华裔民众的不足,为妈祖文化的海外传播提供理论依据。

(一)调查结果

首先,对中国文化的了解现状和信息获取主要途径(Q1-Q3):

收集数据显示超过半数的被调查者对中国文化表示出兴趣,其中35%的被调查者表示自己对中国文化有点兴趣,28%表示比较感兴趣。

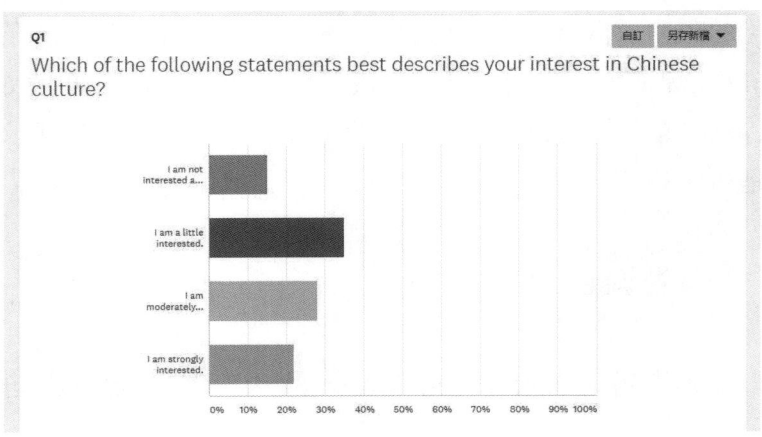

这个群体中62%的被调查者认为自己懂得一些与中国文化相关的东西，20%认为自己并不熟悉中国文化，认为自己了解了不少中国文化只占11%，而认为对中国文化了如指掌的占比最低，只有7%。

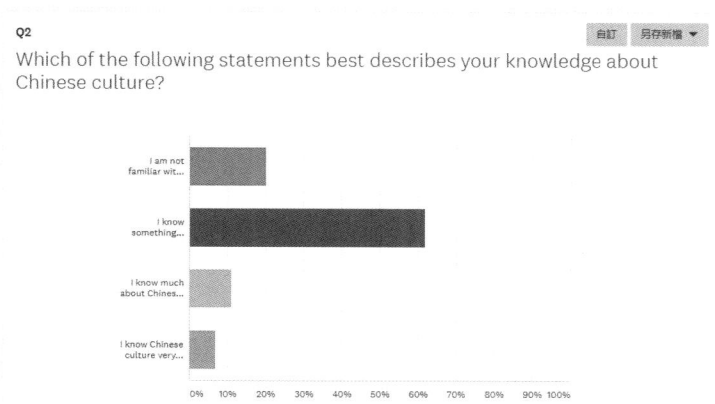

关于中国文化信息获取的主要途径，从结果来看占压倒性大比例，72%是通过电视节目来获取，排名第二的是38%的被调查者表示社交网络是信息获取的主要途径，紧跟其后的还有28%的信息获得来自报纸与杂志这样的传统媒体。

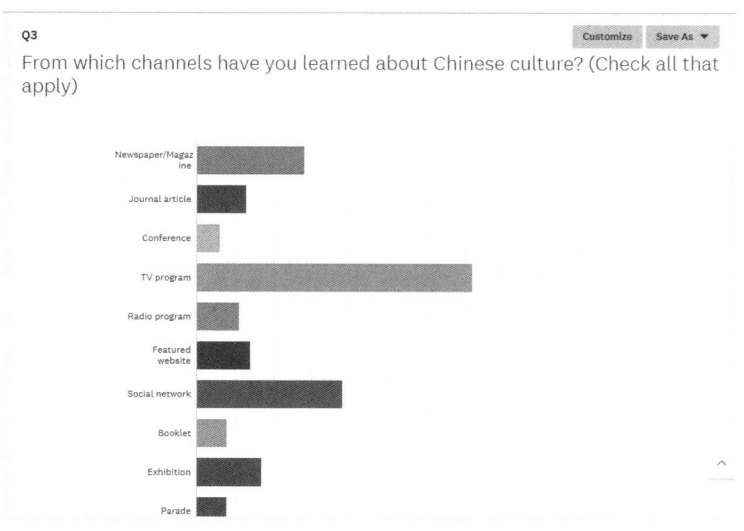

其次，对海神妈祖文化的了解情况和已有的信息获取主要途径（Q4-Q6，Q10）：

数据显示高达 58% 的被调查者表示完全不知道海神妈祖，约 13% 的人对妈祖文化略有了解，而认为自己了解了不少妈祖文化的人群只有 7%。

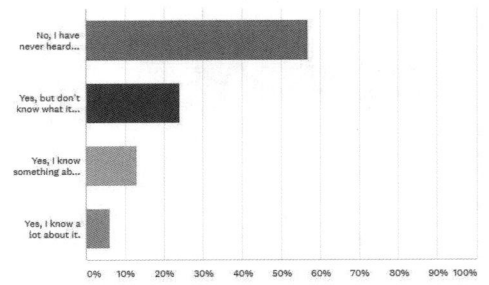

这些人中一半多一点（51%）的被调查者获取妈祖相关信息的主要途径依然来源于电视节目，紧接着是专门的网站和社交媒体，分别占 27% 和 19%。剩余其他众多方式中占比最小的是通过参加会议，只有 5%。

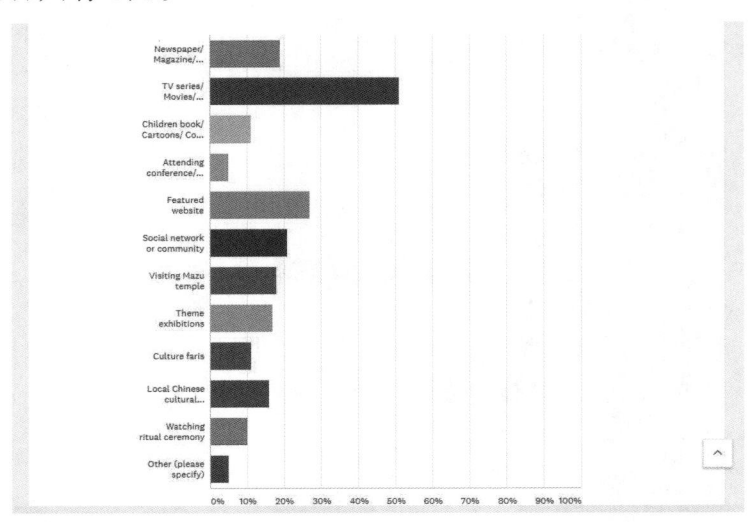

在被问及如果当地举办妈祖文化节的话,哪些文化形式将会最吸引他们的时候,美食、歌舞表演和祭拜仪式表演是最受欢迎的前三个选项,占比依次为53％、49％、44％;继而是服装展示和相关主题艺术展览,均约40％;最后占比约20％或更少的群体表示主题戏剧演出和手工艺品是他们的兴趣点。

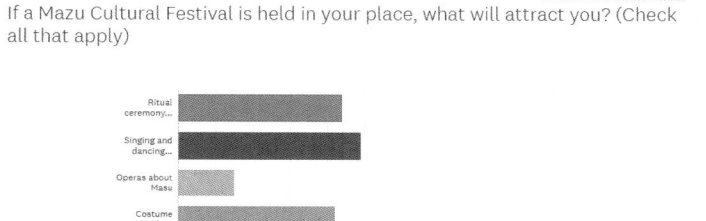

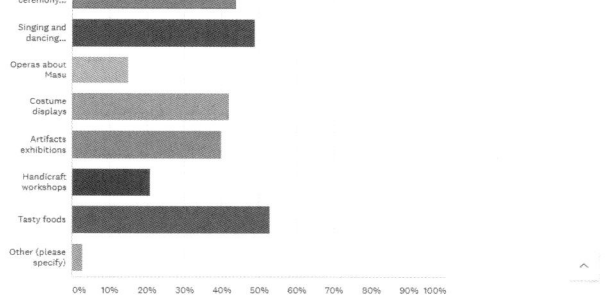

最后,高质量的问卷调查回复群体。返回数据表明参与调查的人群中,绝大多数的被调查者年龄在18～44岁之间,来自英国或美国的大部分州地区,51％拥有大学学历,31％拥有高中或大专教育背景,16％拥有硕士学位。

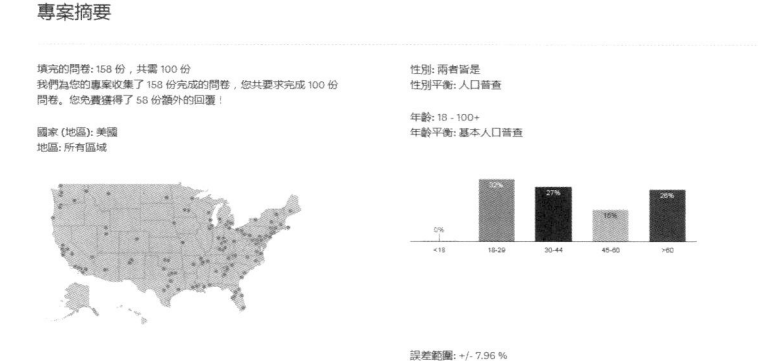

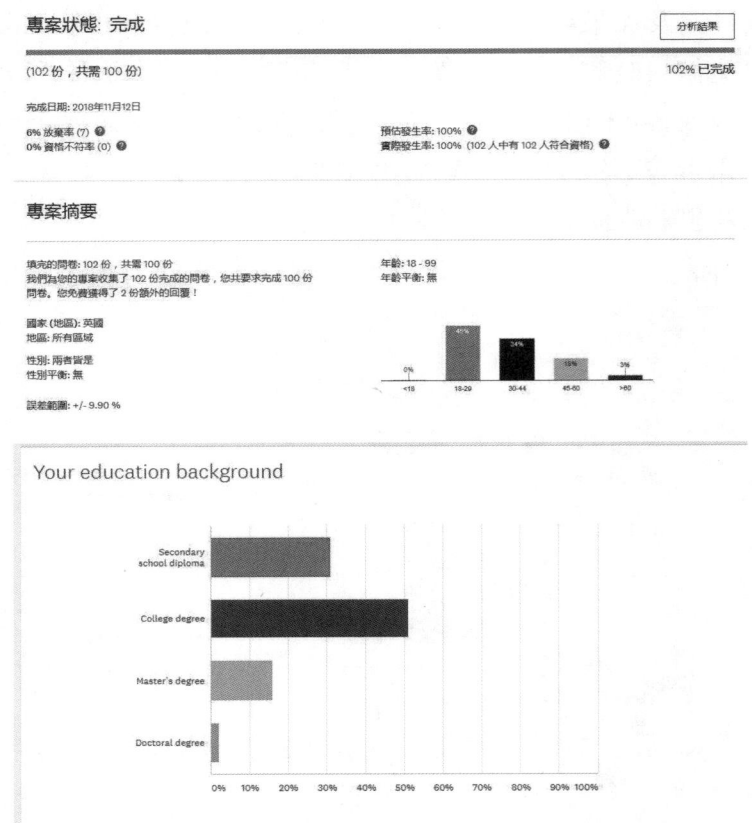

(二)发现

从数据收集的结果来看,该项调查还是很有现实指导意义的。首先,数据的来源通过现代技术手段实现了被调查人群的范围限定,最大程度上集中在英语国家非华裔这个人群,也是本课题着重想要研究的一个群体;而不管从年龄分布还是学业背景来看,被调查人群属于高质量人群,所提供的数据也更具有可靠性。

其次,数据表明这个人群对于中国文化和妈祖文化的了解都非常有限,但都表示有一定的兴趣。这说明在妈祖文化推广上还有很大的空间,也正凸显了妈祖文化海外推广的重要性。

再次,已有的文化信息获取手段给妈祖文化推广的方式方法提供了极具参考意义的数据。电视节目是具有压倒性的第一信息来源,因此制作优秀的电视播放资源,通过电视播放频道来推广妈祖文化应该是不可忽略的一个重点方式。同时随着时代、科技和人们生活方式的改变,新媒体中社交网络也是一个亟待重点开发的文化推广阵地;但传统的报刊媒体也不能忽略,一定的报刊媒体覆盖应该是妈祖文化推广不可缺少的一个部分。

最后,被调查者的兴趣点数据返回为妈祖文化推广的内容提供了方向。文化美食应该可以成为海外推广中的第一块敲门砖,作为一种文化形式,美食是最不容易被排斥甚至是最受欢迎的一种介入,从美食到文艺演出再到具有特点的仪式礼节展示,如湄洲妈祖祭祀大典,都可以成为新一轮妈祖文化推广的内容。和学术领域相比,与英语国家民众生活娱乐相关的方式更容易被广大民众接受。妈祖文化源于大众,扎根于人民的生活,而其在海外的传播也应当顺着平易近人的文化风格,不徐不疾地进入海外受众的生活中,再得以慢慢发展壮大。

二、人物访谈

除了问卷调查外,我们借助近几年在莆田学院召开的国际妈祖文化研讨会,以为世界妈祖文化论坛的部分国外来宾翻译为契机,对他们就妈祖文化的熟悉程度和妈祖文化在他们所在国的影响进行了访谈。

(一)访谈对象

本次访谈对象分为三类:第一类是来参加由莆田学院自2015年起举办的4届国际妈祖文化学术研讨会的国外嘉宾,主要来自日本、澳大利亚、美国、马来西亚、加拿大等国家,例如日本京都文

教大学潘宏立,澳大利亚妈祖文化协会会长林亦瀚博士,马来西亚马来亚大学中文系副教授、系主任潘碧华,加拿大渥太华大学宗教文化研究系、文化研究中心主任、国际著名文化人类学家和博物馆专家玛丽博士、李强博士等。

第二类是近三年来参加由中国社会科学院、国家海洋局、国家旅游局、国家文物局和福建省人民政府共同主办,在妈祖文化发祥地莆田市召开的世界妈祖文化论坛的部分国外来宾,其中有法国、斯里兰卡、阿塞拜疆、塞舌尔、肯尼亚、海地、越南、乌克兰、智利、格鲁吉亚、柬埔寨等国家,如法国国家自然历史博物馆当代人类学部主任柯孟德博士(Dr.Christophe Comentale)、展览部主任史库尼(Didier Scuderoni)、展览部当代部主任卡德纳斯-卡斯特罗(Alain Cardenas-Castro)、国际博协培训中心协调人克劳德·弗贝尔(Claude Faubert)、西班牙熔岩工作室联合创始人塞西莉亚·马丁(Cecilia Martin)、文化机构咨询顾问、巴西记者路易斯·马塞洛·门德斯(Luis Marcelo Mendes)、波兰克拉科夫城市工程博物馆宣传部主任亚历桑德拉·波瓦斯扎克(Aleksandra Blaszczak)、阿塞拜疆巴库老城历史博物馆副馆长阿米娜·玛丽克娃(Amina Malikova)、塞舌尔国家博物馆文化部高级博物馆市场及行政专员克里斯蒂亚娜·普丽西拉·弗诺(Christiane Priscilla Furneau)、克罗地亚萨格勒布民族博物馆策展人戈尔达娜·维耶维普兹(Gordana Viljetic)、文化遗产高等教育中心博物馆学系讲师哈桑·格斯曼亚德·拉尼(Hassan Ghaseminejad Raeini)、肯尼亚国家博物馆公共关系专员海伦·科鲁·尼扎吉(Hellen Keeru Njagi)、智利加夫列拉·米斯特拉尔教育博物馆机构发展部经理玛丽亚·费尔南达·马丁内斯·方丹(Maria Fernanda Martinez Fontaine)、海地国家英雄纪念博物馆外联经理玛蒂娜·布鲁诺·伯锡考(Martine Bruno Beaucicault)、越南历史博物馆公众教育项目策划人阮氏定

（Nguyen Thi Dinh），乌克兰国家艺术博物馆科学与教育启蒙部主任奥克萨纳·阿赫伊娃（Oksana Aheieva），智利记忆与人权纪念博物馆数字内容编辑罗伯托·亚历克西斯·托里斯·曼迪奥拉（Roberto Alexis Torres Mandiola），印度贾汀·达斯艺术中心副主席兼管理理事西达尔达·达斯（Siddhartha Das），格鲁吉亚国家民俗音乐和乐器博物馆公共关系经理索菲科·科特里卡德泽（Sophiko Kotrikadze），柬埔寨吴哥古迹保护与发展管理局文化发展和博物馆与遗产规范部主任伊特·准达罗特（Yit Chandaroat），摩洛哥马若雷勒花园基金会外联协调员兹奈博·阿奎索尔（Zineb Aguisoul），等等。

第三类是我们在国外调研旅行过程中接触的当地民众，包括房东、游客、司机、导游等。

选择他们为访谈对象，是因为第一类对象基本上是大学或文化研究机构的专家学者，或是外籍华人，这些人对妈祖文化研究相对比较多。第二类对象以从事博物馆文化研究居多，多数是初次来福建莆田，对妈祖文化了解较少或基本是首次接触。第三类对象全是非华人受众，因而这些访谈对象都具有代表性。

（二）访谈内容

因为时间关系，我们与访谈对象只能进行团体式的简短交谈。针对第一类对象，访谈的内容集中在妈祖文化对他们所在国非华人受众的影响现状及建议；而针对后两类对象，访谈的内容主要则是他们各自对妈祖文化的了解情况和已有的信息获取主要途径。

1.妈祖文化对非华人受众的影响现状及建议

潘碧华女士（马来西亚）：妈祖信俗在马来西亚有广泛的民众基础，目前约有200座妈祖庙。家中供奉妈祖的民众家庭很多，虽然多为华人家庭，但因为数量之多，妈祖信俗在马来西亚对于非华

人受众来说并不陌生,通常都是通过信俗活动了解的。比如近几年湄洲妈祖下南洋巡安活动所造成的轰动效应对妈祖信俗的传播产生了直接的推动作用,下至民间华人媒体,上至国家媒体都会对妈祖巡安盛况进行报道,因此非华人受众对妈祖的了解也有显著提升。但是,非华人受众里青少年等年轻人对妈祖文化了解较少,因为他们较少关注参与此类的民俗活动,也没有特别的兴趣去了解。因此,非华人受众对妈祖信俗了解的继承和延续还需要更多努力去实现。我们在《妈祖信仰在"一带一路"中扮演的文化沟通角色探析》一文中提到,第一,对于青少年等年轻人,这样的民间信俗传播的途径面临创新问题,新媒体、新理念需要注入传播中。比如故宫文创的年轻化就是一个可借鉴的方向。第二,湄洲妈祖下南洋巡安活动在跨族群宣传方面效果有待提高,面对"海丝"不同文化的沿线国家和地区,让更多的非妈祖信众及非中华文化圈人士更多地交流与沟通。在外宣资料的语言层面,妈祖可以转换为多语种妈祖,用符合"海丝"范畴里各国的语言翻译,以简易的沟通媒介,如漫画、电影、电视剧方式呈现,让当地民众开始通过自己最熟悉的语言文字及大众媒介来认识妈祖。第三,尝试与沿线国非妈祖信仰的宗教进行交流与对话。通过多元宗教交流,"海丝"沿线国家地区的非华人受众才有机会了解妈祖信仰的内涵价值、不同宗教之间的差异和共享的价值。

林亦瀚博士(澳大利亚):在澳大利亚这么多年,感觉妈祖信俗主要还是在华人圈里,非华人受众所受到的妈祖信俗文化的影响不是很大。第一个原因是非华人受众比较大的比例有自己的宗教信仰,因此他们会投身于更多自己信仰群体的活动,基本无暇顾及其他信俗文化,也不太有心理空间来容纳这些有比较浓重信仰色彩的异国文化。第二个原因我感觉是妈祖信俗文化相关的活动层面还是比较窄,限于民间团体,因此影响力不大。作为对一个文化的推广，活动的设计和推广范围可能都得拓展，去阐述文化价值而减弱其信仰的性质也许会更好地让非华人受众接受，有信仰的人对于另一种信仰有本能的抵抗，但对文化的接受度就更宽容一些。所以妈祖文化目前对澳大利亚非华人受众的影响还不明显，但作为优秀中华文化的一部分，显然值得用更好的办法来推广。

潘宏立先生（日本）：妈祖作为保佑航海安全之神，受到华人深深地信仰。妈祖文化在日本有600多年的历史了，在日本的妈祖宫庙也不在少数，这与日本是个岛国当然有最直接的关系。对文化研究学者来说比较熟悉，例如日本妈祖文化与地方性信仰相融合的现象引起日本学者的关注。许多学者认为妈祖信仰作为中华文化圈的象征具有"同化"地方性信仰的倾向，与日本传统的神道信仰习俗产生互动关系，出现文化相互影响的有趣现象，促成了中日文化的相互交流与融合。但妈祖文化对非华人受众特别是年轻一代的影响不算很大。一些日本人知道妈祖是海上女神，因为毕竟日本是妈祖文化最早传入的国家之一，但是妈祖信仰或者妈祖文化对他们的影响好像不大，比如他们了解这个文化，但不会因此去改变自己的生活习惯。

玛丽博士、李强博士（加拿大）：加拿大妈祖信仰也是以华侨华人为主，但是加拿大政府认识到妈祖信仰是中国与加拿大之间的海上丝绸之路的精神旗帜，因此，一些政府官员也鼓励在当地建立妈祖庙以吸引当地华侨华人就近举行朝拜活动。可以与世界各国一起利用孔子学院传播中华文化，寻求人类价值观中的共识，建立相关主题的研究中心、档案馆和博物馆，以视听和艺术的表达方式，建立中华文化与各国文化交流的平台，让更多人来认同妈祖文化。

2.对妈祖文化的了解情况和已有的信息获取主要途径

柯孟德（法国）：这是我第一次来到妈祖故乡。很高兴被邀请来参加首届世界妈祖文化论坛，我在法国从事中国文化研究，听说

法国也有供奉妈祖的,但是在这次论坛上,我认识了大批中国学者,让我能够发现妈祖文化中更丰富的内涵。要让更多的人了解妈祖文化,我认为艺术展览是不错的选择,可以把不同时期的妈祖形象以画画的形式在世界各地展示,因为艺术无国界。

访谈柯孟德(右一)等人

克里斯蒂亚娜·普丽西拉·弗诺(塞舌尔):我来这儿之前一点都不了解妈祖或者是妈祖文化,我不知道妈祖被誉为海上保护神,但我很高兴现在通过这个活动了解了。妈祖祭典很震撼,岛上居民和你们当地人对妈祖的信仰让我印象深刻。我觉得这是个很有特色的信俗文化,值得推广。

海伦·科鲁·尼扎吉(肯尼亚):我之前不知道妈祖,很荣幸能应邀来妈祖的故乡参加妈祖文化论坛,这是个很棒的文化推广。我参观了妈祖祖庙、妈祖源流博物馆,还有影视基地,从陪同人员的介绍里对妈祖和妈祖文化有了一些了解,是很有特色的文化信俗。她"伏机救父"还有"焚屋引航"的故事很有意思,戏剧妈祖好像很不错,虽然我完全听不懂。不管怎样,我觉得举办妈祖文化论坛是个很有意义的事情，因为可以把这样有特色的文化一点一点普及出去。

伊特·准达罗特（柬埔寨）：在我来之前，我并不知道妈祖信俗，我们国家应该也有人供奉妈祖吧，但是我并不了解。我觉得其实和妈祖文化相关的一些物品很有意思，比如我在源流馆看到的妈祖出去巡安的轿子、烛台、灯。其中一盏灯是用鱼肚做的，很有特色，还有一些妈祖像的服饰都挺有特色的。这些东西我们在别的地方几乎无法看到，我的博物馆工作性质让我对这些东西感到很兴奋，更多我们的同行应该来看看这些文物，来了解妈祖文化。

阮氏定（越南）：在越南是有一些人知道妈祖文化的，也有妈祖庙，当然佛教寺庙多得多了。在来之前我听说过妈祖，但了解得不深，这两天通过参观了解了不少，觉得妈祖文化还是有很多内涵可挖的。因为它是一种自下而上的信仰，根植于民间再上升到朝廷政府层面，这样的信仰应该是更有生命力的。我觉得妈祖文化要推广的话，可以从有形的文化形式开始，比如图片展、文物展览、活态文化表演，就像妈祖祭典就很吸引人。人们对一个新事物的认识总是从看得见摸得着的东西开始建立最感性的认识的，有兴趣之后再去了解更多，所以我觉得想要在海外推广的话，形式还是要活泼。仅仅是学术论文、文学作品等关注的人会比较少，影视作品受限制也大，不容易被国家引进，但文艺表演、手工作品等可能更受人们喜欢。至少我个人是愿意通过这些方式去了解的。

Le Ba Ngoc 先生（越南大叻房东）：在我们大叻很少人了解妈祖，因为这里是越南的高地、山区，不靠海。然而，我是海员，所以我知道很多海员和海边的人知道妈祖，信奉妈祖，比如你们要去的芽庄、美奈等靠海的地方会看到很多妈祖庙。妈祖保护出海的人，还保佑其他的。听说很多人还求妈祖保佑家人平安、发财（笑），等等。

Đạt 女士（越南河内市区一民宿负责人）：我不大清楚，我们年

陈昉老师（前排右三）边翻译边访谈交流

笔者在越南大叻访谈房东 Le Ba Ngoc 先生（左）

轻人不怎么关注。市区这好像没有，可能在海边有吧。

Thân 先生（越南岘港司机）：听说过，你们去会安就能看到有许多华人会馆，里面有妈祖。

林老伯（越南华侨、会安福建会馆董事）：我的祖籍是福建诏安，也是沿海地区，我们都信奉妈祖。这个会馆已有200多年的历史了，是由当时在这做生意的福建人为我们移民的同籍华人同乡提供的安身场所，后来成为我们福建籍华人聚会和议事的地方。在会馆里有宗祠祠堂，正殿供奉着妈祖。现在不仅仅是我们华人来祭拜妈祖，也有越南人来祭拜，来会馆参观的世界各地游客也会在这朝拜妈祖，每年我们馆都组织回妈祖出生地湄洲祖庙谒祖进香。把天后宫作为旅游景点可以让更多的人知道妈祖，朝拜妈祖。

Mahncke女士（在会安福建会馆参观的德国游客）：我来之前不了解妈祖，今天下午听导游介绍才知道传说妈祖会保护海上作业的人，很神奇！她真棒！敬佩她！妈祖庙开放可以让更多的游客认识这位海神。

Holia女士（越南芽庄房东）：听说芽庄有妈祖庙，但我自己没有信奉妈祖，如果妈祖庙也在旅游景区就能让很多人了解。

Đào先生（越南美奈司机）：我不知道，也没有听说。我是当地人，年轻，了解得少。

三、小结

上述问卷和访谈调查结果表明，妈祖文化在国外传播依然局限在华人圈。西方文化和东方文化的差异一直以来根深蒂固，其已有的信念体系并未给外来文化留有多少接纳的空间，尤其是因为地缘和文化渊源关系，妈祖文化在西方社会的普及面偏窄。即便在东南亚妈祖庙比较多的国家，非华人受众尤其是年轻人对妈祖文化的了解甚少；西方社会包括北美、南美、欧洲等主要国家在内对妈祖文化的认知更是十分有限，其主要原因在于西方国家在文化的认同度上远没有东南亚国家对妈祖文化的认同程度高。因

而,要让西方受众了解并普遍接受妈祖文化,最重要的是要考虑通过什么方式提升西方读者对妈祖文化产品的好感。这就需要研究西方受众对中国信息的需求,贴近国外受众的思维和语言习惯,归纳总结易被他们接受的核心文化,在此基础上选取妈祖文化跨语境传播的内容,以恰当的话语方式,把博大精深的妈祖文化传播出去,满足当前妈祖文化对外传播的战略需求。

第二节 妈祖文化外宣效应问题

2009年9月30日,妈祖信俗成为我国首个成功列入世界人类非物质文化遗产的信俗类遗产,无疑是一件有里程碑意义的大好事。它标志着妈祖文化从妈祖故乡、海峡两岸、海外华侨华人集居地走向了世界,成为全人类共同的文化遗产,对保护妈祖文化、传承信仰习俗、挖掘文化内涵、推动广泛传播、扩大世界影响将起到积极的促进作用。加强妈祖文化对外传播已上升为国家战略。近年来,为了提升妈祖文化品位,弘扬妈祖文化,各高校研究机构、妈祖宫庙、妈祖文化交流协会、机关团体等对妈祖文化对外传播工作日益重视,例如开展"妈祖下南洋·重走海丝路"巡安活动、妈祖文化专题研讨、海峡两岸妈祖文化学术研讨会、国际妈祖文化学术研讨会、世界妈祖文化论坛等。此外,在当今数字化、信息化的互联网时代,通过网络媒介传播妈祖文化,各妈祖朝拜圣地、妈祖宫庙纷纷设置网站、微博、微信公众号,让更多的受众对其文化内涵进行深入了解,进而扩大受众群体。妈祖宫庙景点、景区简介、景点路标路牌等相关的中英对照文献随处可见,以方便海外受众及游客更好地了解妈祖文化。这些在一定程度上有助于提升妈祖文化的国际影响力,但就妈祖文化外宣效应而言,总体质量仍不尽人意。

一、妈祖文化国际学术影响力有限

妈祖文化在1000多年的发展过程中留下了许多宝贵的资料，涉及政治、经济、航海、军事、外交、宗教、历史、文学、艺术、传播、地理、民俗等方面，是后人研究的重要史料依据；近代以来也陆续有许多妈祖文化研究方面的论著出版发表，极大地丰富了妈祖文化的内容。目前，除了国内厦门大学、南开大学、福建师范大学、华侨大学、莆田学院等30多所高校，中国社科院历史研究所、中国社科院宗教研究所、天津市社科院、上海社科院、福建省社科院等40多个机构开展妈祖文化研究外，全球有日本、韩国、新加坡、越南、马来西亚、美国、加拿大、澳大利亚、法国、意大利等10个国家开展妈祖文化研究。

（一）跨语言传播研究偏少

"妈祖故里"的最高学府莆田学院所制作的"妈祖文化资料库"显示，整个资料库现已收录书目数据近16000条，包含"妈祖文献书目库""妈祖文献全文库""妈祖资料图片库""妈祖资料多媒体库"等四部分。通过检索，截至2019年3月，从现代资料（单篇文章）目录中共找到9188条记录，该类目下拥有：(1)身世、传说、封号等史考；(2)信仰源流及在国外的传播；(3)总论、道德精神与集邮、体育、饮食、服饰；(4)祭祀、民俗、节庆活动；(5)宗教、社会；(6)政治、军事、法律；(7)经济；(8)两岸交流；(9)文物古迹史料；(10)文艺、建筑作品及研究；(11)相关机构、活动与学术研究；(12)国内各地信仰及宫庙研究；(13)语言、传播学；(14)科技、教育、医学；(15)相关人物等子类目。其中关于语言、传播学方面的有112条记录，仅占1%。从传播学视野探讨妈祖文化跨境策略的，如：连水兴《民间信仰的"媒介化"传播及其意义——以海峡两岸妈祖文化

的传播为例》(2011)、许元振《新媒体时代妈祖文化传播要素的嬗变》(2013)、刘永玉等《海上丝绸之路视野下的妈祖与海外华文传媒》(2017)、叶秋云《"妈祖文化海外发布平台"上线》(2019)等。

而以跨语言研究妈祖文化的也寥寥可数：李丽娟《湄洲妈祖祭典的多模态符号选择与意义建构》(2017)、林伟清等《翻译适应选择论视角下妈祖文化宣传资料英译》(2017)、刘慧钦等《妈祖文化跨语境传播中话语建构的研究思路》(2017)等。

其他语种资料文献有日文、英文、韩文等，以日文见多数，其中著作有17条记录，如今村秀太郎编《妈祖与初山本》(1972)、李献章《妈祖信仰研究》(1979)、野口铁郎和松本浩一《矶原天妃社研究》(1986)、丰见山和行《航海守护神与海域——妈祖·观音·闻得大君》(2001)等。论文有123条记录，如伊能嘉矩《台湾汉人信仰之海神》(1918)、秋月观暎《天妃信仰在东日本的传播——日本东北地区残留的道教信仰的调查报告》(1962)、松本浩一《船人传来的海神——妈祖信仰及其传播》(2004)、松尾恒一《清代中国南海的海商、海盗、渔民和妈祖信仰的历史与传承》(2017)等。

韩文文献有10条记录，如高惠莲《皇会与朝鲜的妈祖寺院》(2007)、郭芳秀《东亚妈祖文化的传播研究》(2013)、朴善珠《高丽时代的海神信仰》(2017)等。

越南语3条记录，即潘安《胡志明市天后崇拜风俗》(2002)、阮玉诗《湄公河地区天后信仰的文化特点》(2015)、潘氏华理《越南南定市铁行祠里天后供奉习俗中的文化变异》(2017)。

而作为国际通用语言的英文文献著作只有6条记录，论文70条，如华琛(James L. Watson)《神明标准化——华南沿海天后的推广，960—1960》(1985)、杨美慧(Mayfair Mei-hui Yang)《跨越台湾海峡的女神：女性仪式空间、民族国家和卫星电视的足迹》(2008)、白蒂(Patrizia Carioti)《妈祖的庇护：16—18世纪长崎华人的商贸、政治、与生活方式》（2017）等。

上述英文文献的作者多数对台湾地区的妈祖文化信仰、旅游等关注度更高。罗丹等《近二十年来妈祖文化研究的中英文文献比较分析》（2018）一文从中文社会科学引文索引（CSSCI）、台湾学术文献数据库、WOS核心数据库等三大数据库中共获取1998—2017年的413篇有效文献，其中国际英文文献只有44篇。根据文献数据统计，WOS核心数据库收录的英文文献数量远远少于大陆和台湾地区的中文文献数量，并且增幅缓慢。国际英文作者为42人；发文量为2篇的作者有43位，占作者总人数的9.3%，其中大陆23人，台湾地区12人，国际英文作者8人；而国际英文文献数量本身较少，其高频作者远远少于大陆和台湾地区。①

从文献时间看，对于妈祖文化传播的跨语言研究只是近十多年间，与千年的妈祖文化底蕴有较大的差距，与近年来妈祖文化研究的大量成果不相符。从语种来看，目前也只有日文、英文、韩文等，更与全球40多个国家与地区有妈祖宫庙的规模不相符。因而，还需要力求新的突破，尤其是在跨语言传播领域。

（二）国际学术交流参与面不广

自1986年莆田首次举办学术研讨会以来，已先后在莆田、台湾、上海、天津、澳门、厦门等地以及马来西亚、新加坡等国家举办过50多次各种形式的妈祖文化学术研讨会。参会人员以海峡两岸及东南亚华人为主。2015年10月31日至11月2日，莆田学院妈祖文化研究院主办第一届国际妈祖文化学术研讨会，来自海内外的100多位学者参会，至今已成功举办4届，共收集投稿论文378篇，其中海外学者的论文共计58篇（见表3-1）。

---

① 罗丹、杨永忠、林明太：《近二十年来妈祖文化研究的中英文文献比较分析》，《形象史学》2018年第1期，第11～20页。

表 3-1　投稿论文数据统计

会议时间	投稿论文总数	海外投稿数	具体国家及篇数	作者原籍	海外投稿比例
第一届（2015年）	68	8	加拿大 1 韩国 1 马来西亚 2 日本 2 新加坡 1 澳大利亚 1	加拿大（华人） 韩国 马来西亚（华人） 日本（华人） 新加坡（华人） 澳大利亚（华人）	11.7%
第二届（2016年）	113	17	日本 3 马来西亚 4 新加坡 5 越南 2 韩国 2 美国 1	马来西亚（华人） 新加坡（华人） 越南 韩国 越南	15%
第三届（2017年）	105	24	日本 6 马来西亚 3 新加坡 3 越南 4 韩国 3 美国 1 印尼 2 意大利 1 澳大利亚 1	日本（华人） 马来西亚（华人） 新加坡（华人） 越南 韩国 美国（华人） 印尼（华人） 意大利 澳大利亚（华人）	22.8%
第四届（2018年）	92	9	日本 3 澳大利亚 1 韩国 2 越南 2 法国 1	日本（华人） 澳大利亚（华人） 韩国 越南 法国	9%

上述数据显示，国际妈祖文化学术研讨会的海外投稿来源基本还是以东南亚国家华人为主，研究的范围也多集中在华人文化圈。

此外，世界妈祖文化论坛业已在妈祖诞生地莆田成功举办了三届，其层次、规模、效果等在全国乃至世界都有了较大的影响，但仍然存在一些有待提升的空间。一是"海丝"沿线国的参与度还不太高，更别说西方国家的参与。虽然每届论坛也邀请"海丝"沿线国的政要发表讲话或参会，但更多仅限于以视频或贺信的方式表示祝贺，实际到会的总量十分有限。没有亲临现场就很难切身感受到妈祖文化的魅力，更难感觉到中国的发展以及中国的政治、经济和文化环境。这与世界妈祖文化论坛旨在达到促进"一带一路"沿线国家和地区经贸文化交流合作的预期尚有一定的距离。二是论坛学术影响力比较有限。每届世界妈祖文化论坛都有平行论坛,但总体上论坛的学术层次还比较低,国际参与的学术力量不足,学术成果一般。而且一些平行会议参与者有交叉,同时也存在开过即过的现象,相关学术成果没有系统整理出版,导致论坛的社会效应未能继续扩大。

二、妈祖文化海外传播的有效供给不足

中华妈祖文化"走出去"的内容和形式是实现有效供给的关键。由于缺乏对国际文化传播规律的了解,在"走出去"的过程中,更多的妈祖故事仍然是以中国的思维方式、语言习惯讲述的;由于缺少对不同国家和地区、不同文化背景和文化习惯的了解,一定程度上影响了国际受众对妈祖故事的理解和兴趣,因而妈祖文化的有效供给不能满足国际受众的需求。

(一)跨文化语言转换亟待提升

翻译是文化传播的先锋,是跨文化的桥梁。跨文化翻译即跨文化语言转换。当前,中译外(英语为主要译语)已成为妈祖文化对外传播的一个重要渠道和工具。表面上看,翻译过程是语言与文字的转换,但是因为东西方等各国、各民族的不同特点,引致在文化、认知、思维习惯和语言表达方式上存在差异,因而妈祖文化对外传播和翻译活动从性质上都属于跨语言转换活动。然而,妈祖文化在进行不同语言、不同民族间的跨文化传播时,翻译始终是瓶颈。

国内推介妈祖文化的代表性网站、景区、微信公众号等多数欠

缺相应的外文介绍,即使有英文翻译,也错误百出,包括语法、表达、原语理解偏差,甚至单词拼写错误和大小写混乱等,更谈不上译文在语篇功能、语类及两种语言思维上的对等;或者译文质量不佳,因原文中涉及大量的历史文化、典故、习俗,而译文不加背景解释,外国英文读者根本无法理解。总体质量堪忧,兹略举数例如下:

例 1——莆田文峰宫记(中译英)①

文峰天后宫位于莆田市中心城区文献路东段步行街繁华地段。西距旧兴化府衙,今荔城区人民政府治所,近百步之遥;南与文峰新殿相映生辉;北同大路古街巷接壤;东侧径往 324 国道……:Putian Wenfeng Mazu Palace (hereinafter referred as the palace) is located at the at Wenxian East Road, Walk Street in the downtown, west one hundred steps away to the old site of Xinghua prefectural government (now the People's Government of Licheng District), south to new Wenfeng Mazu Palace, north to ancient Dadu Street, east to 324 national highway…

因西对文峰岭,故称文峰宫,成为"郡县春秋致祭之所";明万历元年(公元 1573 年),时任按察副使的陈应魁,对其重新修葺……八十年代末期,文峰天后宫逢春焕发,恢复重光:Because the palace faces to Wenfeng Mountain, so it is called Wenfeng Mazu Palace and came a place of the memorial ceremony for Mazu. In Wanli Year 1 in the Ming Dynasty (A.D.1573), CHEN Yingkui (the vice provincial judge) renew the palace…In the end of 80s, the palace was turn calamities into blessings…

例 2——45 个妈祖文化传播国家和地区代表:representatives form countries and regions where Mazu cuture has been spread(来源:第三届世界妈祖文化论坛妈祖宴桌牌)

---

① http://www.wenfenggong.com/daily-1.html.

例3——清康熙二十三年……：In the 23rd year of Kangxi's region…（来源：妈祖源流博物馆）

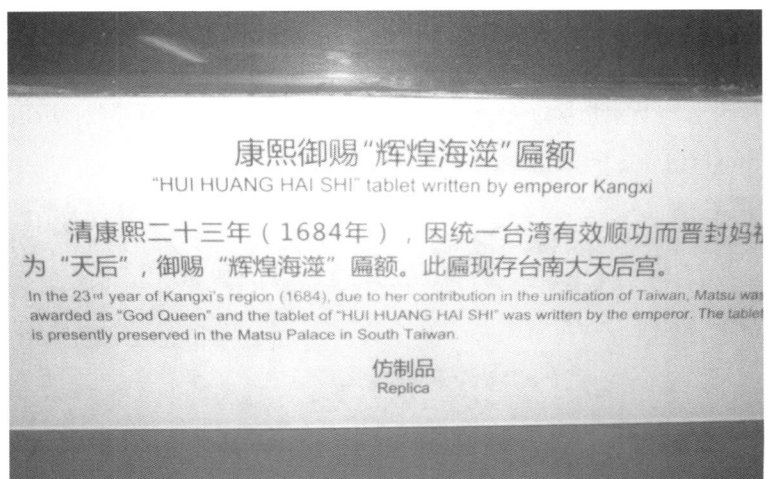

上述译文中下划线部分即英译时出现单词拼写错误、大小写混乱、书写不规范等低级错误，也称"硬伤"。当然这些问题产生的原因可能是多方面的，首先是译者本身的英文功底问题；其次是由于印刻过程中，印刻者不懂英文、疏忽大意、对目的语文化缺乏了

解而误刻造成的,这也正反映了英文在印刻形成过程中的跟踪、监督与审核机制的欠缺。

例4——"升天洞"石额:"Ascession Hole" stone plaque(来源:妈祖源流博物馆)

例5——湄洲妈祖金身巡游台湾:Exhibition of Meizhou Matsu gilded status in Taiwan(来源:妈祖源流博物馆)

例6——筊杯：Cups used for divination（来源：妈祖源流博物馆）

例7——妈祖碑林：Macau Stele Forest

妈祖文化园：Macau Cultural Park

（来源：东南新闻网，http://pt.fjsen.com）

这类问题在于译者对原文的理解偏差或错误、用词不当，于是采取"死译""硬译"方法，导致译文丢失了原文的信息。以上翻译的质量直接影响海外受众和游客对妈祖文化的了解、对中国文化的接受心态和接受能力，严重损害妈祖文化的对外传播形象。

除此之外，更多的关于妈祖文化活动的宣传仅使用母语汉语这一语言，即便是海外的妈祖文化宣传资料也以汉语为主，非中华文化圈的受众无法真正感受到妈祖文化的价值。据林德顺等观察，2014年11月1日马六甲天后宫妈祖绕境大游行和2015年5月10日雪隆海南会馆的"妈祖千秋宝诞祭祀仪式"中的"妈祖灵身踏街绕境"两场活动都办得非常热闹，也吸引了大批人潮出席参与，隔天的报章报道也传播到全国。两场绕境活动在宣传方面都

做得相当全面,通过当地中文报章预告早已让当地华社知悉。但是,关键是活动主办者对非中华文化圈者的宣传与介绍,面对当地的马来社会,这方面的介绍与宣导就相对少,在跨族群宣传方面无法着力。这样的结果是,如果对话交流无从开始,华人社会经年累月主办的信仰文化活动除了加强本身的信仰信心以外,对非中华文化圈的受众只是一场场热闹的嘉年华游行而已。他们无法感受到华人信仰文化实践过程中体现的文化价值。因此,林德顺等建议,面对"海丝"不同文化的沿线国,妈祖应该转换为多语种妈祖。各种各样的沟通、文宣、对话,关于妈祖的介绍、研究成果分享、纸本文创,都需要符合"海丝"范畴里各国的语言翻译,包括越南文、泰文、马来文、印尼文、印度文等,以简易的沟通媒介如漫画、电影、电视剧方式呈现,让当地民众通过自己最熟悉的语言文字及大众媒介来认识妈祖。①

显然妈祖文化的跨语言转换改进,有待于全社会认识的提高。跨文化语言转换问题是考验对外传播水平的一个要素,译者的翻译水平、文字驾驭能力、综合素养,以及相关管理部门、工作人员的认真程度,都会影响信息传播的准确性。如果以受众不能接受的话语方式进行传播的话,其传播效果也会大打折扣。因此,如何确保海外受众在语言方面上的接受性,同时将中华妈祖文化原汁原味地展现出来,已成为妈祖文化翻译者和相关行内人士的当务之急。

(二)妈祖文化对外交流方式需要拓宽

在现有的妈祖文化对外交流活动中,多以祭祀、绕境、巡安、祈福和庙会等活动形式。但是在新时代如果传播方式仍然局限于传

---

① [马来西亚]林德顺、潘碧华:《妈祖信仰在"一带一路"中扮演的文化沟通角色探析》,《妈祖文化研究》2017年第4期,第39~40页。

统的祭祀和庙会的形式,久而久之,难免让非华人受众将博大精深的妈祖文化和民俗表演等同起来,参加者大多是为捧场而来的"熟面孔"。妈祖祭典仪式虽然很精彩,很吸引人,能够满足非华人受众对古老中国文化的好奇心,但仅仅靠这些表演来诠释深厚的妈祖文化也许是不够的。在文化产业中,妈祖信仰所蕴含的丰富文化资源是足以深入挖掘及发挥的,一旦以适当的平台传播普及,有可观的传阅度,可以转换成资本回馈。因此如何将妈祖信仰有效地介绍传播给"海丝"范围里的非信众乃至于非中华文化圈人士是值得我们探讨的。① 目前,在中华妈祖文化"走出去"的过程中,文化载体的共享性较强,内容和形式也更多地以不同层次、不同群体的受众都能接受为导向。这虽然扩大了传播的面,但如果没有切中不同群体各自独特的文化视角和需求,那么传播的效果就会大打折扣。

故此,推动妈祖文化事业更好地发展,需要更高的视野、更新的思路。在全球化的语境下传播妈祖文化,需要跨学科的界面研究才能有所创新。对外传播妈祖文化,就是要以妈祖为载体,向世人讲述与妈祖文化有关的中国故事,特别是用世人能听懂和读懂的语言来向世界展示中国的国家形象。那么要实现妈祖文化国际传播的有效建构,可以试着运用系统功能语言学、翻译学、传播学等理论来综合进行妈祖文化跨语境传播中话语体系建构的"界面研究",研究海外目标受众、海外传播路径、跨文化的翻译策略等,为妈祖文化跨语境传播提供最大且恰切的接受性可能,为中华妈祖文化的对外有效传播构建世界通道,让妈祖文化的传播与研究能更好地服务国家建设,在促进海峡两岸民间交流、世界各地民心相通、构建和谐社会中发挥独特的作用。

---

① [马来西亚]林德顺、潘碧华:《妈祖信仰在"一带一路"中扮演的文化沟通角色探析》,《妈祖文化研究》2017年第4期,第40页。

第三节 妈祖文化跨语境传播的挑战

由于中西主流价值观、意识形态、政治体制和文化的差异,妈祖文化跨语境传播面临严峻的挑战。现有的妈祖文化对外传播在能力建设、传播途径、传播效果和国际接受等方面都还存在许多不足之处,因而构建妈祖文化国际话语体系的任务摆在了中国面前,开展妈祖文化对外话语的战略规划迫在眉睫。

一、中西文化习俗差异

西方的伦理道德的演变和基督教紧密相连。西方文化中的自然精神、浪漫精神、自由精神、神秘精神、理性精神、科学精神和思辨精神等为西方宗教精神提供了丰富而重要的资源,为基督教文化的形成埋下了意义深远的精神伏笔。西方文化中具有超越世俗功利的绝对价值,逐渐演变为普遍有效的道德标准。生而有罪的人类,唯有终生向上帝祈祷和忏悔,在行为上不断行善积德,才能在无限的赎罪之路上接近天国。这种恩罚并重、忏悔赎罪和良知反抗的超验伦理,把本能人提升为具有信仰的理性人。以此为基础,基督教不仅重视个人的操守,而且强调公共道德,对于社会伦理的重建和道德的重整发挥了重要的作用。这是西方民族伦理道德形成的文化历史基础。[1]

以美国为例。当今美国是一个高度现代化的社会,同时又是一个宗教国家,且有超过 3/4 的国民为基督信徒;它的文化高度多

---

[1] 郝前:《跨文化视野下的中西民族性格比较》,《安徽教育学院学报》2007 年第 4 期,第 60 页。

元化,同时又具有较强的国家凝聚力和国民认同感;它是世界上政教分离原则实行得较为彻底的国家之一,但在政治、文化生活中也不时出现宗教因素。在这种表面的张力背后,存在着为大部分美国人所重视的核心价值观念——敬畏上帝、自由、平等、民主、个人主义、资本意识等。美国宗教中信仰人数最多,影响最为广泛的基督教是这些核心价值观的重要理念来源之一,并通过公民宗教的形式得到维持。①

渗透在中国人和西方人民族性格中的不同伦理道德精神对于促进各自的民族文化起了非常重要的作用,推动着各自的历史在有序的稳定中得到渐进的发展。

二、跨文化交流因素

向西方社会传播妈祖文化不可忽略的一个因素便是跨文化沟通中文化推广的技巧了。所谓跨文化交流(cross-cultural communication, or inter-cultural communication),也称跨文化沟通,最早由美国人类学家爱德华·霍尔(Edward Hall)提出,用来指不同文化背景的人们之间的沟通交流行为。随着经济全球化进程的加速,跨国、跨文化交往活动日益频繁,不同文化背景的人们跨国往来与日俱增,跨文化交流条件空前充分。习近平同志提出要"用海外读者乐于接受的方式、易于理解的语言,讲述好中国故事,传播好中国声音",这就为与西方社会展开妈祖文化交流提出了三个要求。

第一,要知道西方国家的人们想听到关于妈祖的什么故事;第二,要用西方国家人们喜欢的表述方式来讲述妈祖故事;第三,不要进行刻意的修饰,尽量做到客观、细腻、平衡、去意识形态。但这

---

① 刘莹:《基督教与美国人的核心价值观》,《社会科学论坛》2011年第5期,第205页。

是不是说就要一味地迎合西方国家的口味,放弃中国特色呢?是不是意味着放弃中国意识形态,盲目地融入西方主流文化呢?显然不是!因为:首先,了解西方国家人们对中国文化的需求,进行正确的市场定位和市场细分,才能有针对性地为其提供妈祖文化产品,做到有的放矢,适销对路,只有如此,才能真正地将妈祖文化成功地传播出去;其次,以西方国家人们喜欢的方式表述妈祖故事,从市场营销学的观点出发,就是要从目标客户的消费心理入手,掌握他们的消费习惯和消费偏好,这样才能向他们提供他们需要的中国文化产品;再次,向西方国家提供妈祖文化产品时,要尽量做到客观叙述,减少制作者的主观判断和看法,并且要讲求制作质量,避免粗制滥造;最后,在与这些国家进行文化交流的时候,尽量避免将意识形态明显化,不要大张旗鼓地宣传中国的意识形态,避免引起对方的反感,需要我们采用温和的方式和方法,将我们的意识形态、价值观念根植于文化产品中,只有这样才能保证妈祖文化在对外交流过程中的独特性,不至于被西方文化掩盖和同化。

简言之,机遇与挑战总是并存。当前,中央高度重视中华优秀传统文化的传承、保护和弘扬工作。党的十九大报告特别指出,要推动中华优秀传统文化创造性转化、创新性发展。人类祈盼平安,世界呼唤和平。妈祖是人们心中的"海上和平女神",具有独特吸引力的妈祖文化给世人带来了十分宝贵的精神财富,透析出一种真善美的价值和传统文化的自信。经过千余年的传播和演绎,妈祖文化已成为海洋文化乃至中华民族传统文化的重要组成部分,以"仁爱、正义、勇敢、和平"为精髓的妈祖精神,更成为沟通中华民族情感的精神纽带,成为联系两岸同胞的重要精神支柱,成为不同地区、不同种族、不同肤色民众的精神纽带,成为促进世界和平与发展的桥梁。当前中国文化正在走向世界,世界文化也正在走向中国。妈祖作为中国传统文化的一个组成部分也同样正在继续走

向世界,并且逐渐向更高的层次、更新的境界、更广的受众推进。传承妈祖文化,弘扬妈祖精神,是福建省、全国乃至全球热爱和平的人们所共同的责任。这既为妈祖文化更好更快地走向世界提供了难得的机遇,也赋予了我们进一步传承和弘扬妈祖文化沉甸甸的责任。呼应、对接、融入国家战略,如何发挥得天独厚、独具特色的妈祖文化资源优势?如何讲好妈祖故事,将妈祖文化有效地传播出去,并产生影响力和感召力?这些都是我们面临的迫切问题。

第四章 妈祖文化跨语境传播的话语资源

习近平总书记在2013年8月全国宣传思想工作会议上提出要"加强话语体系建设,着力打造融通中外的新概念新范畴新表述"。话语体系是思想理论体系和知识体系外在的表达形式,一定的思想理论和意识形态内容总是通过相应的话语体系得以表现,任何思想理论的创新都蕴含着话语体系的优化和发展。① 中央《关于实施中华优秀传统文化传承发展工程的意见》的重点任务第8点提道:深入阐发文化精髓。加强中华文化研究阐释工作,深入研究阐释中华文化的历史渊源、发展脉络、基本走向,深刻阐明中华优秀传统文化是发展当代中国马克思主义的丰厚滋养,深刻阐明传承发展中华优秀传统文化是建设中国特色社会主义事业的实践之需,深刻阐明丰富多彩的多民族文化是中华文化的基本构成,深刻阐明中华文明是在与其他文明不断交流互鉴中丰富发展的,着力构建有中国底蕴、中国特色的思想体系、学术体系和话语体系。加强党史、国史及相关档案编修,做好地方史志编纂工作,巩固中华文明探源成果,正确反映中华民族文明史。②

妈祖作为中国海洋文明的重要载体,生动诠释了中华民族正

---

① 时立荣、田丽娜:《试论社会主义核心价值观的话语体系构建》,《人民论坛》2013年第14期。
② 中共中央办公厅、国务院办公厅:《关于实施中华优秀传统文化传承发展工程的意见》,新华社,2017年1月25日。

义、和平、勇敢、仁爱的核心理念,为讲好中国故事提供了宝贵的资源。妈祖是一种超时空、超地域的民间信仰,是21世纪海上丝绸之路的文化使者。推动妈祖文化走出去、走进去,既表达了中华民族推进各国文化交流交融的美好愿望,也顺应了丰富世界文化、维护文化多样性的时代要求。

因而当代如何推动妈祖文化走出去、走进去,提高妈祖文化国际影响力,实现妈祖文化有效传播是需要解决好的重大课题。美国政治学家哈罗德·拉斯韦尔(Harold Dwight Lasswell)在《社会传播的结构物》一文中提出了著名的"5W"模式,界定了传播学的研究范围和基本内容,影响极为深远。"5W"模式是:谁(Who)→说什么(Say what)→通过什么渠道(In which channel)→对谁(To whom)→取得什么效果(With what effects)。这五个要素又构成了后来传播学研究的五个基本内容,即控制研究、内容分析、媒介研究、受众研究和效果研究。这五个要素各有自身的特点:"谁"就是传播者,在传播过程中担负着信息的收集、加工和传递的任务。传播者既可以是单个的人,也可以是集体或专门的机构。"说什么"是指传播的讯息内容,是由一组有意义的符号组成的信息组合。符号包括语言符号和非语言符号。"渠道",是信息传递所必须经过的中介或借助的物质载体。它可以是诸如信件、电话等人际的媒介,也可以是报纸、广播、电视等大众传播媒介。"对谁",就是受传者或受众。受众是所有受传者如读者、听众、观众等的总称,是传播的最终对象和目的地。"效果",是信息到达受众后在其认知、情感、行为各层面所引起的反应,是检验传播活动是否成功的重要尺度。①

---

① 郭建斌、吴飞:《中外传播学名著导读》,杭州:浙江大学出版社,2005年,第116~125页。

第一节 妈祖故事的叙事体系

保罗·利科（Paul Ricoeur）说人是"叙事性的动物"，"生活即叙事"（life as narrative）。① 美国研究比较神话学的学者约瑟夫·坎贝尔（Joseph Campell）指出，在世界各文化的起源中存在着根深蒂固的神话原型。自古以来人类就爱听故事讲故事，这展现的都是人类的生活和人性。讲故事是一种软实力，对人起着潜移默化的影响。我们热衷于记录和讲述历史，因为正是这些数不清的故事构成了我们每一个独立的个体，构成了我们今天的社会和文化。然后我们通过一个又一个的故事来认识世界与理解世界，认识今天生活的社会和文化，同时也在塑造自己的价值取向，再将自己的信念影响其他人。当前，讲故事被视为一种有效的国家战略传播的途径和手段。妈祖故事作为讲好中国故事的研究样本，具有"元话语"和"开场白"功能，可以引导公众在文化维度上进行符号复诵和多层叙事，对讲好中国故事具有良好的示范性和高度的战略价值。

那么，讲好妈祖故事的第一个关键因素就在于"讲什么"。妈祖文化博大精深，内容丰富多元，要精选出适合对外传播的内容，让妈祖文化真正走出去、走进去。在挖掘妈祖文化跨语境传播的内容时，首先应以思想为先导，通过文本的精心选择和妈祖文化核心概念的深刻阐释，从而全面系统地反映妈祖文化的精髓。其次，要以正确的价值观为引领。推动妈祖文化走出去、走进去，关键是要推动妈祖文化中最优秀、最精华的内容走出去，从而更好展示妈祖文化，积极影响世界。这就要求我们树立文化自觉和文化自信，

---

① ［英］马克·柯里：《后现代叙事理论》，北京：北京大学出版社，2003年，第7页。

对妈祖文化有深入的研究和整体把握。妈祖文化中的哪些思想会被西方所重视？这些思想有怎样的价值？这些思想在其他国家曾经留下过什么历史影响？哪些思想可以在世界文化交流中真正发挥作用？

从语言、民俗角度看，有关妈祖神话、传说是妈祖文化的重要内容。妈祖传说中，许多道德范例与中国传统文化精华一脉相承，给人们以教育熏陶。这些是属于语言符号的内容。而非语言符号的涵盖妈祖信仰及其形成的信俗，包括祭祀活动、妈祖巡游、分灵谒祖等。作为妈祖文化的标志性载体，妈祖祭典已于2006年被列入首批国家非物质文化遗产名录，与孔庙祭典、黄帝陵祭典并称"中华三大祭典"，具有很高的研究和保护价值。而属艺术范畴的建筑、雕塑等在造型艺术上具有独特的民族风味，更是成为妈祖文化中一个绚丽多彩不可或缺的组成部分。例如，被誉为"海上布达拉宫"的湄洲妈祖祖庙，独特的塔式天后宫西陂天后宫，融古代建筑、浮雕艺术于一身的湖南芷江天后宫等，以及各地庙宇里的妈祖神像等。2009年"妈祖信俗"的申遗成功，标志着妈祖文化从妈祖故乡、海峡两岸、海外华侨华人集居地走向了世界，成为全人类共同的文化遗产，对传承妈祖习俗信仰、挖掘深厚内涵、发挥资源优势、推动广泛传播等，都将起到十分积极的促进和推动作用。因此，将丰富、深厚、独特的妈祖文化挖掘、展示、传播出去，让世界知晓、认可和喜爱，是妈祖文化对外传播的神圣使命和重要任务。这需要注重妈祖信仰与妈祖文化中扶危济难的共享价值。通过讲述妈祖救苦救难的故事，宣扬她的仁爱精神，进而讲述当代"妈祖人"的故事，让世界各国受众敬仰妈祖的高尚品格，实现覆盖面更广阔的文化认同。

跨学科研究是近年来学术研究的一个新热点，随着对妈祖文化研究的日趋深化，有必要借鉴不同学科的研究方法来加深对妈

祖文化的理解与研究。从叙事学和传播学的交叉视角来考察妈祖故事和妈祖文化也是一大尝试。叙事是人类的一种基本精神文化活动,叙事学是由法国文艺理论家托多洛夫(Tzvetan Todorov)率先提出的,①它"研究所有形式叙事中的共同叙事特征和个体差异特征,旨在描述控制叙事(及叙事过程)中与叙事相关的规则系统"。② 叙事与传播互为依存,传播也是一种叙事,能够传播的叙事才是成功的、有意义的叙事;而传播也凭借叙事得以展开。

"叙事传播"是以故事为载体,从叙事学角度探讨传播现象。试图回答如下问题:人们围绕妈祖故事进行的传播实践,呈现出一幅怎样的叙事图景? 具体来说,从时间维度考察妈祖文化在千年的历史长河中,是如何产生、形成、传播的? 妈祖文化源远流长,在历史的变迁中,演绎出哪些精彩动人的传说故事? 并且从空间维度考察妈祖故事及妈祖文化由沿海到内陆,由国内到国外的传播状况。

叙事学家认为,空间和时间同为叙事存在的基本维度,共同构成叙事的组成成分,人物和环境是叙事空间与时间的重要表现和存在方式。对于妈祖故事而言,不同的叙事空间和时间对应着不同的叙事人物和叙事环境,呈现出各不相同的叙事图景。以后经典叙事学理论来审视,民俗文化内涵及其价值作为一个叙事话语体系,必然与叙事的时空环境和社会文化背景等因素相互关联,一方面叙事的话语表达受这些因素的影响,另一方面又吸收这些因素成为话语的组成成分。③

鉴于此,分别从叙事的时间和空间两个维度,按历时性与共时

---

① 张寅德:《叙事学研究》,北京:中国社会科学出版社,1989 年,第 1 页。
② G. A. Prince, *Dictionary of Narratology*, Nebraska: University of Nebraska Press,1987.
③ 胡建斌:《叙事学视阈下的春节故事传播研究》,华中科技大学博士学位论文,2017 年,第 49 页。

性的视角,全面梳理妈祖故事传播的历史与现状,描绘妈祖故事的时空叙事图景,以达到对妈祖故事传播全貌的立体、客观的认知。

一、妈祖故事的历时性叙事

妈祖文化产生于北宋,发展于南宋,兴盛于元代,拓展于明代,在清代得到了普及,在近现代历经沉浮,却也历久弥新,重铸辉煌。以下结合妈祖文化的历史演进特征,按照宋朝、元明清、近现代三个阶段来梳理妈祖故事的叙事轨迹和传播状况。

(一)宋朝时期妈祖故事的传播

相传妈祖诞生于宋建隆元年(960年)农历三月二十三日,一出生不哭不闹,故取名为默,又称默娘。从各种史料记载来看,妈祖降生于福建莆田湄洲岛,生前是一位女巫,具有一定神奇的能力。据宋代廖鹏飞的《圣墩祖庙重建顺济庙记》记载:"姓林氏,湄洲屿人。初,以巫祝为事,能预知人祸福。"①宋代黄公度《题顺济庙》诗:"枯木肇灵沧海东,参差宫殿崒晴空。平生不厌混巫媪,已死犹能效国功。"②李俊甫《莆阳比事》中云:"湄洲神女林氏,生而神异,能言人休咎,死,庙食焉。"③

两宋时期,福建社会经济文化进入全面发展的繁荣阶段,佛、道二教的发展速度惊人,宗教信仰氛围浓厚,同时又天灾人祸不断,这一切为妈祖信仰的产生提供了客观的社会环境、宗教土壤和社会需求。总之,这一时期可以看作妈祖故事传播的发轫和发展

---

① 蒋维锬编校:《圣墩祖庙重建顺济庙记》,《妈祖文献资料》,福州:福建人民出版社,1990年第1页。

② 刘福铸:《黄公度〈题顺济庙〉诗赏析》,《莆田侨乡报》,2005年9月30日。

③ 蒋维锬编校:《圣墩祖庙重建顺济庙记》,《妈祖文献资料》,福州:福建人民出版社,1990年,第1页。

时期,主要有以下几个特点。

其一,万物有灵、天人合一的朴素思想,是妈祖文化产生的精神基础。古代的闽越之地自然环境恶劣,水利设施、医药卫生条件落后,旱涝频繁,瘟疫横行,严重影响到人们的生产和生存。加上当时人们的认知能力低下,面对大自然中未知的事物往往会感到困惑、恐惧和束手无策,因而形成万物有灵的质朴想象。同时,在长期的生产、生活过程中,先民们逐渐积累了一定的经验和认识,意识到只有适应自然,与自然界和谐相处,才能保证一切生产生活的顺利进行。在这种极其朴素的天人合一思想的支配下,古代闽人怀着虔诚敬畏的态度,将自然界中的事物和一些自然现象神化;他们认为上至日月星辰、风雨雷电,下至飞禽走兽,都和人一样是有灵魂、有意识的,能够降福于人类。因此,在宋代的福建,包括莆田,"信巫鬼,重淫祠"是闽人素有的传统习俗。妈祖生前就是一个巫女,因能通天达地沟通人神,以超自然的神秘力量庇佑百姓而受到民众的尊崇。

其二,宋代比较宽松的宗教环境为妈祖走上神坛提供了机遇。① 两宋时期在物质与精神两方面的成就都达到了前所未有的高度,农业生产、城市发展、工商经济、科学技术、教育出版、文学艺术、国际贸易等呈现出惊人的进步。宋代信仰自由,对于道、佛两教也是并尊共荣的。到了宋真宗临朝,更亲自提倡道教,开启造神运动,由此开始,产生宋徽宗的笃信道士巫术等事。在这种环境下,莆田民间得以把一些为老百姓做过好事的人捧上神坛,立庙立祠供奉,造出了一批当地百姓信奉的神灵。以海上救难闻名的妈祖就在这个时候走上神坛的。妈祖第一次获得褒封也是发生在宋徽宗宣和五年(1123 年),宋代对妈祖的褒封共达 15 次之多。

---

① 黄瑞国、林明太、刘福铸等主编:《妈祖学概论》,北京:人民出版社,2013 年,第 293 页。

其三,海洋经济是妈祖文化形成的经济基础。① 自唐朝起,中国对外贸易已达到相当的规模,到了宋朝,科技的进步、造船技术的发展、指南针在航海中的使用和贸易制度的创新等,奠定了我国古代海上贸易的基本范围,促进了宋朝海上贸易的蓬勃发展。莆田也是当时全国重要的造船基地之一,据《宋会要辑稿》载:"漳、泉、福、兴化(莆田),凡滨海之民所造舟船,乃自备财力,兴贩牟利。"因此,妈祖信仰的产生和远播是北宋以来中国海事活动频繁及朝廷加以利用宣传的必然结果。北宋时期,中国航海业日益发达,福建沿海开始成为航海转运的一个要地,由于海上航行常常遇到狂风巨浪的袭击,航海人普遍产生了祈求神灵的迫切心理,妈祖信仰便应运而生。南宋李俊甫《莆阳比事》载:"宣和五年,路允迪使高丽,中流震风,八舟溺七。独路所乘,神降于樯,安流以济。使还奏闻,特赐庙号'顺济'。"② 这是朝廷首次对妈祖的封赐,是妈祖开始走向国际航线的开始。

其四,宋代文人名士是妈祖文化形成的有力推手。妈祖文化的形成具有全民性的特点,固然官方的推崇、民众的信仰是极为重要的前提条件,但千百年来文人名士通过各种形式的宣扬、赞美,也极大地推动了妈祖文化的传承与发展。如文学方面有诗词、小说、散文、楹联等,艺术表演方面有戏剧、舞蹈、绘画、书法等。更值得一提的是,在古代封建社会,学而优则仕,很多歌颂妈祖的作者既是官员也是诗人,如明代文学家、戏剧家汤显祖于万历年间任南京太常寺博士,同时掌管天妃宫。这些颇具文人气质的为官者歌颂妈祖的精彩诗篇,对妈祖信仰的形成和传播具有巨大的促进作用。除此之外,莆田地区当朝为官者也不少,如南宋的刘克庄,著

---

① 黄瑞国主编:《妈祖学概论》,北京:人民出版社,2013年,第4页。
② 李俊甫:《莆阳比事》(续修四库全书734·史部·地理类),上海:上海古籍出版社,1996年,第255页。

名文学家,官至龙图阁学士、工部尚书。他的"灵妃一女子,瓣香起湄洲"更使得妈祖名声远扬。①

(二)元、明、清时期妈祖故事的传播

元、明、清时期是妈祖故事传播的发展成熟期,这一时期的妈祖故事传播又可分为三个阶段。

1.元朝妈祖信仰的兴盛

元代海上漕运的开创对妈祖信仰的发展起了推动作用。为了稳固初建的大元政局,元世祖忽必烈开辟海道从南方运粮至大都。元朝的海运皇粮,主要依靠的是福建、浙江、江苏三省的水手,海上漕运要经历极大的自然与社会风险,因此水手们原本信仰的海神妈祖就成了他们克服困难的精神力量。元代海漕成为主流,促使沿海一些城市不断兴起与发达,妈祖信仰因海上漕运而兴,信众数量也不断增加,元朝皇帝顺从民意,推动妈祖信仰顺着漕运之路发展,妈祖宫庙也不断涌现。妈祖见义勇为、扶危济困,拯救遇险船只的行为正是中华民族传统美德的生动体现,为充满风险的出海远航提供了强大的精神支撑,因此在天津、山东等沿海地带蓬勃发展也是历史的必然。元朝国子监祭酒、翰林学士张翥作为朝廷的特使祭祀天妃时曾吟诗道:"晓日三叉口,连樯集万舻。普天均雨露,大海静波涛。入庙灵风肃,焚香瑞气高。使臣三奠毕,喜气满宫袍。"②此诗反映了使臣代表朝廷为海上漕运答谢海神妈祖的庄严情景。明代徐石麟《直沽棹歌》之一吟道:"天妃庙对直沽开,津鼓连船柳下催。酾酒未终舟子报,柁楼黄蝶早飞来。"③这是历史上

---

① 黄瑞国主编:《妈祖学概论》,北京:人民出版社,2013年,第4页。
② 李莹、王玉梅:《津门妈祖文化传承需要文学力量的助推》,《2008中华妈祖文化学术论坛论文集》,天津:2008年,第151页。
③ 李莹、王玉梅:《津门妈祖文化传承需要文学力量的助推》,《2008中华妈祖文化学术论坛论文集》,天津:2008年,第151页。

天妃庙与漕运成功互动的生动写照。此外,当时的福建泉州港是国际性的大港,海上航运和海外贸易进入全盛时期,航海贸易同样也需要海上保护神。

2.明朝妈祖信仰新领域的拓展

如果说元代在全国掀起妈祖信仰传播的高峰,那么明代就是妈祖信仰向海内外拓展新领域、掀起传播新浪潮的时期。

明朝是我国海上外交最频繁的时期。虽然明代在270多年里对妈祖的封赐仅有两次,却因郑和下西洋和外国友好交流而在海外广泛传播妈祖信仰。明永乐至宣德年间在我国航海史上出现了举世闻名的郑和下西洋,是人类史上最早的航海壮举,也是当时最大规模的海上外交,走出了海上丝绸之路。①

在航海科技还不发达的明代,开辟海上丝绸之路比较冒险。为了人身安全和顺利往返航,航海者多把对平安的向往寄托给海神妈祖。郑和航队七次下西洋,访问30多个国家和地区,历经台风、巨浪、海寇,每当遇险之时,总向妈祖祈求庇护;每到一处码头,必先祭拜妈祖,或建妈祖庙祭妈祖。郑和还数次亲临莆田湄洲祖庙朝拜,并多次请奏明朝廷加封妈祖。于是,在郑和下西洋的影响下,妈祖信仰文化向海内外广泛传播。

明朝是妈祖信仰发展和传播的一个承前启后的重要时期,其中郑和与他的团队是最大功臣。郑和借助妈祖精神力量的支持,航海成功,同时也推动了妈祖文化的发展。明永乐皇帝在南京天妃宫举行御祭,由太常寺卿主持,并配备乐舞。这是妈祖第一次接受皇帝的御祭,被皇帝顶礼膜拜,妈祖信仰受朝廷空前推崇。这在中国本土信仰神灵的历史上属凤毛麟角,也标志着妈祖祭已提升为真正的国祭。

---

① 潘真进:《明代的妈祖信仰》,2015年8月8日,http://dzb.ptweb.com.cn/system/2015-8/8/20150808075431.htm.

明代许多与航海有关的大事,均与福州地区相关联,如郑和下西洋、与琉球国的国事往来、闽侨出国等。这些航海活动又均与妈祖信仰有关。明代福建的妈祖信仰,呈现出了以下一些主要特征:中国与琉球友好往来,使妈祖信仰自闽传至琉球;郑和下西洋,推动了福建沿海不少地方的妈祖信仰发展;福建海上贸易活动活跃,使妈祖信仰更受商人崇拜;随航运、商业等活动发展,妈祖信仰在闽西北更广范围传播;明末清初的闽侨出国,开始把妈祖信仰传播至日本和南洋一些国家;闽人的赴台开垦,开始把妈祖信仰传播至台澎地区。①

3.清朝妈祖信仰的普及

到了清代,妈祖信仰达到了新的高峰。清朝依照前制,也承认妈祖信仰,并且通过多种途径宣扬妈祖信仰。不过与前朝相比,清朝虽然也在南北漕运、出使册封、祈雨解旱等方面继续利用妈祖,但更侧重于在海上军事行动中宣扬妈祖的神力。康熙二十二年(1683 年),福建水师提督施琅巧妙利用妈祖信仰在水师官兵及民众心中的影响力,鼓舞士气,最终统一台湾,取得征台之大捷。统一台湾后,两岸政治统一、经济发展,在一定程度上促进了两岸妈祖信仰的发展。

据记载,从康熙十九年到同治十一年(1680—1872 年),清廷共褒封妈祖 18 次,并屡次以朝廷的名义赐匾额。而且清朝通过频繁的海上活动将妈祖信仰传播到了世界许多地区,大大地提高了妈祖的知名度。有意思的是,最初妈祖信仰受到了清初儒者的抵制,儒家将妈祖信仰视为一种"淫祀",于是批判妈祖成了儒者间的主流,这一态度在清初也影响到了朝廷的政策。不过随着环境的变化,尤其是到了康熙、乾隆时期,对妈祖的崇拜日益加强,有关妈祖

---

① 刘福铸、王连弟:《论明代福建妈祖信仰的特征》,《中国海洋大学学报(社会科学版)》2006 年第 4 期,第 10 页。

信仰的问题屡次出现在朝臣的奏折里，因而妈祖成为清代受封最多的神明。

在清廷的大力提倡与推动下，在我国广大的疆土上，特别是沿海地区，妈祖庙随处可见。妈祖庙还随着华人的海外迁移衍播到世界各地，日本、新加坡、印尼、菲律宾、马来西亚、美国、巴西、法国等许多国家都建立了妈祖宫庙。总之，明末清初郑成功收复台湾、清廷对台用兵、海上闽商集团增多、各地闽商兴建会馆天后宫等，是促使清代福建妈祖信仰兴盛的主要原因。

（三）近现代妈祖信仰的沉浮

自1840年至20世纪80年代的100多年间，在大陆，妈祖信仰和所有其他民间宗教信仰一样，趋于衰落。尤其在"文化大革命"期间，实行破"四旧"，对宗教信仰、庙宇文物大肆破坏，许多宫庙和神像被毁，香火断绝。湄洲妈祖祖庙也陆续遭到破坏，只剩下圣父母祠（佑德祠）和中军殿，妈祖庙的文物也相继被毁和遗失。改革开放后，随着宗教信仰自由政策的出台和落实，大陆的妈祖信仰得以恢复，不仅各地的妈祖庙修葺一新，还出现了不少新的妈祖庙，香火更加兴旺。海峡两岸还掀起了一股妈祖文化交流热，数以万计的台湾信众涌向妈祖诞生地莆田湄洲岛烧香朝拜。瞻拜妈祖，已成为许多华侨华人和港澳台同胞寻根谒祖的美好精神寄托。

另外，在全球化背景下，妈祖文化的传承和发扬面临着新的挑战。随着航海技术的发展和人们认知能力的提高，妈祖海上保护神的作用削弱，难以迎合民众对妈祖所寄予的更高、更神圣的精神期待和心理需求；如何在新媒体时代提升妈祖文化对年轻一代的影响力，并发挥妈祖文化在21世纪海上丝绸之路的精神支撑作用，是当前需要深思的问题。

二、妈祖故事的共时性叙事

　　文化圈(cultural circle)是社会学与文化人类学描述文化分布的概念之一,判定一个文化圈的最主要标准在于是否有相同或相似的传统文化属性特征。根据人类学的文化圈学派的传播理论,"最早的文化是从原点慢慢扩散出去,跨越空间,活像涟漪一圈又一圈推动一样,文化终于传播到世界各地"。① 湄洲的妈祖文化即海峡两岸与世界各地妈祖文化的原点,宋元以来,随着我国海运和内河漕运、航运的发展,妈祖信仰渐次由南向北往江、浙、皖、鲁、津等地挺进,南线沿泉、漳、潮、汕、海南、台湾、香港、澳门及东南亚地区拓展,形成了一个纵横交错、涵覆广泛的妈祖祠庙网络,跨越区域、社群、历史的阻隔,在不同社群的互动往来中不断吸纳、调整与丰富,"并逐渐演进成一种为国内外整个华人社会所特有的和普遍接受的航海文明"。② 同时,在地理范围上也逐渐形成了一个由小到大、由内而外、层级联系的文化圈,在空间顺序上揭示了妈祖故事在全球传播的叙事发展路线:中国大陆妈祖文化圈——港澳台及海外妈祖文化圈——全球非妈祖文化圈。这里所说的港澳台及海外妈祖文化圈,是指香港、澳门和台湾妈祖文化圈以及与妈祖文化联系最紧密、影响最大的一些国家和地区。香港是中国东南沿海天后崇拜传入较早的地区之一,澳门是妈祖故乡湄洲之外最具文化妈祖特色的地区,妈祖是台湾最具影响力的神祇。③ 海外妈祖庙宇分布较密集的地区位于东亚和东南亚,如日本、韩国、新加坡、

---

　　① 国家海洋局直属机关党委办公室编:《中国海洋文化论文选编》,北京:海洋出版社,2008年,第286页。
　　② 黄瑞国主编:《妈祖学概论》,北京:人民出版社,2013年,第87页。
　　③ 国家海洋局直属机关党委办公室编:《中国海洋文化论文选编》,北京:海洋出版社,2008年,第287～291页。

马来西亚、泰国等国家,其他则散状分布在美国、加拿大、墨西哥、巴西、新西兰等地。

当前妈祖文化的叙事传播在中国大陆妈祖文化圈、港澳台及海外妈祖文化圈、全球非妈祖文化圈等三个不同的叙事空间呈现出比较明显的差异性特征,构成了当前妈祖故事空间维度传播的多元叙事景象。这种差异性可以从叙事主体、叙事对象和叙事目标等三个方面展开。

(一)叙事主体的差异

妈祖信仰,作为一种特殊的文化现象,跟其他的宗教信仰一样,也经历了一个由人到神的蜕变过程。在不断的空间扩迁过程中,离不开不同地域的各类群体的共同形塑。这些身份地位迥异的人群,从一代帝王将相到平民百姓,无论是政府官员、乡绅文人,还是渔民、水手和商人,都以各自特有的方式参与到妈祖文化的叙事传播中,构成了复杂多元的叙事主体,并在不同的文化圈中呈现出差异。

在中国大陆妈祖文化圈,中国大陆是妈祖信俗的"原乡"和"发源地",也是妈祖叙事的"主阵地",来自中央、地方和民间社会的不同群体共同参与将妈祖精神、妈祖故事、妈祖仪式代代相传。妈祖信仰的大面积传播,与长期受官方和文人儒士的褒封颂扬有关,与闽籍商人、船员、移民的群体性迁徙关系密切,也与地方士绅的支持分不开。[①] 这在浙江、山东等妈祖核心祭祀圈如此,在全国其他地方也情形相似。在普通民众中,商人和船工是最早的妈祖文化传播的叙事主体。随着闽人流动人口的大规模增加,闽商队伍的迅速壮大,加上闽商经营有方,财力雄厚,常常在流入地"以商兴

---

① 张祝平:《论民间信仰扩散的边界——妈祖信仰在浙西南山区的流播状况考察》,《浙江社会科学》2018 年第 1 期,第 76 页。

庙,以庙聚商",闽商成为各地妈祖庙建设的主要倡议者和实际推动者。后来又因妈祖屡受皇帝敕封,妈祖信众圈层由闽人为主不断向地方官员士绅和土著居民拓展,妈祖从一个主要由闽人创设、为闽人供奉的地域性神祇,发展成为流播地民众广泛参与、广为崇信的大众化俗神。① 此外,历代文人名士也不遗余力地参与妈祖叙事,比如文学方面有诗词、小说、散文和楹联等,艺术表演方面有戏剧、舞蹈、绘画和书法等。② "灵妃一女子,瓣香起湄洲"出自南宋诗人刘克庄的《题白湖庙》,无疑为妈祖文化的叙事传播添上了流光溢彩的一笔。众多的民间艺人也用他们精湛的技艺奉献了各种造型别致的宫庙和雕刻,丰富了妈祖叙事的内蕴和手法。

妈祖文化在港澳台及海外妈祖文化圈的叙事传播,跟人口的迁移也有着十分密切的关系。明清以来,由于政治、社会等原因,从福建移居台湾以及日本和东南亚的人口数不胜数,妈祖文化随着这些人口的外迁也得到传播。航海是具有相当危险性的,随时可能给出海的海员和从事海上贸易的商人带来生命危险。因此,海员、渔民一般都会朝拜、信奉妈祖,离开家乡时,也会随身带上妈祖像、妈祖神符或其他的妈祖信物,以祈求妈祖的海上庇护,希望遇到凶险时能转危为安,避开海难。对海外华侨华人来说,在一个远离故土、完全陌生的地方安家落户,可能会遭遇到许多意想不到的困难,共同信奉的妈祖既能带给他们原乡的慰藉,又是凝聚人心的桥梁和纽带,激励他们在困难面前齐心协力。总之,海外华侨华人在传播妈祖故事方面非常积极主动,他们把妈祖看作精神支柱,妈祖信仰对他们而言是一种可以随身携带的口袋信仰。他们走到哪里,妈祖就到哪里,妈祖故事就传播到哪里。由于长期生活在海

---

① 陈政禹:《宋元以来浙江妈祖信仰研究初探》,《中国海洋大学学报(社会科学版)》2015年第3期,第41~42页。

② 黄瑞国主编:《妈祖学概论》,北京:人民出版社,2013年,第5页。

外,对妈祖文化的主动叙事行为,有助于加强他们作为中华儿女的身份认同和文化共鸣。因此,海外的华侨华人对妈祖等民俗文化的体验和传承意识是非常强烈的。

妈祖在全球非妈祖文化圈的叙事传播,则表现出一种"官民联合"的多元主体形态。一方面,海外华侨华人成为妈祖故事全球传播的原生力量,也是长期以来推动妈祖故事国际化的叙事主体。另一方面,来自官方的叙事传播声音日益响亮,积极推动妈祖文化与海洋文明融合发展,比如在妈祖的故乡莆田湄洲岛自2016年起已召开了三届世界妈祖文化论坛,进一步弘扬了"立德、行善、大爱"的妈祖精神,传播妈祖文化,深化"海丝"沿线国家和地区的人文交流与经贸合作上的互联互通,实现互利共赢。第二、三届世界妈祖文化论坛(2017年、2018年)除了主旨演讲外,现场还视频连线马来西亚、意大利、莫桑比克、阿根廷、加拿大、澳大利亚、新西兰、缅甸、菲律宾、汤加、几内亚、瓦努阿图、苏里南等世界各国代表,共论妈祖文化。纪录片《天下妈祖》等的热播也是妈祖文化对外传播的一次非常有益的实践。

(二)叙事对象的差异

不同的叙事主体有着不同的叙事选择。一部妈祖文化叙事传播史,其实就是一部妈祖故事和文化符号不断变迁、改进和完善的历史。妈祖信仰是一种包容性极强的民间信仰,极易受到传播地域社会、政治、生活等因素的影响而产生变形、变异的现象,叙事对象如妈祖称谓、宫庙名称、妈祖神职、妈祖传说、信仰生态环境、信仰属性等都具有明显的地域性特点。[1]

在中国大陆妈祖文化圈,妈祖庙主要集中在福建省和广东省等沿海地区,其分布由沿海到内地逐渐递减。妈祖信仰场所的分

---

[1] 黄瑞国主编:《妈祖学概论》,北京:人民出版社,2013年,第22页。

布特点彰显出妈祖形象与海洋有着不可分割的联系。妈祖是来自福建沿海地带的海神,主要职责是为渔民、海商和水手的出海保驾护航,但随着妈祖信仰逐渐扩散到全国其他地区,其神职功能也因地域的差异而发生变化。与沿海地区的妈祖信仰相比,汀州妈祖由海神向水神、河神甚至是陆神转变。长汀地处闽西内陆山区,并不靠海,因而此地区的妈祖也只剩下水神、河神的功能,同时还是当地的谷神,人们围绕着农事活动祭祀妈祖,是不折不扣的内陆神灵。① 随着妈祖信仰在地域上的不断扩展和航海技术的发展,妈祖作为海上保护神的功能逐渐淡化,神性更为多样化,被塑造成可以祈福消灾的万能神。总的来说,围绕妈祖等民间信仰文化传播的叙事已逐步从"灵验说""功利说""迷信说"等传统思维中摆脱了出来,妈祖信仰作为民俗文化的意义不断得到重视。② 20 世纪 80 年代,有学者认为,妈祖神话及其形成的民间信仰、风俗习惯等是中华民族文化的组成部分,提出用"妈祖文化"替代"妈祖信仰"。③ 妈祖文化经过这二三十年的培育与发展,其影响力越来越大。国家层面也高度重视妈祖文化在促进两岸交流和祖国统一中的优势作用,妈祖又有了"海峡和平女神""世界和平女神"等时代新称谓。另外,随着旅游业的发展,妈祖信仰与民俗旅游相结合的态势也越来越火热,妈祖文化旅游节在全国各地如火如荼地开展。

在中国大陆以外的妈祖文化圈,妈祖信仰的神性渐趋弱化,妈祖文化的叙事对象体现出更强烈的世俗性、认同性和符号性,被赋予了文化认同、民族认同、民族凝聚等新的功能。妈祖文化成了连接全世界华人的情感纽带,海外华侨华人通过对妈祖的朝拜,来寻找自己在中华民族的根。在妈祖信仰基础广泛的台湾地区,许多

---

① 黄瑞国主编:《妈祖学概论》,北京:人民出版社,2013 年,第 262 页。
② 张祝平:《论民间信仰扩散的边界——妈祖信仰在浙西南山区的流播状况考察》,《浙江社会科学》2018 年第 1 期,第 77 页。
③ 蒋维锬:《妈祖文化热的再认识》,《东南学术》2004 年第 S1 期,第 224~227 页。

妈祖信众将去湄洲朝圣当作平生夙愿,常有信众到福建寻根谒祖。妈祖文化在港澳台及海外妈祖文化圈的叙事传播过程中,既承袭了中华传统文化的正统,又不可避免受到各地风土人情、民俗文化的影响,呈现出明显的在地演变特征。澳门的中国渔民是把圣母玛丽亚当作妈祖来崇拜的。在泰国华侨华人信仰的虎神庙,妈祖与泰国人民信仰的虎神共祀一庙,体现了中泰两种宗教文化的融会。① 日本水户地方的妈祖则被融入日本神道,奉祀在神社里。海外的妈祖宫庙功能多元化,往往具有综合性、地缘性、业缘性和宫馆合一等特点,已逐渐演变成为各行各业行业内自我约束的管理机构。② 妈祖文化作为中华民族的象征和中华文化的认同符号在妈祖文化圈得到越来越广泛的认可,妈祖民俗节庆活动也有望在更多海外地区开展。

从全球范围来看,虽然在海外华侨华人的影响下,也有一些外国民众了解妈祖文化,甚至虔诚信仰妈祖,比如纪录片《天下妈祖》中提到,在法国巴黎,每周都会有法国水手给妈祖上香,但妈祖文化的叙事传播在妈祖文化圈以外的区域有待进一步拓展。"仁爱、正义、勇敢、和平"的妈祖精神等妈祖文化内在的叙事意义尚未被广泛接受。当前妈祖文化的对外传播应该充分发挥海外华侨华人等叙事主体的作用,可以尝试将民俗节庆文化与流行文化相结合,并在挖掘妈祖传统文化精髓的同时不断注入新的文化内容,以吸引更多的普通外国民众了解和认识妈祖文化内涵,从而形成对中华文化的理解和认同。

---

① 李天锡:《潮汕籍华侨与泰国华侨华人的妈祖信仰》,《莆田学院学报》2008年第1期,第78~82页。

② 庄琳璘:《以妈祖宫庙为视角看马来西亚华人的妈祖信仰》,《莆田学院学报》2015年第4期,第11~15页。

(三)叙事目标的差异

对于作为叙事主体的妈祖信众来说,叙事目标主要指的是他们的信仰诉求。在国内妈祖文化圈,随着妈祖从"海上女神"向"万能神"的转化,这种心理层面的诉求也从古代较为单一的诉求演变成现代多元化的诉求。《天后图》上册第 7 幅《遇风浪乘槎挂席》描绘了妈祖用神术使遇难船舶转危为安;下册第 10 幅《波涛中默佑漕船》和第 11 幅《垂神灯粮船有赖》描述了妈祖神佑漕运畅通的故事,都说明了早期妈祖信仰的叙事目标是祈愿妈祖护佑海上平安,保佑浪里涛间打拼的渔民、常年奔波的海员和从事海上贸易的海商等出海顺利。① 随着科学技术水平的提高和妈祖信仰由沿海向内陆的扩散,妈祖文化本土化、陆神化趋势渐显,并与当地神祇存在不同程度的混合重叠,妈祖逐渐演变成一个几乎无所不能的万能神,体现了现代社会复杂多样的需求。从官方层面来看,推动中华传统文化的继承和创新、推进旅游产业的发展、促进海峡两岸的和平统一、增进中外友好交往等越来越成为当代社会主要的叙事目标。

人们信仰宗教,往往是希望在遭遇困难时,能有某种超自然的力量帮助自己克服心理的恐惧,提升战胜困难的信心,并获得心灵上的慰藉,从而满足自身生存和发展的需要。在港澳台及海外妈祖文化圈,很多海外华侨华人之所以成为传播妈祖文化的叙事者,也与他们需要在异国他乡谋求生存发展有关。比如,马来西亚华侨华人妈祖信仰的形成发展与华侨华人社会的形成发展有着密切的关系。② 对于海外华侨华人而言,妈祖还是祖先和故土的象征,寄托了他们对原乡的思恋;妈祖文化的最大价值和意义,就在于可

---

① 黄瑞国主编:《妈祖学概论》,北京:人民出版社,2013 年,第 173 页。
② 李天锡:《马来西亚华侨华人妈祖信仰窥探》,《八桂侨刊》2009 年第 3 期,第 67 页。

以通过崇信妈祖来强化对中华民族的身份认同和情感归属。妈祖文化的叙事目标即在于此。约占台湾地区人口总数2/3的民众祭拜妈祖,不仅是因为妈祖是神通广大的万能女神,更因为妈祖是温和慈爱的母亲。台湾地区民间常以"娘妈""妈祖婆"等来称呼妈祖,将妈祖看作亲密的家人,而不是高高在上的神灵。许多信众还让子女认妈祖为"干妈",建立信仰上的亲子关系,并常常向妈祖倾诉家庭中和工作上的心事。

全球范围内,妈祖的叙事目标则是挖掘、传播妈祖故事中的文化内涵和文化价值,不断超越华人世界的圈子,谋求更大范围和更深层次的文化认同与接受,让世界上越来越多的人感受到妈祖文化散发出来的独特魅力。唯有让妈祖文化本身具有的历史魅力与人文情怀来影响人、感化人,才有可能赢得民众的普遍信任和广泛参与。①

互联网时代使全民参与叙事、参与传播成为可能。妈祖文化的全球传播需要叙事的关照。从叙事学的角度对妈祖文化的传播历史和现状进行梳理,有助于从整体上把握和推动妈祖文化的全球传播。妈祖文化传播的叙事过程,不仅是体味历史、重构历史的过程,②同时也极具地域丰富性。不同文化圈层传播妈祖文化的叙事主体既在互动中趋同,却又保持自身的地域特色,正是不同的社会群体出于不同的叙事目标而建立起对于妈祖文化的不同叙事。

---

① 张祝平:《论民间信仰扩散的边界——妈祖信仰在浙西南山区的流播状况考察》,《浙江社会科学》2018年第1期,第87页。
② 张士闪:《传统妈祖信仰中的民间叙事与官方叙事》,《山东艺术学院学报》2007年第6期,第91页。

第二节 妈祖故事的话语系统

目前,全球跨文化传播语境中对中国产生的质疑和误解,其中很大一部分原因,是对中国所秉持的"和而不同"等为核心的价值理念不了解。因此,除了有必要在政治、经济、外交等层面加以澄清外,更有必要通过文化解释、文化对话、文化交流来消除误解,释疑增信,从而为中国的和平发展,也为中华文化的世界化创造良好的国际舆论与文化环境。① 文化具有密切的关联性,中国文化"和而不同""文化共生""尊崇自然"的价值理念蕴含在各种具体的文化样式之中。中国文化价值理念需要通过文化传播与交流才能更好地被世界理解和接受。文化有物质性的(如建筑、瓷器、丝绸等)、精神性的(如宗教、文学艺术、审美等)和价值性的(如伦理、道德观念等)。国家之间的文化交流中,文化价值理念一般在两种情况下被接受和被认同:一国文化所体现的制度和价值符合对象国民众的期待和既有价值认同,或者一国文化外交能起到对他国民众的说服和引领作用。前者意味着该国文化必须是包含"共同制度和价值要素"的文化,后者要求该国文化是一种强势文化或拥有某种主导型话语权。② 由于社会制度和价值体系的独具特色,中国显然只有后一选项可供选择。

人员、物品(商品)和大众传媒这三类媒介是进行价值理念传播的基本载体和构成部分。文化组成的符号、文化表现形式、代表人物、媒介、价值观(思维方式)五类成分中,符号、文化表现形式、

---

① 严三九、武志勇、吴锋、郭恩强:《论具现代与普世价值的中华文化价值理念及其国际传播(下)》,《文化与传播》2014年第2期,第8~9页。

② 张志洲:《文化外交与中国文化"走出去"的动因、问题与对策》,《当代世界与社会主义》2012年第3期,第16页。

代表人物、媒介为显性成分,价值观(思维方式)为隐性成分。① 隐性成分要通过显性成分加以展现、传播。中华文化的表现形式可分为人文艺术(如音乐、舞蹈、绘画、历史、名胜古迹等)和生活方式(如饮食、服装、中医、功夫等)两类。近年来,中国政府把文化"走出去"作为向世界各国展示中华文化独特魅力、提升国家文化"软实力"的重要战略任务,实施对外文化理念传播、文化交流与合作、文化产品出口及服务"三位一体"策略,为增进世界对中国的了解,树立良好的国际形象,推动我国对外开放和经济社会发展做出了积极贡献。

妈祖文化是中华民族优秀传统文化的重要组成部分,是世界华侨华人与中华民族的精神纽带。纵览妈祖叙事的历史轨迹,祭祀仪式、民间习俗和故事传说等是妈祖文化呈现给世人的主要表现形式,其下都掩映着博大精深的文化内涵,构成了妈祖文化的内涵系统。这些文化向度彼此勾连,又各成一体,担负着应有的文化的功能与价值。经过千年的洗礼,妈祖文化已发展成为一个内涵丰富,涉及政治、经济、历史、军事、外交、文学、艺术、体育、科技、宗教、民俗、医学、建筑、华侨、移民等领域的庞大文化体系。从存在形式看,可以分为物质文化、制度文化、行为文化和心态文化。②

一、妈祖物质文化

妈祖物质文化种类很多,比较常见的主要有妈祖宫庙建筑、妈祖民间工艺、妈祖服饰等。

妈祖宫庙建筑。妈祖是神格最高的民间神祇之一,通都大邑

---

① 关世杰:《"我国对外传播文化软实力"系列文章说明》,《国外社会科学》2012年第5期,第71页。

② 黄瑞国主编:《妈祖学概论》,北京:人民出版社,2013年,第1页。

的妈祖宫庙建筑通常气势恢宏,布局完整严谨,融会了佛寺、道观及宫殿建筑的特点。其中大型的宫庙一般由山门、牌坊、戏台、钟鼓、正殿、后殿、廊庑和梳妆楼等建筑组成,整体布局突出中轴线对称,结构完整、富丽堂皇。各地妈祖庙基本保存当地古代建筑的风格,是研究各地建筑史的实物资料。①

妈祖民间工艺。莆田是中国工艺美术之乡,与妈祖有关的民间工艺技术精湛,造型独特,品种繁多,其中比较有代表性的主要有妈祖神龛、妈祖雕塑、妈祖宫庙雕刻等。

妈祖服饰。湄洲妈祖女信众服饰是"帆船头,海蓝衫,红黑裤子保平安",上着是蓝色和红色搭配的斜襟大布衫,下着是红黑两截拼成的裤子。"帆船头"又称"妈祖髻",发髻代表船帆,两侧的银卡子代表船桨,中间的红头绳代表缆绳,头顶上的簪子代表锚,海洋文化的特征非常明显。

二、妈祖制度文化

妈祖文化在长期演变和发展中逐渐形成了一些约定俗成的制度,比较有代表性的主要有大醮、清醮、出游、分灵(神)和回娘家。②

大醮:妈祖信众在大庆典时举行的重大纪念活动,如妈祖宫庙落成、妈祖像开光、妈祖千年祭等。

清醮:妈祖信众每年在一些重要的日子必须举行相应的纪念活动,如农历三月二十三妈祖诞辰纪念、九月初九妈祖升天纪念、正月妈祖元宵纪念和八月十五中秋纪念。

出游:妈祖各个宫庙必须定期或不定期地把妈祖神像请出宫

---

① 黄国华:《妈祖与建筑》,2016年6月13日,http://www.oceanol.com/zhuanti2016/xzhy11/ztlm121111111111/2016-06-13/60223.html。

② 黄瑞国主编:《妈祖学概论》,北京:人民出版社,2013年,第219页。

殿,对管辖区域或有来往的区域进行出游巡安,以扫荡妖氛,庇护阖境黎民平安顺意。

分灵(神)和回娘家:各地建妈祖分灵(神)庙时要捧着神像到湄洲祖庙举行"取香灰"分灵(神)仪式。妈祖分灵庙每隔一定时期必须到湄洲祖庙谒祖进香,俗称"回娘家"。

三、妈祖行为文化

妈祖文化在与各地自然、经济、社会、文化的长期交融中,逐渐形成了颇具特色的行为模式。湄洲妈祖文化是世界妈祖文化的代表,其行为文化如妈祖祭祀仪式、妈祖民俗活动等。

(一)祭祀仪式

依妈祖祭祀的场所分,历代妈祖祭祀的主要表现形式可分为庙祭、郊祭、海祭、舟祭、家祭等五种。

庙祭,是指在妈祖庙范围内举行祭典仪式,特点是规范、严谨。据考,在宋至清四朝中,朝廷因事差官致祭妈祖达 300 多次,都是采取庙祭形式。清康熙五十九年(1720 年),皇帝颁旨规定妈祖作为女圣,归列三圣之一,编入国家祀典,春秋谕祭,与文圣孔子、武圣关公同享最高法定礼节——三跪九叩、三击献醴。

郊祭,是指在都郊或市郊设立祭坛,对妈祖女神进行遥祭的形式。一般由帝王亲自主持,特点是肃穆、庄严。我国郊祭妈祖最早当推南宋绍兴二十六年(1156 年),宋高宗在临安郊祭后敕封妈祖为灵惠夫人。

海祭,是指在海边奠祭妈祖。从各地现存的海祭仪式中,可以看到:面对浩浩波涛,祈福旗幡与日同升,海螺长号,颂祭文、奏祭乐、进舞芭、献祭果、洒祭酒、敬鲜花、放海生,同时进行各种民俗展

示。这种纯粹的民间祭礼一般在海边渔村流传,具有独特的地域性、广泛的群众性、愉悦的观赏性。

舟祭,是指在船上供奉妈祖神像,在出海时、归航时或遇大风大浪危急关头对妈祖女神进行全祭拜的一种形式。

家祭,是指妈祖信众在家中设妈祖神位,每逢初一、十五日或妈祖诞辰与升天纪念日进行焚香进供的一种膜拜方式。

通过上述五种祭祀形式的比较,可以发现,庙祭最为规范,郊祭最为庄严,海祭最有特色,舟祭最为普遍,家祭最为平常。①

(二)民俗活动

随着妈祖传说在民间的广泛流传,妈祖信奉习俗与地方民俗文化相融合,演变成为民俗,形成许多俗例。涉及妈祖的传统民俗主要包括:(1)演戏酬神。妈祖分灵庙如有举行庆典活动或者戏剧演出,都要恭请妈祖神像驾临观赏或请戏班演员到妈祖神像前"弄仙"。(2)妈祖元宵。湄洲每年正月初八到十八日,各家各户都恭请妈祖神像参加元宵活动。(3)谢恩敬神。家族举行感恩苍天仪式,男女老少统一着装列队到妈祖庙敬请妈祖参加。(4)妈祖游灯。渔民、农民、市民等在有节日的晚上都提着"妈祖灯笼"绕游。(5)妈祖服饰。湄洲妇女平常头上都梳着帆船状的发髻,着蓝色的上衣和红黑相间的裤子,表示对妈祖的敬仰和对家人出海平安归来的期盼。(6)圣杯问卜。用木质半月形"圣杯",向妈祖祈求解决疑难问题的方法。(7)换花求孕。湄洲已婚未育妇女与妈祖神像互换头上的花来求赐孕。(8)佩戴香袋。到妈祖宫庙祈取小香袋戴在小孩身上,以保平安。(9)诞辰禁捕。湄洲渔民在妈祖诞辰前后自发不下海捕鱼,体现人与自然的和谐相处。(10)妈祖彩车。妈祖巡游队伍中装扮有关妈祖故事的彩车。(11)大门贴符。百姓

---

① 黄瑞国主编:《妈祖学概论》,北京:人民出版社,2013年,第218页。

在大门上贴着妈祖的神符。(12)颈项佩玉。脖子上挂着妈祖的玉像。(13)托看小孩。如果父母外出,将小孩托付给妈祖庙看护。(14)妈祖挂胆。在妈祖巡游过程中,信众为妈祖神像的颈项挂上用红绳子系的金锁、银锁或钱币。

四、妈祖心态文化

妈祖心态文化是指妈祖信众表现出来的信仰、心态、思维指向等,集中地反映了妈祖文化的核心——妈祖精神,即"仁爱、正义、勇敢、和平"。它的表现形式多种多样,十分丰富,主要有神话传说、戏剧、诗词、楹联、骈文、歌曲、歌舞、绘画、陶瓷等。

(一)表现形式

经过千百年以来文人墨客的推崇,无论是在妈祖的正史还是民间传说中,都有大量优美的神话、传说、小说、散文、诗词、楹联、戏剧、民间故事等,近期更出现了电影、电视剧本。妈祖文化不仅具有文学属性,也具有艺术属性。妈祖文化载体中包含了大量的绘画如油画、木版画、中国画等,还有其他多样的艺术形式,如剪纸、书法、雕刻、建筑艺术、音乐、戏剧(歌剧、舞剧、越剧、莆仙戏)、舞蹈、影视作品和邮品等,门类丰富多彩,具有很高的艺术价值和欣赏价值。[1]

妈祖从出生到去世,有着许多生动神奇的传说。笔录的妈祖传说多散见于宋以来的历代朝廷文书、史籍、方志和文人笔记中,比较零碎、简略。直至明万历三十年(1602年),南州散人吴还初编、忠正堂熊龙刊行的《天妃娘妈传》问世,才开始有了妈祖传说的专辑。其后又有明末佚名编纂的《天妃显圣录》书稿,于清康熙二

---

[1] 黄瑞国主编:《妈祖学概论》,北京:人民出版社,2013年,第9页。

十年(1681年)最新编辑出版。妈祖传说流传较广的当推林清标的《敕封天后志》。该书是在《天妃显圣录》基础上增删编纂而成的,录有天后神蹟图说49种,每个故事都配有绘图。故事题材涉及各个方面,其中妈祖庇护历代文武官员履行出差的居多。此后各地妈祖宫庙编绘圣迹图,蔚然成风。或绘于妈祖庙堂两壁,或绘于绢纸装裱成轴张挂殿堂中,供人观赏膜拜。而与文人编辑的妈祖故事相比,广泛流传在福建沿海地区的妈祖民间传说,情节更为曲折,故事更为完整,形象更为生动,内容也更加丰富多彩。它们既富有浓郁的乡土气息,又反映了各阶层信仰妈祖的不同心态,是妈祖神话传说中的精华。①

(二)妈祖精神

妈祖精神是妈祖文化和妈祖信仰的核心和基础,是妈祖生平及传说中所表现出的高尚行为、高尚情感和高尚道德的集中体现,是被民众及历代官方所认可和推崇的一种道德体系。

1.儒家文化中的"仁"是妈祖精神的基石

"仁"是儒家思想体系的核心,是孔子社会政治、伦理道德的最高理想和标准。儒家视孝悌、慈爱为仁、义的基础和前提,是"人伦之公理"。孝悌是为人之本。

妈祖就是这样一个集"仁爱"于一身的女神。比如《天后圣母圣迹图志·祷苍穹雨济万民》记载:"后年二十一,莆大旱,父老咸举非神姑莫解。尹诣请许之,拟壬午申刻。当雨至期,大沛甘霖,遂获有秋,人皆欢呼颂德。"又如"圣泉救疫"故事:宋绍兴二十五年(1155年),兴化一带发生瘟疫,众生无药可治,有一村民梦见妈祖,说离海边不远处有甘泉,可以治病,于是第二天众人去挖掘并取水饮用,果然水到病除。还有"救父寻兄""化草救商"等传说都体现

---

① 黄瑞国主编:《妈祖学概论》,北京:人民出版社,2013年,第250页。

了妈祖仁爱孝悌、救死扶伤的中华传统美德。①

在妈祖的传说中,普世济民占了很大篇幅,妈祖忧民众之所忧,乐民众之所乐,在民众的心目中是一个可亲、可爱、可靠、可信的"仁者"。正是这种为民所需的"仁",才是妈祖文化传颂千古的根本原因。

2.中华多元文化共同推崇的"义"是妈祖精神的核心

妈祖最令人钦佩的是她的匡扶正义、扶正祛邪,中华传统文化中被誉为照亮历史和人生的道德观念——"义",在妈祖精神中无疑居于核心地位。

"义"的概念,自春秋以来,一直是中国伦理道德的重要内容。没有正义的爱,就会失去爱的方向和爱的价值,最终会助长非正义,亵渎了爱的真谛。在传说中,妈祖不仅是可亲可爱、大慈大悲的,而且是集正义于一身、主持公道、除妖驱邪的"天上圣母"。

《天后圣母圣迹图志》等记载了诸多关于妈祖主持正义的传说,除了降妖驱邪之外,还有诸如"助涨潮水""澎湖助战""甘泉济师""助温台破贼安民""庙廊下火烧三恶"等护国庇民的传说。最令人称颂的是助郑成功驱荷兰殖民者收复台湾之战和助施琅攻台完成祖国统一大业的传说,这些传说更是充分体现了妈祖的爱国、护国情怀。②

从妈祖传说中可以看出,明辨是非、爱憎分明、富有正义感是妈祖精神的核心。妈祖在展现博爱情怀的同时,对忠、奸、善、恶、是、非都有着她的鲜明态度。

3.中华民族自古尚勇是妈祖精神得以发挥的精神动力

"勇"作为一种精神品质,是中华民族的祖先在生存繁衍发展以及与自然界抗争过程中形成的一种精神,表现了中华民族顽强

---

① 黄瑞国主编:《妈祖学概论》,北京:人民出版社,2013年,第286页。
② 黄瑞国主编:《妈祖学概论》,北京:人民出版社,2013年,第287页。

进取、蓬勃向上的精神风貌。孔子把"勇"视作施"仁"的条件之一,强调"勇"必须符合"仁、义、礼、智"。"勇"是妈祖施德行善的重要条件和精神动力。妈祖生前的勇救海难,敢于与险恶的大海抗争,充分体现了"勇"。妈祖传说中许多战胜恶势力的故事,同样体现了"勇"。"降服二神""伏高里鬼""收服二怪""收服晏公"等传说也同样折射出妈祖对自然界和现实生活中恶势力的一种抗争,以及在抗争中体现出的一种勇敢精神。①

4.中华民族自古以来追求的"和"是妈祖精神的终极目标

妈祖最富有特色之处是她的宽容与和谐,"和"是妈祖区别于其他神祇的一个重要特征。

"和"在中国的哲学中具有极重要的地位。道家、儒家、佛家等都主张"和"。中国文化中的"和"有四层意思:一是人与人之间的和,二是人与社会的和,三是人与自然的和,四是人内心的和。达到这四"和",天下就太平了。如果说,儒家侧重于治国,道家侧重于治身,佛家侧重于治心的话,则三者有个共同点,即是"和"。这也是这三家在中国历史上能共同存在、一起发展的契合点。②

在妈祖众多的传说中,诸如"演神咒法降二将""高里鬼具体现形""奉圣旨锁获双龙""临海津法驱二孛""破魔道二嘉伏地"等,讲述了妈祖对兴风作浪的妖怪不是打下十八层地狱,使之永世不得翻身,更不是从肉体上消灭掉,而是以德服之,以法服之,最后都感化之并收为己用。这就是"和"的体现。元代黄渊在《圣墩顺济祖庙新建蕃釐殿记》一文中对妈祖与其他诸神进行过比较,他认为:"他所谓神者,以死生祸福惊动人,唯妃生人、福人,未尝以死与祸恐人,故人人事妃,爱敬如生母。"③妈祖是一尊不以生死祸福威慑

---

① 黄瑞国主编:《妈祖学概论》,北京:人民出版社,2013年,第288页。
② 黄瑞国主编:《妈祖学概论》,北京:人民出版社,2013年,第288页。
③ 蒋维锬编校:《妈祖文献史料汇编:第一辑·碑记卷》,北京:中国档案出版社,2007年,第11页。

人,而是一味保佑人的神,也正是妈祖精神中这种特有的宽容、和谐内涵,使得妈祖这尊女性之神具有了更多的母爱色彩,具有了更多的亲和之力。

5.妈祖义工是妈祖精神的践行者

妈祖义工指的是受妈祖精神感召和妈祖文化熏陶,投身慈善公益、扶贫助考、赈灾救助、环境保护等义务工作的妈祖信众。2012年1月31日,在妈祖的故乡莆田市,首批16支妈祖义工队举行授旗仪式。妈祖义工积极响应中华妈祖文化交流协会发出的"争当妈祖人,勤做公益事"的号召,大力弘扬"奉献、友爱、互助、进步"的志愿精神,用仁爱心待人,用欢喜心做事,尽己所能,发挥所长,服务社会,展示妈祖义工的时代风采,树立妈祖信众的良好形象,以真诚奉献来践行妈祖精神和传播妈祖文化。"妈祖公益"组织是活跃在莆田湄洲湾北岸开发区的一支妈祖义工队,其组建者陈的锦从小听着妈祖故事长大,心中一直有着一种妈祖情怀。在他的带动下,"妈祖公益"志愿者团队已发展成为一个几百人的爱心大家庭,成员除了北岸当地居民外,还有部分来自福州、厦门和台湾等地的爱心人士。成员们利用微信群进行沟通,组织看望留守儿童老人,慰问贫困户,为重病贫困户筹集善款,开展"扶贫义卖"、环保志愿活动,为纪念妈祖大型活动做义工服务……世界妈祖文化论坛、海峡论坛·妈祖文化活动周、妈祖海祭、妈祖诞辰日等活动期间,妈祖义工们热情地为海内外来宾提供志愿服务,以实际行动营造妈祖故乡文明人的良好风尚,受到各界人士赞扬。随着妈祖文化的进一步传播,妈祖义工队伍日益壮大,不仅在莆田遍地开花,也在海峡两岸中产生积极反响,而且在世界各地均可见妈祖义工善行。

上述关于妈祖文化系统的内容构成分析,其实是对妈祖故事话语资源的梳理和提炼,既揭示了妈祖故事既往的话语呈现状态,

也提供了妈祖故事在今后所应叙述的话语内容体系。一部妈祖文化叙事传播史，其实就是一部妈祖故事和文化符号不断变迁、改进和完善的历史。妈祖文化源远流长，是中国传统民俗文化的宝贵遗产。妈祖文化丰富和发展了中华民族文化，弘扬了民族精神。妈祖文化已成为海内外华人文化认同的纽带，这一文化认同纽带在旧时体现为海内外华人早年大都把妈祖庙充当会馆，作为相互交际、联络感情的理想场所；而新时期则体现为众多的海内外华人不远千里到湄洲祖庙朝拜，这不仅仅是求得精神的慰藉，更重要的是表达了对湄洲祖庙的认同、对中华文化的认同。在妈祖文化对外传播内容上，要弄清楚外国人想听什么，不可忽视国外受众不同的政治制度、法律体系、宗教信仰、风俗习惯和文化传统。特别要提出的是，在信息超载背景下，在跨文化和跨语言传播中，应该加强宣传妈祖义工的故事，聚焦妈祖精神在妈祖信众真实的、连贯的日常实践和表达，发掘、提炼妈祖信众细腻生动的感人故事，以故事替代说理，以人性替代神性，以普通民众富有感染力的故事激发人类爱听故事的天性，诉诸人类的普遍情感，引发共情，从而推动妈祖文化跨地域和跨文化的传播，让海外民众愿意关注并触发分享当代中国民众的普遍感受和社会心理，增进相互了解。

总之，今天用妈祖文化将海上丝绸之路的历史、现实与未来联结起来，推动中国与沿线国家全方位、多领域的交流合作、交融互鉴，让妈祖文化成为"海丝"文明日益多元、相互包容的时代标签。我们既要认识到妈祖文化的精髓在于妈祖精神，大力宣传妈祖精神并加以弘扬和传承，又要使妈祖文化与21世纪的新环境相融合，推动妈祖文化自身的扬弃，将不合时宜的思想进行废除和更新，要将妈祖文化核心的唯和与唯信功能内化为共同价值观，让信仰者从妈祖精神中得到守护庇佑和感化熏陶，充分发挥妈祖文化的时代正能量，传递21世纪海上丝绸之路建设的共建共享、互助互利、互惠共赢的理念。这样才能将妈祖文化传播给世界各地的民众,让他们了解和学习妈祖精神。

第三节 妈祖故事的话语优势

改革开放前,中国在国际上的声音非常微弱。如今,中国需要向世界传播自己,世界需要倾听中国的声音。随着中国综合国力和国际影响力日趋增强,海上丝绸之路激荡全球,作为世界经济大国,中国面临着对外讲好中国故事、传播中国理念、赢得国际社会理解的急迫任务。随着"一带一路"倡议深入人心,妈祖文化的传播和发展迎来新机遇。妈祖文化蕴含着"仁爱、正义、勇敢、和平"的核心理念和"平安、和谐、包容"的价值取向,反映中国海洋文明的鲜明特征,与旨在促进不同国家、不同文明、不同族群之间沟通共赢的21世纪海上丝绸之路精神,有着内在共通的文化逻辑,彰显出中国人倡导建设人类命运共同体的智慧,更是对外开放精神的生动体现。2009年"妈祖信俗"被联合国教科文组织列入人类非物质文化遗产代表作名录,国家"十三五"规划纲要也写有"在推进'一带一路'建设中要'发挥妈祖文化等民间文化的积极作用'",这都表明新形势下党中央和省委省政府高度重视妈祖文化的传承和发展。新时代背景下,妈祖文化国际传播要体现妈祖精神,挖掘妈祖文化背后蕴含的当代价值和世界意义,把妈祖宣传服务于国家发展战略。而在这个转型中,妈祖文化对外话语体系建设面临着重要机遇与挑战。全球治理格局正在经历新变革,构建人类命运共同体要以话语共同体为基础工程,这为妈祖文化对外话语体系构建、翻译与传播带来了前所未有的战略机遇。

一、妈祖文化跨语境传播的机遇

习近平总书记在纪念孔子诞生 2565 周年国际学术研讨会开幕会的讲话中指出:"中国优秀传统文化的丰富哲学思想、人文精神、教化思想、道德理念等,可以为人们认识和改造世界提供有益启迪,可以为治国理政提供有益启示,也可以为道德建设提供有益启发。对传统文化中适合于调理社会关系和鼓励人们向上向善的内容,我们要结合时代条件加以继承和发扬,赋予其新的含义。"习近平总书记 2014 年 11 月 4 日在中央财经领导小组第八次会议上强调,丝绸之路经济带和 21 世纪海上丝绸之路倡议顺应了时代要求和各国加快发展的愿望,提供了一个包容性巨大的发展平台,具有深厚历史渊源和人文基础,能够把快速发展的中国经济同沿线国家的利益结合起来。要集中力量办好这件大事,秉持亲、诚、惠、容的周边外交理念,近睦远交,使沿线国家对我们更认同、更亲近、更支持。① 这些精辟的论述为如何传承弘扬妈祖文化指明了方向,为妈祖文化的传承和发展提供了机遇。只有很好地抓住这一契机,在新的高起点上推动妈祖文化在世界范围内的传播与发展,进一步凝聚全球妈祖文化机构和人士共识,强化华侨华人与祖国的精神纽带作用,展示和平发展合作共赢的真诚愿望,增强"海丝"沿线国家和地区的民心交融,促进"一带一路"沿线国家和地区经贸文化交流合作,才能让妈祖文化更好地跨出国门,走向世界,与全世界一起共同营建更加广阔的妈祖文化事业。

妈祖文化融合儒释道文化与海洋文化的精华,具有世界文化的共性,代表着人类共同的价值取向,是东方海洋文化的一面光辉

---

① 习近平:《加快推进丝绸之路经济带和 21 世纪海上丝绸之路建设》,新华网,2014 年 11 月 6 日。

旗帜。如今,随着"一带一路"倡议深入人心,作为一种跨国界的文化标志,妈祖文化不仅是建设 21 世纪海上丝绸之路不可或缺的重要文化资源,也是"海丝"沿线国家和地区的共同文化记忆,传承和发扬妈祖文化意义重大。作为中华优秀传统文化组成部分的妈祖文化生动诠释了中华民族"立德、行善、大爱"的核心理念,为讲好中国故事提供了宝贵的资源。我们理应充分发挥妈祖文化在推进建设 21 世纪海上丝绸之路中的文化先行的作用,让妈祖文化成为 21 世纪海上丝绸之路搭架中外经济、文化交流的使者,向世界讲述中国故事,弘扬中华文化,传播中华思想。

二、妈祖文化的世界性意义

要充分发挥妈祖文化是中华民族的根文化的作用,更要把妈祖文化作为世界文化来看,如此,才能在建设 21 世纪海上丝之路中充分发挥其正能量,才能将妈祖文化打造成为 21 世纪海上丝绸之路的重要文化枢纽。妈祖文化与海上丝绸之路的建立与发展有着密切关系。其一,妈祖文化是海上丝绸之路的文化起点。宋代是我国海上丝绸之路最为兴旺的时期,自宋以降,妈祖信仰随着先人征服海洋的步伐落地在海上丝绸之路沿线国家,并与当地文化融合。其二,妈祖文化在各国的存在、发展是丝路精神的生动写照。妈祖千百年以来在默默践行着自由、文明、包容、和谐、正义、合作共赢的海上丝绸之路精神。如今,随着更多的国人走向世界,妈祖文化的影响势必扩大到更多国家。①

因此,将丰富、深厚、独特的妈祖文化挖掘、展示、传播出去,让世界知晓、认可和喜爱,是妈祖文化对外传播的神圣使命和重要

---

① 黄瑞国、郑加清、黄婕:《把妈祖文化打造成海上丝绸之路的重要文化枢纽》,《福建日报》,2014 年 11 月 17 日,第 10 版。

任务。

经过千百年的衍播,妈祖文化从莆田走向世界,成为跨越国界的国际性信仰、全人类文明的宝贵遗产,"世界性"特征凸显。自宋朝以来,随着中国航海家们的足迹所至,妈祖文化影响遍及我国沿江沿海,而且还将中华民族的海洋文化传播到了五洲各国,成为世界上独树一帜的海洋文化之源。根据莆田湄洲妈祖祖庙统计,截至 2018 年 10 月 31 日,全球已有五大洲 45 个国家和地区进入了"妈祖版图",妈祖宫庙上万座,信众超过 3 亿人。这些数据足以表明,妈祖文化在当代世界文化的格局中已经具有重要的地位,妈祖文化不仅是中国的,也是世界的。尤其是 2009 年"妈祖信俗"被联合国教科文组织列入人类非物质文化遗产代表作名录以后,使得妈祖文化由原来一种区域性的、民族性的文化提升到了国际性文化的层面,其价值与影响有了很大的拓展。妈祖文化之所以能够逐渐步入世界文化遗产的行列,得到更多的国家、民众所认同,是与它本身的信仰之力、文化之源与和平之音的内在性特点有着密切关系的,主要表现在以下几个方面。

(一)仁爱、正义、勇敢、和平的共享价值

妈祖文化虽然是在一个普通平民女子拯救地方民众的民间故事基础上形成、发展起来的一种地域文化形态,但是它的精神价值实际上已经远远超出了一个地域的局限,从而具有一种全人类的普世性的意义。人类的大爱是母爱,母爱是妈祖信仰的重要基点。百姓以母亲形象创造了一个敬而亲之、亦神亦人的神祇。妈祖无私地把爱献给每位航海者,又将爱撒向人间。"人人事妃,爱敬如母",3 亿多名信众共敬其为大爱之神。妈祖文化的内涵,实际上是反映了一种企求世界大同的崇高理想和追求和谐、和平的人文关怀;一种以拯救生命为最高宗旨,以追求生活幸福、社会和谐安宁

为目标的崇高精神价值。不论是那些救苦救难、乐善好施的故事,还是斩妖除怪、驱除邪恶的情节,妈祖文化的这些精神价值都无处不在。这种特有的宽容、和谐内涵,使得妈祖这尊女神具有了更多的母爱色彩,具有了更多的亲和之力。正是因为妈祖具有和谐、平等、宽容、共存的自身形象,从而被誉为"世界和平女神",使妈祖在世界文化遗产中具有许多独特的秉性。妈祖精神与当代世界所提倡的"和平""博爱"精神是完全一致的,与世界民众所共同追求的"和谐""安宁"的社会生活环境也是完全吻合的。和谐、和平、博爱精神本是全世界人类的一种共同追求,尤其是在一个具有60多亿人口的世界大家庭中,提倡不同种族、不同宗教之间的人们和睦友好、共存共荣的价值追求更是十分重要。它们是保证人类世界社会稳定、文化发展、生活幸福的重要基础,同时也是人类实现改造世界与完善自我的重要条件。我国古人很早提出了"和谐共生""世界大同"的政治理想,西方启蒙主义也把"自由""平等""博爱"等精神价值作为自己的目标追求。但是,人类世界要想达到这种理想的精神境界十分不易。尤其是在现代社会中,由于领土争端、资源紧缺、民族矛盾、宗教冲突等问题,当今世界的政治冲突层出不穷,经济纠纷连续不断,它们加剧了人类世界的动荡与矛盾,也给世界上许多国家、民族带来了深重的苦难。在这样的时代背景下,提倡和谐、和平、博爱的精神价值,弘扬妈祖文化中立德、行善的崇高境界,的确具有世界性的意义。它们是保障人类世界走向光明与幸福的重要基础,同时也是实现民族团结、文化发展的重要条件。

(二)世界非物质文化遗产的文化特征

2009年9月30日,联合国教科文组织在表决通过将"妈祖信俗"列入人类非物质文化遗产代表作名录的决议中指出,妈祖是中

国官民同敬、最有影响力的航海保护神,以民间信俗的方式长期存在于中国广大民众的生活中,尤其是遍布中国的沿海地区。妈祖信俗是以崇奉和颂扬妈祖的"立德、行善、大爱"精神为核心,以妈祖宫庙为场所,以庙会、习俗和传说等为表现形式的民俗文化。妈祖信俗的申遗成功是妈祖文化发展史上一件重要的大事。它标志着妈祖文化的文化地位与社会影响得到了进一步的提升,从此妈祖文化步入了世界文化遗产的行列,成为一种为全世界所瞩目的、具有珍贵历史文化价值、重要国际声誉与影响、为全世界人民所共同享有的世界非物质文化遗产,其世界性的意义得到了进一步的彰显与体现。妈祖信俗是可以被不同社会团体认为是自己遗产的一部分,是一个可以被作为身份认同和连贯性的符号,并在数个世纪以来一直代代相传。具体而言,妈祖信俗所具有的世界非物质文化遗产的文化特征,主要表现在以下一些方面。

1.传承悠久

妈祖早在宋宣和五年(1123年)开始受朝廷褒封,被奉为航海保护神,经过元、明、清几代的传播,妈祖得到了历代皇帝的加封,其名号从"神女、夫人、妃"一直升格到"天妃""天后",妈祖信仰逐渐演变为我国一种悠久的常规化的民间信俗。在长期的妈祖信俗传承过程中,前人不仅留下了许多较为完整的妈祖祭祀仪式,还留下了大量的妈祖传说与妈祖故事。它们是今天的人们认识源远流长的妈祖文化的重要材料,同时也是促使妈祖文化更好地走向世界的重要基础。

2.民众广泛

妈祖信俗通过妈祖宫庙分灵、家族传授和故事传说而传承,由渔民、商人和移民从湄洲妈祖祖庙传播至40多个国家和地区,现有1万多座妈祖庙,成为妈祖信仰地区民众文化遗产的组成部分。世界各国妈祖信俗的流行和妈祖庙宇的兴建,使妈祖文化在全世

界产生了很大的影响力。妈祖信俗成为信众联系和文化认同的纽带,在维护家庭和睦、社会和谐和弘扬大爱精神等方面发挥了独特作用。妈祖信俗具有航海文化、民间信仰、民俗文化的价值和意义,是10世纪以来中国航海史的缩影。遍布世界各地的妈祖宫庙是中国航船和移民所到之处的标志;历代朝廷给妈祖的褒封,涉及了中国航海和外交的重大事件,如郑和下西洋和朝廷派往琉球使者的活动。友好平等的航海贸易促进了当地的经济发展,妈祖成为航海文化的友好使者。

(三)中华文化认同的标志

妈祖不仅仅是中华民族的航海守护神,更重要的是妈祖信仰已经成了海外华人"民族认同"的精神力量。通过妈祖信仰,海外华人表现出中华民族特有的凝聚力和向心力。2008年由中国侨联等主办的第三届湄洲妈祖海峡论坛在莆田举行,来自13个国家和地区的100多名侨领和专家学者就论坛主题"妈祖文化与华侨华人"的讨论尤为引人注目。在讨论会上,来自菲律宾中华总商会的卢祖荫指出,"海外的华人社区有一个共同点,那就是妈祖宫庙和同乡会馆或商会是一体的,妈祖庙不仅是当地华人社区的政治中心及社区中心,也是其精神支柱"。因为对妈祖文化的认同,华侨华人群体把天后宫作为他们社群活动的主要场所。因此庙宇不只是信仰宗教的空间,而且还展现了政治、经济、社会、教育和文化等功能。妈祖信仰成为华侨华人在移居地相互团结、标志存在的文化象征和精神家园。

海外华人与当地民众的和谐同样重要。海外华人与当地民众有着不同的生活习惯、不同的处世规则,这种不同归根到底源自于不同的文化背景。

融会贯通、博采众长是海外华人立足当地的根本途径,而妈祖

精神所提倡的"包容、大爱"是海外华人与住在国人民和谐共处的关键。正如党的十八大报告所说的,"在国际关系中弘扬平等互信、包容互鉴、互利合作的精神,共同维护国际公平正义",如此,才能共同促进世界文化的进步与人类社会的繁荣。

现在,妈祖信仰已经不仅仅是华人的信仰,在漫长的岁月里,妈祖信仰逐渐融入所在国的社会生活,成为当地社会政治、经济、文化、信俗的一部分,而且对当地的政府和民众也产生了一定的影响,得到了外国民众一定程度的认同。自20世纪80年代以来,随着世界一体化进程加快,各国都面临社会文化多元化的挑战。大多数国家领导层意识到,鼓吹民粹主义、排斥外来文化的做法,已越来越不得人心。所以纷纷改弦更张,实行开放政策,接纳多元文化,扩大对外交流,以促进各民族和谐共处、共存共荣。因而,在这种时代大背景下,妈祖文化代表了东方海洋文化,充分体现了平等、自由、互惠双赢的和平特征。这与西方传说中的海神所具有的歧视、尚武、垄断、征服的特征相比较,更能获得广泛的认同和接受。事实上,妈祖信仰文化在海外各地所起到的作用,更加超出了国内的航海之神、行旅之神、民众之神的界限。

例如,妈祖信仰与日本佛教、神道教信仰(与弟橘比卖、稻荷神的融合,与船玉神信仰的融合,与漂流神信仰、龙灯·神火信仰的融合)发生融合。日本的横滨原有一座妈祖与关帝合祀庙,但已毁于二战。近年来,横滨中华街区的商贸价值日益攀升,日本住宅建筑会社所属大京集团计划在中华街建筑一幢现代化高楼。中华街街区建设团体联合会获悉后,立即召开会议研究对策。与会者一致认为,在中华街建筑高层洋楼与本街区的传统特色和文化氛围格格不入,因而决定联合抵制。此事引起横滨市政府的重视,经多方协调,最后以9.86亿日元的价格从"大京"手中夺回这块风水宝地,并公议决定用这块宝地建造一座体现中华文化特色的妈祖庙。

2003年12月成立了中华街发展会和妈祖理事会,并组团到海峡两岸参观取经。1996年1月,庙宇初步建成后,理事会一行再次到湄洲祖庙分灵金身。当年3月,湄洲妈祖祖庙应邀参加横滨妈祖开光庆典。横滨市市长田中宏在庆典会上发表演说,赞扬横滨妈祖庙开光,能增进中华街繁荣,促进日中人民的进一步交流和了解。① 韩国学者比较妈祖与灵灯研究发现,妈祖信仰在韩国不限定渔业领域,而成为沟通渔村、农村和山村民众的感情纽带,妈祖神格从海上守护神逐渐发展为万能神。② 在泰国,佛历2466年(即1923年)出版的《那罗延(Narayana)十世书》中也载有妈祖召集诸神仙,上奏大自在天与优摩,而惩罚虾与鳀以解救华人于灾难的传说。此外,一些外国人也咏诗赋词颂扬妈祖。曾于清咸丰十一年(1861年)正月作为贡使通事出使中国的琉球国大夫蔡大鼎《恭逢天上圣母下天口占》一诗写道:"黎明洒扫贡舟中,日暮恭迎自碧穹。尊敬神祇蒙庇渥,平安往复喜无穷。"③再如,马来西亚雪隆海南会馆天后宫是在马来西亚政府的允许和支持下建造的一座美轮美奂的中国式宫殿,其建筑艺术和管理模式体现了中华民族和衷共济的人文关怀和价值观念,对其他兄弟民族产生深远的影响。同时,天后宫成为主要旅游景点,也为振兴国家经济做出了贡献。故天后宫每次举办大型文化活动,都得到大马政府的支持,许多华裔高级官员还直接参与了有关活动。新加坡天福宫已被新加坡国家古迹保留局公布为第一批重点古迹之一;1996年,粤海清庙已被新加坡国家发展部正式认定为国家级保护古迹,也成为新加坡重要的旅游景点。同时,各天后宫还献出了所拥有的地产支援国家建设,政府

---

① 蒋维锬:《华侨信仰与华侨会馆》,《妈祖研究学报》2008年第3辑,第29页。
② [韩]朴现圭:《高丽时代妈祖接触考》,《鲁东大学学报(哲学社会科学版)》2009年第3期,第26~30页。
③ 转引自张明明:《"海丝之路"背景下的中琉妈祖信仰书写及其文化交流意义》,《文化遗产》2018年第2期,第37页。

与会馆天后宫的互动呈现良性的循环态势。越南提岸的穗城会馆天后庙(阿婆庙)于1993年被越南文化新闻部确认为国家级历史文化遗迹。1995年,该庙举行"庆祝穗城会馆天后庙建庙二百三十周年典礼"并进行大规模兴工整修,使这座独具广东建筑艺术特色的古庙重焕光彩,也为提岸当地的旅游经济做出贡献。另外,据阮玉诗介绍,作为华、越跨族文化交流的成果,湄公河全区15座越南人天后庙从建筑风格、祭祀结构、仪式规格等都脱离了华人文化圈,转移到了越南传统民间信仰风格。①

同时,妈祖也被供奉在一些外国人的教堂当中。以色列一座天主教堂里供奉着妈祖神像;而菲律宾马尼拉南部100多千米处的描东岸(Batangas)市的妈祖天后宫神龛正中,供奉的妈祖却是一尊全然天主教服饰的神像。1954年,全世界天主教在菲律宾举行祈祷大会,教皇特封妈祖为天主教七圣母之一,并隆重地为妈祖加冠。② 法国巴黎高等研究院施博尔博士在巴黎创建了"真一堂",供奉妈祖,称她为国际和平女神。1992年,旧金山朝圣宫还将"妈祖绕境"的传统仪式,与旧金山本地传统的新年大游行结合起来,可堪视作将中国信仰文化与美国文化借由妈祖信仰完美结合的典型事例。1997年11月,莆田厨师王文基在美国宾州举办"妈祖宴菜"品尝会,与会州长及美籍华人大为赞赏;王文基遂开办中国莆田"妈祖饭店"宾州分店,美国《世界时报》《宾州世界日报》等对此均做了报道。近几年来,加拿大卑斯省坎伯兰市前市长贝茨·弗雷德先生4次来莆,考察妈祖文化、从湄洲祖庙恭请妈祖神像回国,并使坎伯兰市与莆田市缔结为友好城市。

这一切都充分地表明,妈祖文化对外传播的文化意义是世界

---

① [越]阮玉诗:《天后信仰在越南湄公河流域的传播及其特点》,《妈祖文化研究》2017年第1期,第68页。

② 宋元模:《妈祖信仰在菲律宾的传播》,《莆田乡讯》,1987年10月25日。

性的。也就是说,妈祖信仰是可以为不分族群、不分国籍、不分政治倾向的人们所共同接受的信仰,是可以超越时空的全人类的共同精神财富,因为它具有一种体现和谐文化的人文精神。因此,妈祖信仰对于推动建设持久和平与共同繁荣的和谐世界是大有裨益的。①

三、妈祖文化研究的厚实基础

关于妈祖文化,历史上许多著名学者都曾涉猎这个领域,现代海内外学者们在此基础上分别从不同学科领域、不同知识视角、不同地域对妈祖文化进行了研究,成果丰硕。

(一)妈祖文化研究概述

妈祖文化的研究始于宋代,至今千余年。宋代学者对妈祖的文字叙述较多,如莆籍状元黄公度在《题顺济庙》一诗(1151年)中写道:"枯木肇灵沧海东,参差宫殿崒晴空。平生不厌混巫媪,已死犹能效国功。万户牲醪无水旱,四时歌舞走儿童。传闻利泽至今在,千里危樯一信风。"②作者用诗的形式,既道出了妈祖的传说与故事,又点出了妈祖的文化背景;既指出了妈祖的护国佑民宗旨,又描写了妈祖民俗活动;既总结了妈祖文化传播的历史,又点明了妈祖是护佑海上航行的海神。黄公度对妈祖文化的深刻认知和概括,观此后数百年,无人能出其右。元代黄渊,明代学者黄仲元,清代学者全祖望、赵翼等也对妈祖文化有一定的研究并提出自己的见解。同时,国外最早研究妈祖文化的论文是1842年基督教传教

---

① 李天锡:《论妈祖信仰与和谐文化》,《莆田学院学报》2010年第1期,第4页。
② 蒋维锬编校:《妈祖文献史料汇编:第一辑·诗词卷》,北京:中国档案出版社,2007年,第1页。

士冯尚德(F.H.Rhodes)撰写的《妈祖婆生日之论》。日本的妈祖文化研究已有百年之久,涌现出了大批的研究者与成果,诸如日本研究妈祖文化的先驱者伊能嘉矩于1918年撰写的《台湾汉人信仰之海神》等论文陆续发表。此后有诸多的日本学者发表了大量有关妈祖研究的论文与著作,尤其是华裔日本学者李献璋的论著《妈祖信仰研究》,被称为现代科学研究的第一部奠基性著作,对推动妈祖文化的研究起到重要作用。马来西亚、韩国、加拿大、澳大利亚、越南、缅甸、荷兰等国家的学者也相继发表论文。据不完全统计,迄今为止有关妈祖文化的著作1000多部,论文达数千篇,文字达数千万字。

近代,我国妈祖文化第一篇学术论文是1916年蜇庵撰写的《台湾妈祖庙游记及天妃考略》。随之,顾颉刚、容肇祖等学者于1929年发表了多篇关于天后的研究文章,在学术界引起反响。此后,因各种原因,对妈祖文化的研究进展缓慢甚至停滞。20世纪60年代以来,台湾地区学者掀起了研究妈祖文化的热潮,著作颇丰,涌现出张珣、林美容、蔡相辉等对妈祖文化研究颇有造诣的学者,同时台湾地区各大学、研究所以妈祖文化为主题的学位论文大量出现,妈祖信仰在台湾地区具有强大而持续的影响力。1985年,台湾地区妈祖信众首次到莆田湄洲妈祖祖庙进香朝拜,成为当时的轰动事件,也推动了大陆学者对妈祖文化的研究。1986年,在妈祖诞生地莆田举行的第一次全国性妈祖文化研讨会上,上海师大林文金教授首提"妈祖文化"概念。之后,已先后在莆田、台湾、上海、天津、澳门、厦门等地以及马来西亚、新加坡等国家举办过50多次各种形式的妈祖文化学术研讨会。随着国内外专家、学者及社会有关人士对妈祖文化的研究不断深入发展,出了不少成果,单莆田籍学者编著或主编的书就不下几十本。如林文豪主编的《湄洲妈祖》(1987)、《海内外学人论妈祖》(1992),罗春荣的《妈祖传说

研究》(2009)等。而率先提出了"妈祖学"这一概念的是由人民出版社出版的《妈祖学概论》，该书是由作为"妈祖故里"的最高学府莆田学院组织全校的学术力量撰写而成的。汪毅夫评价该书是"从妈祖信仰到妈祖文化，再到妈祖学，乃是一个在理论上逐渐提升的过程"。①《妈祖学概论》界定："妈祖文化是以妈祖信仰为主旨，妈祖宫庙、祭祀、传说神话、文学艺术等为主要载体，衍生并融合各种文化元素发展而形成的一种特色文化。其内容涉及政治、经济、社会、宗教、民俗、建筑、文献、文学艺术、体育、医学、军事、外交、航海、移民等众多的领域。"②该书获得2016年福建省第十一届社会科学优秀成果奖，这意味着"妈祖学"学科的创立受到学术理论界的肯定。

而在学术期刊文献方面，研究更是硕果累累。尤其2010年以来，妈祖研究文献数量增长较快，外文文献数量也相应增加，研究所涉猎的学科领域越来越广。根据文献数据统计，发表于WOS核心数据库的英文文献涉及27大学科领域，CSSCI及台湾学术数据库中的中文文献涉及39类。③

历数妈祖文化研究的热点主要体现在妈祖文化的内涵、精神等方面，聚焦于妈祖信仰源流、妈祖文化、宗教社会、政治与军事、经济开发、文艺作品鉴赏等人文社会科学领域。近些年来，妈祖文化研究也涉及生态环境科学、地质学、医药卫生、生物农学等自然科学领域。妈祖文化研究领域不断拓展，研究呈多样化趋势。④

---

① 黄瑞国主编:《妈祖学概论》,北京:人民出版社,2013年,序第1页。
② 黄瑞国主编:《妈祖学概论》,北京:人民出版社,2013年,第1页。
③ 罗丹、杨永忠、林明太:《近二十年来妈祖文化研究的中英文文献比较分析》,《形象史学》2018年第1期,第12～13页。
④ 罗丹、杨永忠、林明太:《近二十年来妈祖文化研究的中英文文献比较分析》,《形象史学》2018年第1期,第19页。

(二)21世纪以来国内外妈祖文化海外传播研究现况

1.国外妈祖文化海外传播研究现况

21世纪以来,国外学界对妈祖文化的研究主要围绕以下方面展开:妈祖信仰的发展历史、文化、社会和民俗、经贸、旅游、环保、艺术、社交媒体等议题。如高桥康夫《古琉球期的那霸三大天妃宫》梳理了琉球时期以那霸的下天妃宫、久米村的上天妃宫、波上的天妃宫为代表的三大天妃宫得以创建、展开、变迁的历史过程,探讨了三大天妃宫的宗教职能和外交职能。松浦章《清代帆船的船内祭祀——以沿海地域宗教传播的过程为中心》通过"江户时代长崎唐寺的妈祖祭祀""清代帆船的船内祭祀""现代福建石狮市祥芝的船舶祭祀"三个部分的探索,跨文化、跨时空地比较了妈祖信仰在沿海地域的祭祀形态和传播过程。藤田明良的"日本列岛的古妈祖像数据库"给妈祖文化在日本的传播研究提供了基础性的资料。① 高桥诚一从历史文化地理的视角全面分析了日本妈祖信仰的形成和发展的时空过程,评价了推动这一过程中与中国信仰发生的"文化交涉"。② 松尾恒一等以历史与现代角度围绕中日贸易史中,清代(江户时期)华人商人的妈祖信仰和祭祀展开的研究,论述关于长崎的清朝华商在海上航行时船内的妈祖祭祀以及旅居长崎期间与妈祖相关的信仰和祭祀行为,试图揭示长崎的妈祖信仰的传承,并对作为现代社会的非物质文化遗产之一的妈祖信仰及其仪式的意义进行论述,目的只是对信仰、宗教行为进行解读,从而映射日本于国际化进程之中在宗教、信仰方面所体现出的社

---

① 林晶:《多学科视域下日本学界关于妈祖文化的研究——以日本CINII系统为中心》,《中国史研究动态》2018年第2期,第63~69页。

② [日]高桥诚一:《日本における天妃信仰の展開とその歷史地理学的側面》,《東アジア文化交涉研究》2009年第3期,第121~144页。

会性问题。①

新加坡学者 Szan Tan 分析了妈祖信仰的历史,并进一步分析妈祖信仰不仅在中国大陆沿海省份、香港、台湾盛行,而且在东南亚国家新加坡、马来西亚、印尼盛行的原因。② 新西兰学者 Yeh(Sam) Shih Shuo 等探讨了利用妈祖文化来发展当地旅游业,使文化传播和旅游相互促进。③ 韩国学者朴现圭考察了妈祖在韩国的历史与现状,建议韩国有关部门对妈祖文物进行系统的了解并制订保护方案。④ 澳大利亚陈国生等学者分析了澳大利亚妈祖信仰的几种文化形态,认为妈祖文化将为中澳两国经济发展带来新的契机。⑤ 林亦瀚从妈祖文化在澳大利亚传播的历史渊源、发展现状和前景进行探讨。文章指出,在澳洲,妈祖文化已经成为跨社区、跨移民背景的许多华人的共同文化。2017年9月,在维州已经注册成立了非营利性民间社会组织澳大利亚妈祖文化协会(Mazu Culture Association Inc. Melbourne,Australia)。协会尝试着用多样化的方式在澳洲传播妈祖文化,积极开展多样式活动,服务妈祖信众,并通过与墨尔本天后宫、墨尔本朝圣宫、悉尼天后宫等妈祖文化机构和其他华人社团组织联盟合作,为妈祖文化传承和发展提供一种共享资源、团结合作的模式,让妈祖文化成为澳洲多元文

---

① [日]松尾恒一、徐铭:《历史与现代:清代华商的航海与妈祖信仰——在长崎旅日华侨社会中的传承与现状》,《妈祖文化研究》2017年第1期,第70~82页。

② Tan Szan,The Cult and Festival of the Goddess of the Sea—A Maiden Encounter with Mazu,*The Heritage Journal*,2004(1):13-20.

③ Yeh(Sam) Shih Shuo,Chris Ryan,Ge(Maggie) Liu,Taoism,Temples and Tourists:The Case of Mazu Pilgrimage Tourism, *Tourism Management*,2009(30):581-588.

④ [韩]朴现圭:《韩国所在的妈祖现况》,《莆田学院学报》2016年第1期,第1~9页。

⑤ [澳]陈国生、关照宏:《澳大利亚的妈祖信仰与海上丝绸之路》,《妈祖文化研究》2017年第4期,第49~54页。

化社会的一部分。① 加拿大学者玛丽、李强分析了中国与加拿大妈祖信仰的主要文化形态,认为妈祖信仰承载着海上丝绸之路的文化精神,世界各地的妈祖宫庙是海上丝绸之路上的一座座中华文化的展示馆。② 随着网络技术的发展,国际期刊的学者们更关注妈祖信仰的新型传播方式。如泰国博仁大学 Wang Kuo-Yan 调查了妈祖祭典参与者对社交媒体影响民间宗教的态度,探讨了如何利用社交媒体驱动民间宗教的转型,如何利用社交媒体保护文化价值,以及民间寺庙与地方企业之间的跨行业联盟等问题。③ 马来西亚林德顺等在《妈祖信仰在"一带一路"中扮演的文化沟通角色探析》中指出,马来西亚的妈祖信仰香火旺盛,妈祖宫庙遍布每个州属。当今妈祖信仰文化已形成一个文化交流圈,当地信众开始赴中国大陆和台湾地区学习妈祖信仰的文化实践,移植到马来西亚,丰富了当地的文化内容。而且,马来西亚朝野对中国"一带一路"倡议反应热烈。妈祖信仰作为提倡慈悲救世和普及关怀的精神价值主体,在"一带一路"中,可以扮演与在地文化的精神价值对话的角色。以马来西亚为例,多元族群的信仰文化的对话有助于族群关系和谐,对中华文明友好及互相借鉴,最终促进人与人之间更亲密的交往。④

2.国内妈祖文化海外传播研究现况

20 世纪以来,随着"妈祖文化热"的升温,国内学者研究侧重于妈祖文化在东南亚各国的传播与发展、妈祖文化在海上丝绸之路

---

① [澳]林亦瀚:《澳大利亚妈祖文化传播历史、现状与展望》,《妈祖文化研究》2018 年第 4 期,第 24～28 页。

② [加拿大]玛丽、李强:《加拿大的妈祖文化与海上丝绸之路》,《妈祖文化研究》2017 年第 4 期,第 43～48 页。

③ 罗丹、杨永忠、林明太:《近二十年来妈祖文化研究的中英文文献比较分析》,《形象史学》2018 年第 1 期,第 17 页。

④ [马来西亚]林德顺、潘碧华:《妈祖信仰在"一带一路"中扮演的文化沟通角色探析》,《妈祖文化研究》2017 年第 4 期,第 36～42 页。

中的作用等层面。如：童家洲《日本华侨的妈祖信仰及其与新、马的比较研究》一文将日本华侨社会的妈祖信仰与新加坡、马来西亚华族社会的妈祖信仰进行比较和探索，开创了国内妈祖信仰跨文化比较的先河。① 张丽娟等就妈祖信仰与日本本州茨城县"弟橘媛神社"信仰的关联展开研究，指出二者之间存在着习俗融合。② 李天锡指出，妈祖信仰在越南、马来西亚、新加坡、印尼、菲律宾、泰国等"新海丝"沿线国家不仅具有悠久的发展历史，而且通过与当地信仰的融合，现在仍有较大的影响，并已成为这些国家华侨华人联系乡情、增进乡谊的纽带，成为他们思念故土的象征、与故国联系的桥梁、传播和教化后代中华传统文化的载体。③ 湄洲岛国家旅游度假区党工委、管委会及莆田学院妈祖文化研究院联合课题组提出建设"新海丝"，文化要先行，而妈祖文化因其在与"新海丝"沿线各国交往时起到的价值观认同、情感黏合及人心凝聚作用，成为"新海丝"的最佳文化使者；妈祖文化荟萃了儒释道文化与海洋文化的精髓，为"新海丝"搭架东西方政治、经济、文化和思想交汇的桥梁，对提升我国文化软实力与经济实力，建构新的文化话语体系，取得价值观影响的话语权有着重要而现实的意义。④ 黄瑞国等在《把妈祖文化打造成海上丝绸之路的重要文化枢纽》中强调妈祖文化融合儒释道文化与海洋文化的精华，具有世界文化的共性，代表着人类共同的价值取向，是东方海洋文化的一面光辉旗帜。应

---

① 童家洲：《日本华侨的妈祖信仰及其与新、马的比较研究》，《华侨华人历史研究》1990年第4期，第31～39页。

② 张丽娟、高致华：《中国天妃信仰和日本弟橘媛信仰的关联与连结》，《宗教学研究》2011年第2期，第269～271页。

③ 李天赐：《试析印度尼西亚华侨华人的妈祖信仰》，《东南亚纵横》2009年第6期，第64～68页。

④ 湄洲岛国家旅游度假区党工委、管委会及莆田学院妈祖文化研究院联合课题组：《妈祖——海上丝绸之路的守护神》，《妈祖文化研究论丛（Ⅱ）》，北京：中国文史出版社，2014年，第3～24页。

该把妈祖文化打造成为21世纪海上丝绸之路的重要文化枢纽,让妈祖文化成为21世纪海上丝绸之路搭架中外经济、文化交流的使者。① 在妈祖文化海外传播方面,林明太等研究了日本、朝鲜半岛、越南、马来西亚、新加坡等国家的妈祖文化,认为正是由于海上丝绸之路的发展,才使得妈祖文化走出国界传播到沿线各国,并融入当地社会生活,成为所在国较具影响力的信仰文化,因而指出妈祖文化在"新海丝"建设中可以发挥的作用。② 周金琰则从史料记载入手,分析妈祖与东亚"海丝"、与南海"海丝"、与郑和七下西洋三方面的密切关系。③ 同济大学教授夏立平在《发挥妈祖文化在21世纪海上丝绸之路建设中的作用》中提出,妈祖文化在21世纪海上丝绸之路建设中可以充分发挥文化支撑和融合人文的作用,可以成为情感纽带,促进沿线国家的政治互信。④ 刘福铸在《朝鲜汉文诗文集中的妈祖史料》中指出目前把朝鲜半岛纳入海上丝绸之路已是学界共识,妈祖也是历史上高丽、朝鲜使臣贡道上的庇护神。考证高丽—朝鲜朝汉文诗文集中妈祖史料的作者及载籍,对诗文集中的妈祖史料体裁进行分类,探讨了朝鲜汉文诗文集中妈祖史料的价值。⑤ 刘婷玉《妈祖文化的外向型特征及其在美国的播迁》从对美国地区妈祖文化传播的研究入手,介绍美国现有妈祖文化的产生与播迁,从一个侧面揭示妈祖外向型神格及其文化传播

---

① 黄瑞国等:《把妈祖文化打造成海上丝绸之路的重要文化枢纽》,《福建日报》,2014年11月17日,第10版。

② 林明太、黄朝晖:《妈祖文化在海上丝绸之路沿线各国的传播与发展》,《集美大学学报(哲社版)》2015年第4期,第1~6页。

③ 周金琰:《妈祖对"海上丝绸之路"的影响》,《妈祖文化研究论丛(Ⅱ)》,北京:中国文史出版社,2014年,第38~48页。

④ 夏立平:《发挥妈祖文化在21世纪海上丝绸之路建设中的作用》,《妈祖文化研究》2018年第1期,第1页。

⑤ 刘福铸:《朝鲜汉文诗文集中的妈祖史料》,《妈祖文化研究》2017年第1期,第89~102页。

与 19 世纪以来美国华人移民命运之间的密切关系。[1] 林国平《海神信仰与古代海上丝绸之路——以妈祖信仰为中心》指出，海上丝绸之路的开辟，根本动因是海上贸易和海外移民，而精神支柱则是海神信仰。海神信仰贯穿于航海始终，没有海神信仰便不会有海上丝绸之路的开辟，没有妈祖信仰就没有海上丝绸之路的延续与繁荣。[2] 林晶通过学科梳理的方式，以日本国立情报研究所（National Institute of Information，简称 NII）运营的日本最大的学术论文数据库——日本 CINII 系统收录的妈祖学术论文为主要对象，追溯 20 世纪以来的日本学界对妈祖文化的研究，探讨 21 世纪以来日本学界在该领域呈现出的新的研究特征与研究趋势。[3] 范正义介绍了西方学界妈祖信仰研究的主要成果，总结出西方学界妈祖信仰研究的特点：人类学学科在西方学界妈祖信仰研究中居于主导地位，人类学理论先行的做法，以及从社区研究转向更广大空间的视野转向，使西方学界在妈祖信仰研究中取得了丰硕的成果。[4] 宋建晓在《文化自觉视野下的妈祖文化与"一带一路"建设》指出，妈祖文化的传承与创新，应与"一带一路"的拓展及延伸紧密联系，妈祖文化自觉是"一带一路"建设进程中福建文化传承创新的重要组成。要不断强化妈祖文化自信、做好妈祖文化沟通、促进妈祖文化繁荣，在"一带一路"建设中实现妈祖文化的自觉担当。[5]

---

[1] 刘婷玉：《妈祖文化的外向型特征及其在美国的播迁》，《莆田学院学报》2016 年第 3 期，第 1～8 页。

[2] 林国平：《海神信仰与古代海上丝绸之路——以妈祖信仰为中心》，《福州大学学报（哲学社会科学版）》2017 年第 2 期，第 5～15 页。

[3] 林晶：《多学科视域下日本学界关于妈祖文化的研究——以日本 CINII 系统为中心》，《中国史研究动态》2018 年第 2 期，第 63～69 页。

[4] 范正义：《西方学界妈祖信仰研究述评》，《莆田学院学报》2017 年第 6 期，第 1～8 页。

[5] 宋建晓：《文化自觉视野下的妈祖文化与"一带一路"建设》，《福建论坛·人文社会科学版》2018 年第 6 期，第 171～177 页。

妈祖文化研究虽然取得了丰硕的成果,但在新时代还需要随着研究的发展进一步完善,要在以往研究的基础上,力求新的突破。纵览以上研究,可以发现目前国内外学界进行的相关研究大都聚焦在妈祖信仰文化的本土传播与传承,妈祖文化在海上丝绸之路中的地位、作用及影响,研究的受众均为海外有华人社群的国家。然而,这些研究却鲜少涉及以下问题:妈祖文化在海外非华人受众中的传播现状及影响力如何?中国应该向海外输出带有哪些符号的妈祖文化?妈祖文化在跨政体、跨意识形态、跨文化、跨语言等领域的话语模式如何建构?等等。

妈祖文化是中华优秀传统文化与海洋文化的集成文化,是一种活态文化。妈祖的大爱精神所昭示的正是中华文化传统美德的核心,是全人类共同的精神财富,具有极大的感染力与教化作用,是传承中华文化的重要载体。当今妈祖文化的研究更应该朝着时代化、国际化方向发展。通过研究妈祖文化跨语境传播的话语建构模式,保证妈祖文化海外传播的有效性,塑造和传播更有亲和力、感召力的国家形象,让妈祖在建设21世纪海上丝绸之路中充分"发挥妈祖文化等民间文化的积极作用"。

四、妈祖是"一带一路"的和平文化使者

2013年9月和10月,习近平总书记在出访中亚和东南亚国家期间,先后提出共建"丝绸之路经济带"和"21世纪海上丝绸之路"(简称"一带一路")的重大倡议。"一带一路"是促进共同发展、实现共同繁荣的合作共赢之路,是增进理解信任、加强全方位交流的和平友谊之路。中国政府倡议,秉持和平合作、开放包容、互学互鉴、互利共赢的理念,全方位推进务实合作,打造政治互信、经济融合、文化包容的利益共同体、命运共同体和责任共同体。2016年,

中央出台的《关于加强"一带一路"软力量建设的指导意见》进一步强调了软力量是"一带一路"建设的重要动力。"一带一路"要以文明交流超越文明隔阂,以文明互鉴超越文明冲突,以文明共存超越文明优越,从而推动各国之间相互理解、相互尊重、相互信任。

妈祖信仰承载着人类普遍的价值追求和共同的情感纽带,也承载着当今世界发展所需的精神内核,已成为海外华侨华人的共识,也正为越来越多的国际友人所认同。妈祖文化在"一带一路"建设的先锋作用,已经成为世界各国的高度共识。

从古至今,我国的海上经济贸易和文化交流一直奉行和平的海洋文明观。这一点与西方的海上扩张形成鲜明的对比,妈祖也被作为海洋上的和平文化使者。妈祖文化宣扬的是"仁爱、正义、勇敢、和平"的精神,因而妈祖被誉为"世界海上和平女神"。这种精神不分国界,符合各国人民的普世价值,适用于世界各国。这也是妈祖对东亚、东南亚地区等"海丝"沿线国家及世界其他许多沿海国家都有一定影响力的根本缘由。妈祖文化已受到越来越多的国内外妈祖文化研究专家、学者、妈祖信众等的敬仰。他们认为妈祖见证了世界文化范围内的商贸和人文交流,向世界各国人民传递了和平友好的价值观与和平发展、合作共赢的共同愿望。

中国社会科学院学部委员、中国社会科学院历史研究所原副所长王震中指出,妈祖文化是我国民间信俗、民间文化中典型的正能量。妈祖文化是21世纪海上丝绸之路的重要文化枢纽,它主要有三大功能:一是传承中华优秀传统文化的功能;二是海峡两岸文化认同与民族认同的功能;三是海上丝绸之路和平文化使者和传播中国新海洋文明观的功能。① 黄瑞国认为,妈祖文化源于"海丝",属于世界。妈祖文化在世界各国的传播实质上是人类历史上

---

① 王震中:《发挥妈祖文化三大功能 服务我国当前发展战略》,《福建日报》,2016年11月15日,第9版。

文明互鉴、沟通对话的见证，是海上丝绸之路的文化使者，也是海上丝绸之路发展的见证者。①

(一)世界妈祖文化论坛架起海丝"连心桥"

2016年10月31日至11月2日，在党中央、国务院和省委省政府的关心下，由中国社会科学院、国家海洋局、国家旅游局、国家文物局和福建省人民政府共同主办的首届世界妈祖文化论坛在妈祖的诞生地莆田隆重举行。这是妈祖文化写入国家"十三五"规划纲要后，莆田首次举办的大型交流活动，也是莆田建市以来召开的规格最高、规模最大的国际性会议。本次论坛吸引来自世界各地特别是"海丝"沿线国家和地区的300多位专家学者共襄华彩盛会，共论妈祖文化，在海内外产生巨大反响。首届世界妈祖文化论坛系列活动以"妈祖文化·海丝精神·人文交流"为主题，弘扬"立德、行善、大爱"的妈祖精神，包括主旨演讲、"妈祖文化与海洋精神"国际研讨会、第二届(2016年)国际妈祖文化学术研讨会、人类非物质文化遗产妈祖信俗——丙申年秋祭妈祖典礼等。与会代表在"一带一路"的语境下达成共识："立德、行善、大爱"的妈祖精神内涵和"平安、和谐、包容"的妈祖文化特征，与"和平之海、合作之海、和谐之海"的中国海洋观相互映照，与"和平合作、开放包容、互学互鉴、互利共赢"的丝绸之路精神交相辉映，成为21世纪海上丝绸之路建设民心相通的精神纽带。加拿大渥太华大学跨文化研究中心玛丽教授从自身对中华文化的感性认识说起，概括了妈祖文化的全球价值："妈祖文化具有世界文化共性，代表着人类共同的价值取向，是东方海洋文化的一面光辉旗帜。妈祖文化是21世纪海上丝绸之路的中华文化交流的使者。"南太平洋旅游组织总干事

---

① 黄瑞国:《妈祖文化国际化的传承与发展》,《福建日报》,2017年2月28日,第9版。

科克(Christopher Roy Cocker)表示，妈祖文化博大精深，不仅是中国的文化瑰宝，也是全世界信仰者的共同精神财富，太平洋地区所崇尚的友爱、善良和互助精神，与妈祖文化不谋而合。马来西亚王子学院教授丁才荣说，妈祖信俗与世界各大宗教信仰容易沟通、理解和融洽，无形中也促进了华侨与所在国人民的感情联络，达到"世界妈祖同一人，天下信众共一家"的大同境界。妈祖应是"一带一路"的文化使者，进一步传播妈祖文化的大爱精神，可以充分发挥马来西亚等"海丝"沿线国家和地区民众的凝聚力和创造力。①"妈祖文化是中国海洋文化的主要代表，是中华民族经由海洋连接世界的重要文化纽带。"国家海洋局局长王宏指出，应弘扬妈祖文化，不断发挥其亲和的感召作用，体现"亲诚惠容"的外交理念，增进中国同丝路沿线国家地区人文交流，为21世纪海上丝绸之路营造友好氛围。中国社会科学院副院长张江认为，妈祖文化是实施"一带一路"构想特别是海上丝绸之路构想最直接、最便捷、最广泛的文化交流纽带，应由更高站位认识妈祖文化。妈祖文化与中外关系史、海上贸易史、沿海港口开发史、科学技术史等有密切联系，不能仅站在莆田或福建视角看待妈祖文化，应把传承和弘扬妈祖文化置于中国发展大局中，让妈祖文化融入外交、海洋、旅游、经贸等相关领域。②

如今，世界妈祖文化论坛发挥着"一带一路"文化使者的作用，促进了"一带一路"沿线国家和地区民心相通、共同发展，已成为具有重要影响力的综合性文化论坛，为不同国家和地区之间人文交流搭架一个开放、包容、多元的平台与桥梁。

近年来，莆田充分发挥妈祖文化这一纽带作用，在不断推动两岸民众往来交流的同时，积极推动妈祖文化"走出去"，促进与"一

---

① 《妈祖文化，如何成为走向世界的福建名片》，《福建日报》，2016年11月10日。
② 《妈祖，"一带一路"的文化使者》，中国新闻网，2016年11月2日。

带一路"沿线国家与地区的交流与合作。继首届世界妈祖文化论坛之后,中国莆田成功举办一个又一个高级别的国际性论坛。如:2017年9月在第九届世界华文传媒论坛上,来自五大洲50多个国家和地区的300多位海外华文媒体社长、总编以及国内中央主要新闻机构和部分地方媒体代表聚集一堂,围绕"海上丝绸之路视野下的妈祖与海外华文传媒"这一主题进行探讨。尤其是2017年以"妈祖文化·海洋文明·人文交流"为主题的第二届世界妈祖文化论坛为海洋国家间增进了解、加深交流、加强合作搭建了一个重要平台。本届论坛还设计了一个有趣环节,来自马来西亚、缅甸、意大利、莫桑比克、阿根廷、加拿大、澳大利亚、新西兰、南太平洋旅游组织等世界各地代表与现场观众视频连线,诉说妈祖文化在各自国家的影响力以及自身的体会和感悟,更是展现出妈祖文化"国际范"的魅力。在连线缅甸"希望号"("Hope")船长Sawlinhan时,其站在船舱里,身后就是供奉的一尊妈祖像,神龛上还写着"金玉满堂"4个汉字。他说,中国的妈祖文化随着华侨华人沿着海上丝绸之路漂洋过海传入了缅甸。缅甸到处都有信众供奉妈祖,包容、大爱是妈祖文化的精髓,也是华侨华人与缅甸人民和谐共处的关键。他们的船员和渔民都非常崇拜妈祖,除了在船上供奉妈祖外,每次上岸后,都会到各自社区所在地的妈祖庙和靠泊地的妈祖庙进香,感谢妈祖的保佑,也期盼海洋更加美丽、更加文明。澳大利亚联邦前移民部长助理珍妮特(O.Janette)说,墨尔本天后宫是一座有影响的妈祖庙,给澳大利亚妈祖信众提供了重要的朝拜场所。经过这几年的发展,妈祖文化逐步与澳大利亚本土文化相融合,彰显了妈祖文化的独特魅力和生命力。澳大利亚非常赞同传承妈祖文化遗产,弘扬妈祖精神,共建"和平、合作、和谐"的海洋。阿根廷国家电视台主持人阿斯卡尼奥(Evis Ascanio)表示,"一带一路"不是中国的"独唱",而是沿线国家和地区的"合奏"。这个概念也正符合了妈祖文化在海外的发展精神。妈祖信仰在阿根廷有着十分重要的文化地位,妈祖"立德、行善、大爱"的精神被阿根廷人民广泛认同。①

第二届世界妈祖文化论坛(2017年)

第三届世界妈祖文化论坛(2018年)得到了国内外多方支持,澳门特别行政区行政长官崔世安,中国国民党主席吴敦义,以及越南、新西兰等国家和地区的政界要人、知名人士纷纷向论坛发来贺信、贺电。同时,菲律宾前总统、现马尼拉市市长埃斯特拉达(Joseph Estrada),汤加王国国会议长图伊拉卡帕(Tu'ilakepa),联合国教科文组织驻华代表处主任欧敏行(Marielza Oliveira),中国国民党前主席洪秀柱,瓦努阿图投资管理局局长格勒蓬·塞拉斯(Gelpen Silas),苏里南青体部部长拉丽妮·戈帕尔(Lalinie Gopal),萨摩亚萨中友好协会主席劳阿礼·施密特(Schmitt),几内亚

---

① 吴伟锋、蔡昊等:《人类文明遗产彰显"国际范"魅力——世界妈祖文化论坛首次视频连线全球各地代表共话妈祖文化》,《湄洲日报》,2017年12月4日。

几中文化交流协会会长卡巴（Kaba）等，也以视频的方式寄语本届论坛。埃斯特拉达还说："几周前，湄洲妈祖金身来到菲律宾巡安，这是500年一次的大事。这一事件开启了菲律宾与中国关系的新篇章。受菲律宾总统命令，第一位华人拉普拉普将承担一个伟大项目，我们很快就会看到马尼拉湾建成面积两公顷左右的妈祖文化园。我知道，这个妈祖文化的象征，将为我们两国人民的利益开创一个和平与合作的新时代。"图伊拉卡帕说，2017年11月21日，从湄洲妈祖祖庙恭请的妈祖圣像顺利抵达汤加努库阿洛法市科洛福欧县，正式分灵到汤加。得到汤加人民的热烈欢迎，在汤加与中国之间架起文化交融、民心相通的新桥梁。这种对海洋文化的认同感，让他们更深切地感受到妈祖文化的魅力。他们欢迎信众们在汤加开展各种妈祖信俗活动，并与当地民俗活动相融合，挖掘出新的旅游亮点，不断推进汤加与中国在文化和旅游方面的交流与合作。相信借由妈祖文化纽带，两国人民一定能越走越亲，汤加也将按照2018年3月1日他到中国访问时向习近平主席表示的"愿同中方一道努力，构建人类命运共同体"的愿望，积极拓展各领域务实合作，共同推进"一带一路"框架下的合作，实现共赢共享发展。格勒蓬·塞拉斯说："瓦努阿图虽然与中国相距遥远，但妈祖文化架起的桥梁，能够让我们走得更近，能够让瓦努阿图更好地融入中国倡导的'一带一路'，实现新的发展。"拉丽妮·戈帕尔在视频中说，长期以来，妈祖故乡的人民把"立德、行善、大爱"的妈祖精神带到苏里南，妈祖文化成为民间交流的重要纽带，在促进苏中两国人民增进友谊方面发挥了积极作用。卡巴先生说："妈祖是一位普通平民女子，有很多拯救民众的民间故事，她的精神价值实际上已经远远超出了一个地域的局限。妈祖文化发展跨国度、跨文化、跨文明，在几内亚有着十分重要的文化地位，'立德、行善、大爱'的妈祖精神被几内亚人民认同。随着'一带一路'国际合作的不断深入,几内亚与中国的经济交流日益深入,给几内亚的发展带来了新的发展契机。明年即将迎来几中建交60周年,我们希望在妈祖精神的指引下,几中的文化经贸交流将会越来越热络。"①

第三届世界妈祖文化论坛(2018年)现场视频连线

(二)"妈祖下南洋·重走海丝路"推动民心交融

为响应中国"一带一路"倡议,促进与"海丝"沿线国家民心相通,进一步扩大妈祖文化的世界影响力,2017年初以来,莆田先后组织举办"妈祖下南洋·重走海丝路""湄洲妈祖巡游台湾"等活动,吸引世界各地2000多家妈祖宫庙600多万人次信众参加,在海内外引起强烈反响。

2017年7月1—7日,"妈祖下南洋·重走海丝路"暨中马、中新妈祖文化活动周先后走进马来西亚、新加坡。这是湄洲妈祖1000多年来首次走出国门,一路走去,不仅吸引了世界各地的妈祖

---

① https://mp.weixin.qq.com/s/fe-o3culpQ_XX9QF31MI5A.

信众夹道恭迎、虔诚膜拜,也吸引了全世界镁光灯的聚焦。据不完全统计,八天七夜巡游行程上万千米,接受30多万人次恭迎朝拜。马来西亚、新加坡当地的中文报纸星洲日报、中国报、东方日报、光华日报、南洋商报、Astro AEC电视台《八点报报看》、NTV 7电视台、八度空间电视台等媒体做了大篇幅的活动报道。从活动开始前的预热,到活动期间的全方位、多角度、不惜版面与播出时长的报道,可见妈祖文化在当地的影响力。同时,英国广播公司、法新社等全球知名媒体分别在报纸、网站上都做了有关的封面报道,报道了这一文化交流盛事。湄洲妈祖千年来首次巡游东南亚在全球引起关注,进一步扩大了妈祖文化的国际影响力。①

妈祖文化在这次活动中再次绽放魅力,在异国他乡引起极大轰动,掀起了一股"妈祖热"。近年来,随着海外华侨华人对妈祖文化的需求不断增加,妈祖文化加快了"出海"的步伐。泰国、菲律宾、印尼、美国、日本等世界各地多家宫庙、社团和妈祖信众纷纷发出邀请,企盼湄洲妈祖能够巡安当地,赐福百姓。

因此,应菲律宾慈航禅寺邀请,2018年10月20日,湄洲妈祖祖庙组织2600多人的护驾团,乘坐"歌诗达大西洋号"邮轮再次下南洋,进行了为期六天五夜的"妈祖下南洋·重走海丝路"暨中菲妈祖文化交流活动。妈祖巡安菲律宾首都马尼拉,受到菲律宾马尼拉政府的高度重视。菲律宾马尼拉市市长埃斯特拉达、中华人民共和国驻菲律宾大使馆赵鉴华大使、菲律宾众议院议长阿罗约(Gloria Arroyo)、菲律宾旅游部部长布亚特(Bernadette Puyat)、菲律宾总统府中国事务特使图尔佛(Ramon Tulfo)、菲律宾宋庆龄基金会创会会长陈祖昌、建明集团(国际)有限公司董事长许明良、马尼拉慈航禅寺创办人杨端贞及菲律宾当地各华侨社团代表在马尼

---

① 吴伟锋、蔡昊:《妈祖下南洋·重走海丝路——湄洲妈祖千年来首次巡游东南亚在海内外产生热烈反响》,《湄洲日报》,2017年7月10日。

拉港举行庄严的码头迎驾接驾仪式。此次巡安过程中，湄洲妈祖祖庙全体护驾人员深入马尼拉人民当中，在当地开展慈善公益活动，践行"立德、行善、大爱"的妈祖精神，把妈祖慈悲博爱、扶危济困、无私奉献的精神播散到菲律宾大地，让世界充满爱和温暖。①埃斯特拉达说："我们听过许多妈祖显灵的事迹。妈祖信仰因此被宣布为是中国的国宝，是中国文化遗产不可分割的一部分。海上丝绸之路的繁荣离不开妈祖的保佑，感谢中国官员慷慨应允妈祖金身巡安我国。妈祖受到全球华人水手的敬仰，妈祖巡安菲律宾，我们倍感荣幸！"②据统计，妈祖在六天五夜巡游行程3000多千米，接受30多万人恭迎朝拜，不单华人和在外经商、留学、打工等国人争先恐后地朝拜妈祖，不少老外及当地众多年轻人也是虔诚拜妈祖，并为此次活动提供服务。菲律宾慈航禅寺董事长洪庄严激动地说："湄洲妈祖千年走一回，给菲中文化交流开出一条坦途。"菲律宾境内有近300万名华侨华人，妈祖文化在菲华侨华人间世代相传，氛围浓厚而独具特色，湄洲妈祖巡安活动汇聚了侨力，凝聚了侨心，也架起菲中友谊桥梁。这是有史以来中菲两国之间最大的民间文化交流活动，极具历史意义与价值。"妈祖文化一直扮演着'海上丝绸之路'文化使者的角色，既促进了中菲两国的民间交流，也增进了人们对'合作包容'和谐海洋观的认同。"菲华各界联合会主席蔡志河表示道。许明良说："妈祖文化在海外的繁荣兴盛与中国综合国力的提升密不可分，一方面是中国大力弘扬传统文化，为妈祖文化的传承和发展提供了机遇；另一方面是海外华侨华人对中国传统文化更自信了，大家都愿当妈祖文化宣传员。"连日来，人民日报、央视国际频道、中新社、菲律宾频道、世界日报等国内外媒体争先报道妈祖巡安菲律宾这一千年盛事，全方位展现妈

---

① https://mp.weixin.qq.com/s/5mdzhKcHoKWhCyw1-XE8xw.
② https://mp.weixin.qq.com/s/wNouK36VQ4njI6u2RkCLMQ.

祖文化在国际交流上的影响力。

2018年湄洲妈祖巡安菲律宾妈祖祭典现场

该活动极大地推动了妈祖文化"走出去",扩大了妈祖文化在"海丝"沿线国家和地区的影响力,增强了中国与"一带一路"沿线国家的民间交往、文化交流和民心相通。

总之,无论是聚焦国家"一带一路"倡议的妈祖文化论坛,还是"妈祖下南洋·重走海丝路"活动的成功举办,都让我们看到,妈祖文化是人类集体智慧的结晶,妈祖精神可以为构造人类命运共同体提供文化支撑。妈祖文化是促进中外经济、文化交流的使者,向西方受众传播妈祖文化,能推动各国间的和平互惠交往,助推中国和平形象,也是实践妈祖文化三大功能的体现。

21世纪海上丝绸之路建设所带动的人文交流和民心相通,必然会导致区域内不同文明之间的碰撞和交流。随着不同文明之间交流的深入,作为"海丝"沿线国家和地区共同的精神财富,妈祖文化必将为贸易往来和民心相通等提供有益的帮助,将会产生一些区域的共同价值观。① 向西方受众传播妈祖文化,可以让他们感知妈祖文化带来的善意,带着和平共处的正面信息与他们开展交流对话,让他们愿意更多接触、了解、认知中国和优秀的中国文化。

五、西方受众了解中华文化的渴望

妈祖文化所蕴含的精神具有普世价值,有利于向各国人民传递我国和平的海洋观和发展观,向海外民众尤其是非华人受众传播妈祖文化有着举足轻重的意义。那么他们是否有意愿了解妈祖文化和其他优秀的中国文化呢?

2017年11月,当代中国与世界研究院对外话语体系研究机制项目组委托"美国潜在中文学习用户的调查与研究"课题组同网络调查公司Lightspeed合作,从Lightspeed Research全球样本库中随机抽取3311名18～65岁美国非华人样本开展网络问卷调查,男女比例基本各占一半。调查显示,30.1%的非华人受访者有意愿了解中国及中国文化。在18～22岁人群和23～45岁人群中,有意愿了解中国及中国文化的比例均明显高于总体平均值,分别为39.4%和39.8%。可见,美国45岁以下社会中坚力量和未来社会中坚力量对中国有着较为突出的认知意愿。受访者最喜欢的中国文化是"风俗文化"(45%),其次是"音乐美术"(28%)和"影视文学"(16%)。该调查显示,中国积极倡导"一带一路"建设,开展中国特色大国外交,推进世界各国文明交流互鉴,推动构建人类命运共同体,中国国际形象稳步提升。国际社会日益聚焦中国发展进步,外国受众进一步了解中国的需求空前强烈。②

---

① 夏立平:《妈祖文化在海上丝绸之路建设中的作用》,《福建日报》,2017年2月28日,第9版。
② 《中文魅力有多大?每四个美国中青年就有一个愿意学!》,2018年1月11日,http://ihl.cankaoxiaoxi.com/2018/0111/2251463.shtml。

那么,作为中华民族优秀传统文化的重要组成部分,妈祖文化蕴含了丰富多彩的民俗文化。妈祖信俗以妈祖宫庙为主要活动场所,以庙会、习俗和传说等为表现形式,由祭祀仪式、民间习俗和故事传说三大系列组成。2009年9月,"妈祖信俗"被列入世界人类非物质文化遗产代表名录。妈祖文化中所包含的多姿多彩的民俗文化正是受访者最愿意了解的中国文化内容。

2017年上半年,翻译中国武侠小说和网络小说的网站在北美兴起,翻译网站"WuxiaWorld"(武侠世界)负责翻译各种中国武侠小说和网络小说。如今,该网站已经成为美国最知名的中文小说翻译网站,每天都吸引着数百万名外国读者。[①] 妈祖信俗中包含了许多生动神奇的故事传说,主要是拯救海难、降伏妖怪、祛病救人、除水患、祈雨等造福人民的故事。这些故事既富有浓郁的乡土气息,又体现了妈祖慈悲为怀、除恶扬善、乐于助人、互助互爱、济世救人的高尚品德和崇高精神,是对妈祖精神的生动诠释。这些故事和武侠小说有异曲同工之妙,都情节曲折、故事完整、形象生动,内容引人入胜。翻译好这些妈祖故事和传说,发布在相关网站上,以这种喜闻乐见的方式,既拉近西方受众和妈祖文化之间的距离,又能提升妈祖文化的知名度。

---

① 赖静平:《我为老外译"武侠"》,2017年5月30日,http://news.163.com/17/0530/05/CLLN6JEU00018AOP.html。

第五章　妈祖文化跨语境传播的战略举措

文化是"一带一路"的灵魂,文化共性和价值认同的基础战略地位与作用应成为"一带一路"倡议的重要认知维度。中国文化"走出去"不仅是国家战略,也是时代需求。在文化交流中,由于两种文化彼此间各为独立体系,受方(receiver)无法通过调动自身文化信息自发地习得、体会传者(communicator)的文化理念,需要传者提供民族性且生动易懂,或为两种文化共通的文化符号以帮助受者进行文化解读,降低文化学习成本和负担。这就需要用外方听得懂、听得进的话语进行阐述,努力做到"中国故事,世界表达"。一个"站起来、富起来,正在强起来"的中国,比以往任何时候都需要对外讲好中国故事,帮助外国受众正确理解中国。想让世界了解一个真实、全面的中国形象,迫切需要融入国际通行话语体系,用西方精英阶层和普通民众乐于接受的话语讲述中华文化故事,促进中国文化价值理念传播。

讲好中华妈祖故事,必然需要研究"对谁",即国外不同受众的习惯和特点,研究目标受众的认同与隔阂。因此,必须研究国外目标受众的经济社会、宗教信仰、文化习俗、思维习惯等认知途径和要素,归纳总结与他们价值取向相同或相近的信息,探索具有人类主体价值观的妈祖文化与"新海丝"、中国对外国家形象的契合点,从而采用融通中外的概念、范畴、表述,提出既体现中国立场、中国

价值,又能够被外国受众理解和接受的观点、主张,真正做到"中国话语,国际表达"。

第一节 寻求中西方文化共性

汤一介先生提出的"认同机制"认为,不同文化之间的交融,需有它们在某些方面的契合作为前提和基础。① 他在《"文明的冲突"与"文明的共存"》文中提道:不同民族和国家由于宗教信仰、价值观念、思维方式的不同,可以引起冲突,甚至可以由冲突导致战争。这就需要我们从各个民族的文化中找出可以使文明共存的资源,用以消解不同文明之间可以引起冲突的文化因素。② 由于历史传统和社会风俗各有差异,在对外讲述中国故事时,难免会出现"文化折扣"。要减少这种折扣,需要更加注重人类共通的经验与思维,遵循共通的价值情感,寻找文化共性,激发人性共鸣。

妈祖文化当中有哪些核心文化是与西方的宗教信仰、文化习俗相契合的呢?

一、基督教的"爱"与妈祖文化的"爱"

"爱"是基督教的核心理念。基督教的教义,包含在一个"爱"字里,从基督的牺牲彰显了上帝的爱。一般认为,《旧约》的主题是"律法",《新约》的主题则是"爱"。在《新约》中,"爱"既通过基督的生平尤其是受难体现出来,也通过保罗书信得以明确。保罗在《罗

---

① 汤一介:《古今东西之争与中国现代文化的发展》,《江淮论坛》1994年第6期,第10~17页。

② 汤一介:《"文明的冲突"与"文明的共存"》,《北京大学学报》2004年第6期,第15页。

马书》中指出,所有的律法都包在"爱人如己"这一句话之内,"爱完全了律法"。这样"爱"就上升到比"律法"更高的位置,基督教也得以突破了犹太教的种族主义而成为世界性的宗教。① 基督教将"爱神"与"爱人"作为最大的诫命和人生追求的最大目标与价值。耶稣指出,"你要尽心、尽性、尽意,爱主你的神。这是诫命中的第一,且是最大的。其次要爱人如己。这两条诫命是律法和先知一切道理的总纲"(《新约·马太福音》22:37—40)。"爱上帝"和"爱人如己"是基督教中具体伦理规则的提炼和升华,它形成了基督教的"博爱"精神,与中国儒家的"爱人"思想遥相呼应。②

"仁爱"价值观。无论是何种文明、何种宗教主导的国家,仁爱思想都会对其维持社会和谐、处理各个层面的关系提供价值参考。仁爱既是妈祖精神的基石,更是儒家文化的核心。妈祖文化的仁爱精神表现为珍爱生命,救苦救难,慈爱为怀。这与儒家所讲的"仁者爱人"一脉相承。"仁"在儒教道德体系中的地位与"爱"在基督教中的地位相仿佛。基督教的"爱"与儒家的"仁"有许多相通之处,主要表现在两个方面:其一,"爱"和"仁"都强调一种对他人的、无私的关爱。儒学和基督教都是非功利主义的,重视仁爱的义务性。就这些"爱"的表现形式而言,和儒学的中恕之道以及温、良、恭、俭、让之德可以一一对应。

其二,"爱"和"仁"都是人突破自身局限、形成完善人格的必由之路。在儒家看来,既然"仁"是人类一切美德中最高的美德,是人与生俱来的本质特性,那么要想做一个完善的人,就要拥有"仁"。基督教的观点与此相同。

---

① 朱熹:《儒学与基督教道德哲学核心理念的异同》,《甘肃社会科学》2003 年第 5 期,第 53～55 页。
② 公丽艳、王岩:《此"爱人"与彼"爱人"——儒家思想与基督教思想的冲撞与融合思微》,《齐鲁师范学院学报》2012 年第 6 期,第 110～115 页。

二、基督教的道德主张与妈祖文化的道德主张

基督教和儒教均以重视道德见称。基督教的道德主张,首先是明白人生的价值,不是在物质方面,乃是在精神方面。基督教的人生观是积极的、奋斗的、乐观的。凭着这样的人生观,改造自我,改造世界。对待自己,以爱人如己为道德的标准,以悔改信仰为建德的力量,以祈祷默念为修养的工夫。

中国文化注重精神生活和道德修养,在道德上的主张也不是自私的个人主义,而是利人的大同思想。妈祖救急扶危、济险拯溺,以行善济世为己任,救逢凶遇难于众。妈祖在短暂的一生中表现了热爱劳动、热爱人民、见义勇为、扶危济困、无私奉献的高尚情操,体现了中华民族的传统美德,形成了一股巨大的精神力量。妈祖文化中正义、勇敢的精神与基督教的道德主张也是相通的。

三、基督教的社会理想与妈祖文化的社会理想

基督教是要建立起地上的天国,没有国家的界限,没有人种的区分,这是绝对平等的世界主义,是基督教的特点;而妈祖文化是海上丝绸之路的文化使者,其"仁爱、正义、勇敢、和平"的精神也是不分国界,适用于世界各国。中华传统文化讲"和合""和谐""和平",无论是人与人之间,还是地区、民族、国家之间,友好往来、和睦相处、"化干戈为玉帛",都是中华优秀传统文化一贯的行为准则。妈祖文化传承了中华优秀的传统文化,彰显的是中华民族海洋文明的和平特色,成为各国间和平交往的精神象征。妈祖总是站在代表文明、正义、善良的一方,反对粗鲁、邪恶、残暴。妈祖惩恶安良的行为尤其凸显出和平的理念。妈祖降妖除怪,充满宽容

与爱心,总是以德化人,以理服人,以情感人。这种感化力和包容心,折射出寻求协调、和谐包容、求同存异的理念。"和平"是人类共存的愿望,这正与基督教的社会理想不谋而合。

第二节 探究国际话语模式

文化传播的一个重要规律:受众的需求。文化传播的关键并不是传播者做了什么,而是受众需要什么,受众发现传来文化的好处,然后慕而学习。在比较传统的传播途径和方式中,任何宗教在传播时,都要充分了解、理解传入地的传统文化,并对自身的教义教理做出通融性的调整,否则便难以融入当地文化。以基督教和佛教在中国的传播为例,它们在中国传播命运的不同,与它们在此所采取的传播策略不同亦有很大关系。佛教在中国传播与发展,走的是一条本土化道路。即作为外来宗教,它是以自己的中国化(禅宗、净土宗、华严宗等的产生和发展便为其结果)为代价而融入中国传统主流文化的。而基督教与中国传统主流文化间由于成长的地域与中国遥远的地缘关系,很大程度上导致了它较难与中国的传统文化相交融、整合。它最初传入我国时的唐朝,是中国封建时代的盛世,国力强大,社会秩序稳定,因此民众对其基本没有印象。明末清初,基督教在中国的传播取得了一定的突破。这与沙勿略、罗明坚(Michael Ruggieri)、范礼安(Alessandro Valignano)和利玛窦(Matteo Ricci)等第一代来华耶稣会士的传教方法是分不开的。其中利玛窦又是耶稣会在华逐渐摸索并形成较为有效的传教策略的关键人物,其传教策略的关键就是积极自觉地适应中国的社会、文化与政治态势,向中国人尤其是知识分子传教。利玛窦的适应性传教策略建立在他对中国社会文化的敏锐观察基础之

上,体现了基督教的人文主义精神,即对基督教之外的其他文化的尊重与宽容,他因此得到了丰裕的回报。

与历史相比,当今的世界经济发展程度、文化互通现状和整个世界格局都发生了翻天覆地的变化,文化包括宗教信仰、民间信俗的传播方式和途径也随之发生了颠覆性的改变,从单一显性的传播模式发展为多元多渠道的更隐性的方式。然而任何文化的传播,尤其是跨文化、跨国家等全球化传播都需要从传播途径、传播形式和传播内容等方面进行深入调查研究和策划设计才能够实现有效持续的传播。西方主流宗教的传播分为往外国输入宗教进行传播和在本国范围内对来自不同文化背景的人群进行宗教传播,发展潜在受众。这两种途径对妈祖文化对外推广都有借鉴意义。

一、西方主流文化在中国的传播分析

改革开放以来,西方发达国家凭借经济、政治和文化方面的优势,通过文化产品输出、教育活动和互联网传播等途径对非西方国家,尤其是中国进行文化输出和渗透,影响颇深。

首先,世界文化格局助力西方文化产品输出。

资本的全球化扩张,不仅改变了世界经济格局,而且深刻影响了文化格局。在资本全球扩张的助力下,西方国家占据了世界文化市场份额的六成以上,这也就奠定了其在全球文化输出中的中心地位。西方对中国的文化输出优势很大程度上源于其在文化市场上的垄断地位,主要体现在图书版权、影视、音乐等领域形成的巨大优势。作为承载意识形态、文化和宗教信仰的绝佳载体,这些文化作品随着市场机制进入非西方国家,通过"文化跟着贸易走"的策略,以美国为主的西方国家把本国的文化信仰等渗透到另一文化中。由此可见,承载妈祖信俗文化的图书影视及音乐作品的创作和推广作为一个文化输出的有效途径还是很具战略意义的。

其次，通过教育交流实现点对点和点对面的文化传播。

西方发达国家在教育文化交流中处于优势地位，通过对外输出教育理念和教育模式、培养中间阶层和社会精英等方式来实现个体文化传播人员在国外的分布。在全球化资源共享的当今，国际教育交流活动空前鼎盛，如英国通过文化教育协会，德国通过歌德学院，法国通过法语联盟等机构积极推动对外教学，在国外建立语言学习中心和文化学习基地来保证本国语言的"话语主权"地位，培养熟练掌握西方语言并理解甚至推崇西方文化的人才，来提高对西方文化的认同感，最终达到点对点和点对面的文化传播。

对于中国来说，孔子学院（Confucius Institute）是国家汉语国际推广领导小组办公室在世界各地设立的推广汉语和传播中国文化的机构。其最重要的一项工作就是给世界各地的汉语学习者提供规范、权威的现代汉语教材和最正规、最主要的汉语教学渠道。因此，推广妈祖文化也可以通过把妈祖信俗文化内容融入孔子学院所采用的教材中，在孔子学院遴选对外汉语教学的志愿者教师，进行妈祖信俗文化内容的宣传和学习，使妈祖文化和众多优秀的中国民间传说故事一起，通过在中国以外的西方汉语教学课堂中得以学习并传播。

二、西方国家面对不同文化背景人群的文化传播

随着经济全球化和文化交往的发展，大众个体进入西方国家的比例大大提高。忽略其在西方国家的时间长短（短期、中长期、永久）及性质（留学、交流、移民等），把这些个体分为两类来看，一类为求学类，一类为生活类。西方国家在文化推广时对于这些个体，从生活社会需要最强烈的环节（维权、扶贫、教育、医疗、环保

等)着手,给予最及时的关心支持和援助,以此来培养和提升外来文化背景人员对本国文化的好感和认同感。

根据美国《2018年门户开放报告》数据,2016—2017学年,中国是美国最大的留学生生源地,人数超过35万人,而2017—2018学年,中国学生的数量是36万人,增长了3.6%。中国学生数量庞大,占到全部国际生数量的33.2%。^① 事实上,这些数量庞大的中国留学生中不少第一顿真正温暖免费的午饭或晚餐都是在教堂或者当地宗教信仰者的家里进行的。对于在美留学生来说,食物、思乡、交友等都是排在第一的生活需求。在初来乍到的阶段,任何机构或个人能够为留学生或访学人员提供条件满足这些需求,都能够以最快的速度来为这个群体建立好感、信任感甚至依赖感,而在这个关键的阶段出现的往往是教堂、教会活动、教友聚会或者某个宗教信仰者所在的家庭,人文关怀里自然地带入了信仰文化。而这些人群作为受众也在最自然且主动的状态下接收了信仰文化的点滴渗入,久而久之活动变为常规,而信仰也很大可能完成了内化。同样的例子也适用于初来乍到在西方国家谋生的工作谋生群体,从社区关怀、劳动技能培训到求职支持等每一个环节都是一个积极滋生信任感的窗口,也是文化传播的起点。

以基督教为例,基督教在传播的过程中注意将《圣经》中的教义与社会生活中出现的紧张关系结合起来讲道,回应人们需要安定心理的需求。除了讲解教义本身外,为了适合信徒的文化水平,基督教讲解往往从生活中的所见所闻入手,具有生活化的特点,涉及最多的是家庭生活和如何为人处世,评判标准依然是《圣经》中基督讲的话。因此,有些信徒才认为基督教是一个教训人学好的宗教。基督教通过回应社会问题和需求,安定了信徒的心理,使其心安理得地接受社会对其角色和地位的安排,放弃争夺和反抗。

---

① https://www.jianshu.com/p/f519d6333274。

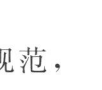

通过这种方式传教,一方面使农民教徒更容易接受其教义和规范,另一方面安定了他们的心理,从而更可能留在教会里。

人文关怀是在以人为本的沟通中永远适用的方法。妈祖文化的内涵中本身就提倡大爱,提倡人文关怀。在这点上,深入地理解体会妈祖信俗文化的内涵,把妈祖大爱落实到具体的人文关怀行为上,在境内创建面对西方到访人士的中国文化学习小组,在境外组织慈善组织等都不失为落实妈祖大爱、实现文化传播的好途径。在这点上台湾慈济扩散影响力的途径和方法可以参考借鉴。

总之,在"新海丝"建设中,妈祖文化因其和平精神而具有极强的可传播性和可接纳性。同时,妈祖的和平精神正好与我国主张"维护世界和平,促进共同发展"的外交政策宗旨相契合,体现了中国热爱和平、合作共赢的对外立场。通过向世界传播妈祖的和平精神,来对外建构和平发展的国家形象,为国家发展提供良好的外部环境。此外,妈祖是航海者的保护神,是中华海洋文明的象征,随着丝绸之路的开拓和发展传播到丝路沿线国家,并在各国落地生根,是较具影响力的信仰文化,成为可与我国加强文化交流、人员联系的纽带和桥梁。①

妈祖文化所蕴含的海洋仁爱文化,也可以通过"新海丝"建设进一步延伸至非沿海国家。尽管各国政治体制、价值取向、意识形态和文化历史会存在一定差异,但各国人民对于和平的需求是一致的。妈祖文化在海外各国的跨语境传播中,还可以结合所在国文化特点,与该国文化相融合,使妈祖文化实现本土化,更具多元性和包容性。本土化策略将有助于海外受众了解并喜欢妈祖文化。通过讲述妈祖故事来展现妈祖文化的底蕴和精髓,大力弘扬妈祖"和平""仁爱"的精神,并通过本土化的方式,使"新海丝"沿线

---

① 周金琰:《妈祖对"海上丝绸之路"的影响》,《妈祖文化研究论丛(Ⅱ)》,北京:中国文史出版社,2014年,第38～48页。

各国人民更加深入地了解并接纳中国文化。

第三节 打造跨语境传播多元矩阵

2014年10月15日,习近平主持召开文艺工作座谈会时发表重要讲话:国际社会对中国的关注度越来越高,他们想了解中国,想知道中国人的世界观、人生观、价值观,想知道中国人对自然、对世界、对历史、对未来的看法,想知道中国人的喜怒哀乐,想知道中国的历史传承、风俗习惯、民族特性,等等。这些光靠正规的新闻发布、官方介绍是远远不够的,靠外国民众来中国亲自了解、亲身感受是很有限的。而文艺是最好的交流方式,在这方面可以发挥不可替代的作用,一部小说、一篇散文、一首诗、一幅画、一张照片、一部电影、一部电视剧、一曲音乐,都能给外国人了解中国提供一个独特的视角,都能以各自的魅力去吸引人、感染人、打动人。京剧、民乐、书法、国画等都是我国文化瑰宝,都是外国人了解中国的重要途径。文艺工作者要讲好中国故事、传播好中国声音、阐发中国精神、展现中国风貌,让外国民众通过欣赏中国作家、艺术家的作品来深化对中国的认识、增进对中国的了解。要向世界宣传推介我国优秀文化艺术,让国外民众在审美过程中感受魅力,加深对中华文化的认识和理解。当今世界是开放的世界,艺术也要在国际市场上竞争,没有竞争就没有生命力。因此《关于实施中华优秀传统文化传承发展工程的意见》中提出:(1)推动中外文化交流互鉴。加强对外文化交流合作,创新人文交流方式,丰富文化交流内容,不断提高文化交流水平。支持中华医药、中华烹饪、中华武术、中华典籍、中国文物、中国园林、中国节日等中华传统文化代表性项目走出去。(2)加强"一带一路"沿线国家文化交流合作。鼓励发展对外文化贸易,让更多体现中华文化特色、具有较强竞争力的文化产品走向国际市场。推进国际汉学交流和中外智库合作,加强中国出版物国际推广与传播,扶持汉学家和海外出版机构翻译出版中国图书,通过华侨华人、文化体育名人、各方面出境人员,依托我国驻外机构、中资企业、与我友好合作机构和世界各地的中餐馆等,讲好中国故事、传播好中国声音、阐释好中国特色、展示好中国形象。充分运用海外中国文化中心、孔子学院、文化节展、文物展览、博览会、书展、电影节、体育活动、旅游推介和各类品牌活动,助推中华优秀传统文化的国际传播。积极宣传推介戏曲、民乐、书法、国画等我国优秀传统文化艺术,让国外民众在审美过程中获得愉悦、感受魅力。该意见的重点任务之一为滋养文艺创作。善于从中华文化资源宝库中提炼题材、获取灵感、汲取养分,把中华优秀传统文化的有益思想、艺术价值与时代特点和要求相结合,运用丰富多样的艺术形式进行当代表达,推出一大批底蕴深厚、涵育人心的优秀文艺作品。科学编制重大革命和历史题材、现实题材、爱国主义题材、青少年题材等专项创作规划,提高创作生产组织化程度,彰显中华文化的精神内涵和审美风范。加强对中华诗词、音乐舞蹈、书法绘画、曲艺杂技和历史文化纪录片、动画片、出版物等的扶持。实施戏曲振兴工程,做好戏曲"像音像"工作,挖掘整理优秀传统剧目,推进数字化保存和传播。实施网络文艺创作传播计划,推动网络文学、网络音乐、网络剧、微电影等传承发展中华优秀传统文化。实施中国经典民间故事动漫创作工程、中华文化电视传播工程,组织创作生产一批传承中华文化基因、具有大众亲和力的动画片、纪录片和节目栏目。大力加强文艺评论,改革完善文艺评奖,建立有中国特色的文艺研究评论体系,倡导中华美学精神,推

第五章　妈祖文化跨语境传播的战略举措

动美学、美德、美文相结合。①

现在,媒体格局、舆论生态、受众对象、传播技术都在发生深刻变化,特别是互联网正在媒体领域催发一场前所未有的变革。受众的年轻化和多元化要求讲故事的载体和形式都要与时俱进。那么在当前,有如此重要的机缘与正当性要讲好妈祖故事,特别需要打造多元的跨语境传播矩阵。

一、传统的人际传播

传统的人际传播在妈祖文化跨语境传播过程中仍然发挥着不可替代的作用。人际传播的社会功能是多方面的,它是社会成员交流信息的重要渠道,是实现社会协作的重要纽带,也是传承社会文化的重要工具。② 人际传播作为基本的传播类型,是在一定社会关系中进行的。妈祖文化很重要的组成部分就是妈祖信仰,人际传播是信仰传播的重要渠道。妈祖文化1000多年的传承得力于政府官员、海员渔民、商人、华人移民等各类不同人群的人际传播。③ 历代朝廷通过纳入祀典、赐额、褒封等形式,将妈祖这一民间信仰逐渐国家化,从宋之"妃"、元明之"天妃"到清之"天后",以至民间尊称的"圣妃""天上圣母",其地位越来越高,信仰传播也越来越广。两宋间的海外航海交通、贸易发展把妈祖这一海神信仰带至闽、粤、浙、苏等沿海区域。元明清时期,随着漕运、海外交通的进一步拓展,闽商的走南闯北,华人移居国外等,妈祖信仰从沿海城镇深入内河水运的周遭地区,并远播世界各地。2009年"妈祖信

---

① 中共中央办公厅、国务院办公厅:《关于实施中华优秀传统文化传承发展工程的意见》,新华社,2017年1月25日。
② 郭庆光:《传播学教程》,北京:中国人民大学出版社,1999年,第84页。
③ 帅志强:《人际传播与妈祖文化传承》,《浙江国际海运职业技术学院学报》,2011年第1期,第31~33页。

俗"被联合国教科文组织列入人类非物质文化遗产代表作名录,2016年"一带一路"建设中要"发挥妈祖文化等民间文化的积极作用"写入国家"十三五"规划纲要,都表明了妈祖文化的价值和国家的重视。因此,在今天的妈祖文化跨语境传播中人际传播依然起着关键作用,应该进一步运用人际传播的优势,推进妈祖文化在海外的更广泛传承。

首先,加强顶层设计,统筹妈祖文化对外传播资源,凝聚妈祖文化的核心价值。在日渐纷繁复杂的世界,话语权建设应是一项系统工程,不仅涉及国际组织、政府和民间团体等多元主体,而且关系价值观、渠道和方式等多种因素、层次及其相互关系。^① 因而,妈祖文化跨语境传播的首要任务就是需要在更高层面、更广范围,更有权威地对妈祖文化的话语权建设进行总体设计、优化资源、统筹协调、整体推进和监督落实,并形成一整套科学有效的协调机制。而更为关键的是要做好妈祖文化核心价值的顶层设计,在当前和未来的国际传播实务中,需要超越传统和现代价值,凝练妈祖文化的价值内容,完善妈祖文化的核心价值体系。

其次,发挥政府主导、民间力量参与的作用。千百年来,政府官员、商人、海员、文人、华侨华人等人群中的意见领袖在妈祖文化传承与发展中起了举足轻重的作用。因此,在当前妈祖文化跨语境传播中,政府官员应该身体力行,继续发挥他们的主导示范作用,引导华侨华人、海员商人等民间社会力量的广泛参与,充分调动不同人群的积极性,形成传播主体多元化的格局。

二、学术与智库研究

妈祖文化在1000多年的发展过程中留下了许多宝贵的资料,

---

① 胡正荣、李继东:《如何构建中国话语权》,《光明日报》,2014年11月17日。

涉及政治、经济、航海、军事、外交、民俗等方面,是后人研究的重要史料依据;近代以来也陆续有许多妈祖文化研究方面的学术论著出版发表,极大地丰富了妈祖文化的内容。这些文献资料对妈祖文化的传承是不可或缺的。这些文献的编纂者是来自各方面的文人,他们成为妈祖文化的又一重要传播者。他们著书、发表论文,呈现他们的研究成果,有的写诗题词歌颂妈祖精神,利用个人的影响传播妈祖文化,并将这种影响扩展至更多人。

近些年,世界妈祖文化论坛、国际妈祖文化学术研讨会等多次大型学术交流活动,已努力将学术探讨与弘扬妈祖精神、宣传妈祖文化合而为一,使妈祖文化的对外传播和发展有了学术上的支撑。当今世界学术交流从全球化时代向后全球化时代发展,为中国学术话语国际传播创造了契机。[1] 我们首先应该借此机会,按照时代特点和要求,赋予妈祖文化新的历史内涵和现代表达形式,创新妈祖文化学术话语传播渠道,构建立体的传播网络。要通过融入传统的国际学术期刊平台,通过传播妈祖文化学术话语,增强影响力,参与形塑目前国际学术检索发表机制。其次要利用网络媒体新技术,搭建学术期刊、国际会议、网络多媒体等多维平台,促进妈祖文化学者与世界学术共同体的交流互动。为此,必须加强妈祖文化的学术研究,深入挖掘整理妈祖文化的各种资料,进一步提升妈祖文化研究的理论化、学科化和时代化水平;必须扩大交流,增强影响,广泛组织海内外有志于妈祖文化研究的专家学者、企业家、社会各界知名人士,支持参与妈祖文化学术研究活动,进一步构建妈祖文化研究学术领军地位;在更高层次、更宽领域、更广范围上,落实"一带一路"倡议,为构建人类命运共同体做出积极贡献。今后每届世界妈祖文化论坛、国际妈祖文化学术研讨会都应

---

[1] 梁砾文、王雪梅:《重建中国学术的传播力》,《社会科学报》,2018年4月12日,第5版。

有针对性地设立具有深度和广度的主题,更需要国内外高水平的专家学者进行学术演讲,提升学术研究成果层次。会后要整理出版相关学术成果,为后人留下学术精品。

妈祖文化的国际传播不仅需要学术支撑,也亟须智库研究支撑。中国智库建设顶层设计的开端始于2013年4月,习近平总书记首次提出建设中国特色新型智库。2013年底,"加强中国特色新型智库建设,建立健全决策咨询制度"被正式确定为国家战略,目前国家的许多决策、政策的出台都依赖于专家团队或智囊。中国新型智库在提升国际传播能力过程中能发挥独特而重要的作用。① 初景利等学者认为,学术+智库=智库研究。学术研究是智库研究的基础,智库研究是学术研究的制高点。智库研究如果没有学术作为支撑,也不可能成为真正高质量的智库研究;而学术需要跟智库结合,以符合智库的定位和基本要求。② 智库汇聚了专家学者和意见领袖,在妈祖文化话语体系建设方面有着不可或缺的作用。妈祖文化主要包括传承中华优秀传统文化的功能,促进海峡两岸文化认同和民族认同的功能,以及担当海上丝绸之路和平文化使者和传播中国新海洋文明观的功能,这些都与我国的发展战略协调一致。③ 所以,妈祖文化学术研究需要多关注学科发展战略,将学术问题转化为公共政策问题,引导政策制定,把解决学术研究问题和国家战略需求有机结合。妈祖文化国际传播要体现妈祖精神,挖掘当代价值,服务于国家发展战略,要重视为国家、地方的"海丝"建设和社会经济建设服务,需要专门的智库团队撰写适用

---

① 刘毅:《新时代中国智库国际传播能力建设的思考》,《对外传播》2019年第3期,第27页。

② 初景利、唐果媛:《论从学术研究到智库研究的转化机制》,《情报理论与实践》2018年第11期,第3页。

③ 王震中:《发挥妈祖文化三大功能 服务我国当前发展战略》,《福建日报》,2016年11月15日,第9版。

性较强的决策咨询报告,为国家"一带一路"倡议和地方党政决策咨询服务,提供智力支持,为弘扬中华民族优秀传统文化献计献策。同时,为了提高智库观点的全球可见度,应加强多语化建设,把智库成果,特别是重要成果以英语或其他语言对全球发表。只有让国外学者、受众接触到这些观点和成果,才有可能引发后续的关注、讨论、反馈,从而形成良好的循环。

三、新时代多维度传播

当今世界,谁的传播手段先进、传播能力强大,谁的思想文化和价值观念就能更广泛地流传,对世界的影响力就越大。近年来,随着新媒体迅猛发展,传播学界越来越关注如何发挥新媒体传播高效快捷、双向互动的优势,以更快捷、更易于接受的方式推动中国文化对外传播。讲好妈祖故事,助推国家形象,这就需要我们不断创新对外宣传方式,创新传播理念、话语体系和方式方法。妈祖文化海外传播中,应当避免渠道通路单一化,而要紧跟时代发展步伐,考虑海外受众接受信息源的渠道偏好,打造多元的跨语境传播矩阵,打好传播组合拳,解决"通过什么渠道有效讲故事"的问题。

(一)现代大众传媒

大众传媒是信息的载体和渠道,承载着符号、文化表现形式、代表人物、价值观(信仰、思维)等文化因子。与发达国家相比较,中国的媒体在全球传播格局中还处于弱势,在传统媒体方面,尽管中国媒体的对外传播内容已经从政治宣传向新闻、经济、文化和社会全方位报道过渡,但其采用的传播方式主要还是以前媒体事业化运营时期的方式,使用市场化的、产业化的方式还不多。因此需要调整和完善大众传媒的布局和结构,提高大众传媒的对外文化传播能力。

近年来,随着我国经济的发展和传播能力的增强,开始重视媒体的全球传播对于妈祖文化及其价值理念的传达作用。例如,2016年起,妈祖故乡政府充分发挥海外媒体的积极作用,将妈祖的精神理念等设置为一个个议题,通过各种媒体向国际社会加以传播。这些都在表明中国声音和立场的同时,传达了妈祖文化价值理念。尤其是海外华文媒体已成为传播妈祖文化、弘扬妈祖精神的重要平台,妈祖精神、妈祖文化也已成为华文传媒进一步讲好中国故事,传播"丝路精神"的文化底蕴和精神内涵。例如,2016年首届世界妈祖文化论坛吸引了大量海内外媒体的关注。人民日报、新华社、中央电视台、香港大公报、凤凰网等海内外60多家主流媒体前来采访报道,各报纸、电视台、网站、客户端、微博、微信等传统媒体、新兴媒体24小时不间断播报世界妈祖文化论坛的盛况。据统计,在百度搜索中输入"世界妈祖文化论坛",可搜到网页信息11.2万个,新闻1400条。其中中央电视台《新闻联播》《朝闻天下》和人民日报、新华社等中央主流媒体和国务院网站等都做了深入报道,进一步扩大了妈祖文化的影响力。2017年举办的第九届世界华文传媒论坛莆田主题论坛,探讨了"海上丝绸之路视野下的妈祖文化与海外华文传媒"等话题,并与海外媒体签下战略合作协议。之后,海外媒体刊发了上百篇有关妈祖文化的报道,产生了较大反响。2018年第三届世界妈祖文化论坛中首设了"妈祖文化与海外媒体"平行论坛,进一步借助海外媒体的传播力,共21个国家和地区的30多名海外媒体的总编、记者等围绕"妈祖文化与海外媒体"进行对话讨论。同时还启动了"妈祖文化海外发布平台",平台中设立文字、图片、视频等稿库,可供全球华文媒体下载、使用,让全世界的妈祖文化信息实现全球共享,很大程度上扩大了妈祖文化的国际影响力。另外,在国际著名社交平台脸书(Facebook)

英语账号"中国莆田"上持续推出有关妈祖文化的新闻,扩大对外影响。

首届世界妈祖文化论坛举办之后,越来越多的海外友人对妈祖文化产生了兴趣,开始主动了解、学习妈祖文化,并对妈祖文化的国际传承与发展提出了许多宝贵的建议。南太平洋旅游组织总干事科克表示,妈祖文化博大精深,不仅是中国的文化瑰宝,也是全世界信仰者的共同精神财富,太平洋地区所崇尚的友爱、善良和互助精神与妈祖文化不谋而合。"这是我第一次来到莆田,相信这次是个非常好的开端。"科克说道。随着双方的交流深入,今后大家将一起弘扬妈祖精神、传播妈祖文化,共同融入"一带一路"建设中,在商贸、文化、旅游等方面开展进一步的交流和合作。新加坡国立大学博士林纬毅认为,在建设 21 世纪海上丝绸之路中,要遵循妈祖文化的传统习俗性和社会性来传播,就像当年郑和下西洋时遵循的"入境问俗,入国问忌"来推动妈祖文化的传播。"海丝"沿线国家都有妈祖,因为妈祖形成了妈祖信俗。在"一带一路"建设中,妈祖文化对经贸往来是有效的辅助力量,两者是相辅相成的关系。妈祖文化的传播方式也需要与时俱进,吸引更多的年轻人。法国自然史博物馆主任研究员柯孟德曾长期居住在台湾地区,这是他第一次到妈祖故乡。对于参加首届世界妈祖文化论坛,他显得很兴奋。"我在法国是专门从事中国文化研究,在此次论坛上,我认识了大批中国学者,让我能够发现妈祖文化中更丰富的内涵。"柯孟德说,他参加过世界各地的文化论坛活动,虽然这是莆田第一次举办世界级论坛,但达到相当高的水平,十分不容易。

当下应顺势而上,继续加强妈祖文化理念全球传播体系建设,围绕妈祖文化价值理念和文化全球传播的目标,调整和完善大众传媒的布局和结构,借助海内外媒体进行广泛传播,实现资源共享,更好弘扬妈祖文化,扩大对外影响。一方面,利用中国现有的对外传媒资源,采用多维度全方位的宣传手段,提高妈祖文化在国际舆论中的影响力,打造良好国家形象。另一方面,利用其他国家有影响力的主流媒体进行再次传播,向海外非华人受众传播妈祖故事,传递真实正面的信息。可以通过扩大与国际媒体的合作及传统文化项目的合作推广,将妈祖文化节目(报道)通过互换的形式加以对外播放。可以在全球各国,与当地海外华文媒体合作,创办妈祖文化海外版,或与海外媒体合作编辑出版外文版,用当地母语传播妈祖文化,影响主流人群,实现覆盖读者人群的大幅上升。众所周知,海外华文媒体是向世界传达"中国声音"直接的载体,是"中国故事"的最好叙述者。华文媒体根植于本土,优势在于熟悉当地的语言、文化和心态,可以用当地的语言讲好妈祖故事,突出原创性,[①]在住在国推广妈祖文化,特别是向华裔新生代和各族裔的其他民众来推广妈祖文化,适时推出资讯,提高传播效果。[②] 在政策导向上,行政主管部门可通过项目补贴的方式鼓励各级传统媒体增加文化报道与文化类节目,通过纪录片频道、文艺频道、音乐频道和各国际频道的文化报道,加大妈祖文化的传播力度,推动妈祖文化真正"走出去","走进去"。

(二)新媒体数字化运用

美国学者爱德华·霍尔认为"文化即传播,传播即文化"。然而,任何文化和价值理念都必须借助于特定的媒体形式才能进行有效地传播。伴随新媒体的网络技术、移动技术、手机等新型人际传播工具的出现,新技术的嵌入给传统人际传播带来新的模式。随着新媒体迅猛发展,传播学界越来越关注如何发挥新媒体传播

---

① 《讲好妈祖故事 聚焦美丽莆田》,《湄洲日报》,2017年9月14日。
② 吴晟炜:《妈祖文化海外发布平台上线 海外华媒冀讲好妈祖故事》,https://mp.weixin.qq.com/s/kBIPdk5f3hyC_QqUUUub3jA.

高效快捷、双向互动的优势,以更快捷、更易于接受的方式推动妈祖文化对外传播。电子邮件、QQ、博客、微信、推特(Twitter)、脸书等日常媒介的使用实现了人与人之间同步异地的交流,产生了无障碍的新型人际传播,极大地拓展了传播功能。而与此相应的是,世界范围的下一代受众已经形成规模,出生于20世纪八九十年代的人群正在世界范围内成为新媒体消费的主力,使用新媒体已经成为这一代人典型的生活方式。基于这一判断,在以文化创意、数字出版、移动多媒体、动漫游戏等新兴文化产业为载体的妈祖文化价值理念和文化对外传播,从内在包容到外在形式,再到平台的选择,都必须适应文化输出地年青一代受众的审美习惯和接受心理,适合新媒体即时、互动和海量的特点。如此,才能在新媒体文化传播方面凸显中国特色,收到良好的传播效果。我们充分利用新媒体、自媒体发展势头正猛的形势,认真研究海外受众对新兴媒体、自媒体的偏好,有的放矢地进行精准传播。只有在传播妈祖文化的过程中,充分运用新技术,加快传播的速度,突破传播的界线,满足妈祖文化信仰人群的心理,增强人们主动传递信息、表达意见的欲望,才能更好地增强传播效果,更好地传播妈祖文化。

  文化资源作为文化的载体首先应得到重视,对妈祖文化资源的长久储存有着重要意义。当今时代是互联网的时代,妈祖文化资源的传承也应顺应互联网的潮流,步入信息化、数字化的时代,借助科技的力量,更好、更便捷、更有效地传承文化资源,弘扬其所蕴含的"立德、行善、大爱"精神。利用数字化技术和机遇,依靠科技创新塑造新的文化品牌,发挥品牌带动的龙头效应。支持数字信息产业研究开发内容制作、传输和使用的各类装备、软件和终端产品,以支撑文化产业发展。建设面向网络、手机和适用于各种终端的数字出版内容供给体系,发展电影、电视、网络视频、动漫、网游和3D等多种形式的文化产品,实现当代妈祖文化生产的数字

化,使更多富有时代气息、民族特色,反映中国现代文化的原创性文化产品走向世界。同时提升对外出版、影视节目制作、网站建设的数字化水平,实现中华文化价值理念与文化对外传播手段的数字化。经验证明,文化内容一旦与数字化相结合,就会在文化贸易方面形成优势,在国际文化市场博弈中迸发出强劲的竞争力。

(三)艺术传播

艺术是一种世界语言,直指心灵,是最好的交流方式。戏剧、民乐、书法、国画等,都是独具中国特色的文化瑰宝,外国人很感兴趣。要向世界大力宣传推介妈祖文化艺术,把妈祖故事编辑成图文并茂的绘本故事,吸引海外受众阅读并了解妈祖;制作影视作品,成为一个有机的联系;制作"海丝之魂"音乐剧,以现代音乐来诠释妈祖文化;以绘画、雕塑等手段,进行艺术创作等形式,让国外民众在审美过程中获得愉悦、感受魅力,加深对妈祖文化的认识和理解,认同妈祖文化"立德、行善、大爱"的文化内涵。

音乐:在妈祖文化中,音乐是很重要的传播方式,这些演绎音乐的艺人们,对传承与弘扬妈祖文化起着重要的作用。妈祖文化中的音乐主要表现形式有戏曲、庆典乐曲和一系列以妈祖为主题的现代通俗歌曲。这些艺人中有很大部分是莆仙戏、莆田十音的创作人群,例如莆仙戏《妈祖女神应笑慰》《妈祖出石门望大海》、莆田十音《北台妆》《荔枝楼》《凤和子》等。此外,童声合唱《妈祖妈祖》、罗大佑制作的鹿港妈祖音乐专辑、彭丽媛演唱的《妈祖》等都传颂了妈祖文化。音乐无国界,音乐舞台剧也是很好的文化传播方式。选取妈祖文化的经典元素,用音乐的形式去讲述它,通过对妈祖文化的精准提炼,加上高科技舞台运用,纯美动人的音乐和舞美让演出既展示妈祖文化的深度,又体现中国历史的厚度,从而迎合海外不同人群的审美需求,实现妈祖文化传播的目的。

绘本故事：针对"新海丝"沿线国家的成人受众，可以通过叙事性强和表述力佳的妈祖故事译作来传播妈祖文化；针对海外少年儿童群体，可以通过图文并茂、简洁有趣的绘本故事来传播妈祖文化。在传播过程中，要结合当地文化和图书消费习惯，开展本土化的图书绘本营销活动，吸引海外受众阅读并了解妈祖故事。

影视作品：优秀的电视作品《妈祖》在国内大获成功，应该结合海外受众的审美特征，将该剧再剪辑翻译后，利用国家鼓励中国电影电视产品走出去的契机，争取让作品走向海外，高覆盖率地传播妈祖文化。如果拍摄外文电影版的《妈祖》，无论是以演员表演的形式，还是以萌化的动画形式，都可以作为妈祖文化在海外传播的重要载体。

纪录片：福建省广播影视集团海峡卫视倾力打造的大型人文纪录片《天下妈祖》，2016年10月9日晚上在中央电视台纪录频道和海峡卫视、台湾TVBS电视台、东森新闻云等海峡两岸媒体共同首映。这部纪录片拍制过程历时两年，是"天下妈祖"的第一张全家福。它是第一部以全球知名妈祖庙及其信众为主角的纪录片，主创阵容强大，制作精良。摄制的足迹遍及全球五大洲18个国家和地区，探寻数百座宫庙，采访近千名信众，仅飞行里程就达20万千米，在此基础上精选浓缩而成240分钟的人生百态。这部纪录片共分5集，每集大约50分钟，通过一个个鲜活的故事，揭示妈祖与自然、地域、时间和社会的关系，探讨她如何成为全球华人圈中有着广泛影响的信仰。海峡卫视主创团队表示，希望能让世界通过妈祖文化读懂华人族群。

活动直播：为弘扬妈祖文化，两岸媒体不约而同地将《天下妈祖》安排在农历九月初九（10月9日）妈祖升天纪念日这天首播。当天，借台中大甲镇澜宫举行妈祖升天1029年纪念活动之机，作为出品方的福建省广播影视集团也特别向台湾地区各大妈祖宫庙代表,赠送了《天下妈祖》的节目光盘。现场首度公开播放的节目片花,更令全场信众惊艳。

戏曲表演:传播与传承不同,传播的对象范围更广。另外,通过传播使得一些人对于戏曲的兴趣被激发,进而成为戏曲关注者、爱好者或戏曲从业者,才有可能担当起戏曲传承的历史使命。中国戏曲是一门综合性的艺术,许多优秀的作品用语言、表演和音乐等艺术手段反映中国政治、经济和社会制度,阐释和勾勒中华民族百年中国梦,是展现中华民族自强不息精神追求的有效传播形式。妈祖行迹衍生了众多民间传说,为各类艺术创作提供了丰富素材。妈祖戏在福建是最多的,许多地方剧种都表现过这一题材。从总体上看,戏剧舞台上的妈祖形象历经了一个由神到人的过程。近些年的创作则多以人物爱情为主线——从其对爱情的拥有到放弃来标举妈祖由凡人到神仙的升华、超越。由福建省莆仙戏剧院创作的新编传奇剧《海神妈祖》也依循由人到神的故事模式,但不以爱情为主线,而从以往从未有过的更宽广的社会视角切入,将林默娘放在一个非常具体而微的社会关系网中来表现,以此挖掘、深化人物形象内涵,写出了一个更为鲜活、立体、饱满的人物。而在将神圣人物的日常生活叙事推向极致的同时,又将她救度众生的情怀推展到更为博大的境界。这是以往从未有过的主题与发现,深刻、耐人寻味,又充满浓浓的民间气息。妈祖戏曲艺术可以走出国门,海外传播是主要途径与决胜环节。在这方面我们有过成功的案例,如20世纪二三十年代,艺术大师梅兰芳将京剧带出国门,唱响欧美,其演出在国外一票难求,令外国观众惊艳于中国戏曲艺术的博大精深。2004年,由白先勇制作、海峡两岸暨香港文化精英携手打造的青春版昆剧《牡丹亭》世界巡演,不仅让昆曲这项古老的世界"非遗"焕发了生机,吸引了大批年轻观众,更在巡演所经之地掀起了阵阵昆曲热潮,欧美多家主流媒体专门撰写评论或报道高度赞誉。这些成功的案例说明中国的戏曲艺术博大精深,但并不是难以被外国人欣赏和接受。而且,不同国家和民族之间这种民间的、艺术的交流更具有亲和力,也更加潜移默化、润物无声。

动漫网游:在中国文化出口中,动漫网游成了一个新趋势。可以组织开发制作《妈祖》手机动画片系列,用一系列简短的故事,歌颂妈祖"立德、行善、大爱"的精神,展示妈祖文化内涵,包括蕴含其中的儒家文化、海洋文化的思想,比如仁、孝、悌、谨、信、爱、亲等思想,并设置懂礼貌、讲信用、孝顺父母、尊敬师长、友爱兄弟姐妹、与人平等相处等与现代人做人处世有关的文化议题。还可以借鉴风靡海外的《完美世界》的模式(取材于中国典籍《山海经》),将妈祖形象萌化动漫化,融合妈祖文化精髓,植入动漫网络游戏中,传播妈祖精神和文化。这种传播方式传播速度快,覆盖面广,效果明显。传播中,要注意翻译的专业性、游戏的本土化,从而使海外人士高程度地认知和接受妈祖文化形象。

文化展览:有意识地推动策展,培养策展方面的新生力量,对于未来妈祖文化的对外传播可谓是如虎添翼。通过策展并在海外主要国家和城市展出作为推广中华优秀传统文化的形式,无疑是一条值得大力拓展的道路。中华优秀传统文化不仅存在于文字中,亦存在于视觉图像、听觉意象和文物古玩中,中国古代绘画、瓷器、服饰、雕塑、音乐等都蕴含着深刻的中华优秀传统文化的内在精神,是其完美的载体,因而在妈祖文化对外传播中可以发挥出文字不可比拟的更广泛的国际认同感。在国际文化交流日益频繁的今天,在国际文化交流的方式日益多元化的大背景下,通过以中方为主导的演出、策展,选取最具中华民族优秀传统文化特色同时兼具国际认同感的主题[①],以妈祖文化走出去的思想为主导,将源远

---

① 王莹:《文化自信与中华优秀传统文化的对外传播》,《广东社会科学》2017年第5期,第80页。

流长的历史文化中的宝贵遗产以实景演出和实物展出的形式推向国际,是一条更加值得深入探索的道路,也是进一步彰显文化自信,让妈祖优秀文化的瑰宝在国际舞台绽放光芒的有效途径。

(四)外国民众参与

文化传播的一个策略是"利用他者来讲述自己"。在国际传播中,讲好中国故事除了依靠中国人自己,也要善用外国讲述者这个群体,这就要求我们充分利用外国讲述者的各种优势,帮助他们选择最能反映真实中国的故事素材,并与他们一起通过各种方式和渠道把中国的好故事讲述给海外受众。随着中国对外开放之门的进一步打开,中国与世界在各个方面的交往正在变得热络与频繁,越来越多的外国人开始与中国发生联系,他们或研究中国,或在中国工作生活,或通过来华旅游感受不同的风土人情。我们理应给予足够重视,在潜移默化中帮助他们成为对外讲中国故事的重要力量。

妈祖文化的跨国度、跨文化、跨文明,为中华文化走向世界并与各国文化相融、互鉴提供鲜活的样板。妈祖文化在不同文化背景的国家中落地、生根,对它的研究不仅仅要从中国的文化视角出发,也要吸引海外学者的力量共同进行跨文化研究,共同探讨妈祖文化国际化的渊源所在及所包含着的深厚的人文内涵,为构造人类命运共同体提供理论根据。也就是说,妈祖的故事,不仅需要我们自己来讲,也需要世界各国的朋友共同来讲。相比于中国讲述者,外国讲述者在讲好中国故事方面有着独特的优势:无文化障碍、易交流、好接受。历史传统、文化背景和社会发展方式等多种因素的差别造成了受众在思维方式和语言习惯方面的地域性差异。而让外国讲述者来讲妈祖故事可以很大程度上避免地域性差异,提升传播效果。原因就在于相同的成长环境和社会、文化背

景,让外国讲述者在与海外受众,特别是其母国的受众交流时,没有思维方式和语言习惯的障碍,讲述更为顺畅,讲述内容更易被接受。亲身经历更具说服力,讲自己的故事远比讲别人的故事可信。在海外受众看来,外国讲述者讲述自己在华的亲身经历说服力更强,可信度更高。外国讲述者更容易把握海外受众的视角与需求。世界渴望了解中国,其中最希望了解的就是中国的何去何从,相比于中国讲述者,外国讲述者更容易把握海外受众看待中国的视角和希望了解的内容,更容易切中要害。外国讲述者讲述中国故事相对客观。所谓"旁观者清",外国讲述者作为非以中国为母国的群体,只要他们能够真正以客观公正为原则来认识中国,在讲述中国故事时就能更有效地避免主观倾向性的影响,观点和言论也会相对客观。当今中国已与世界紧密联系在一起,中国需要向世界展现真实的自我,世界渴望更好地了解中国,讲好中国故事正是实现这个目标的最好方式。

所以,用外国人的视角、外国人的声音来讲述妈祖故事,更容易跨越语言和文化的藩篱,激发没有隔阂的心灵共鸣。我们需要深植海外人脉,广交朋友、深交朋友,扩大全球"朋友圈",在国外政界、学界、传媒界和公众人物中,聚集更多能讲、会讲、讲好妈祖故事的知华友华人士。讲好妈祖故事可以利用的他者是:海外华人社会、汉学家与海外众多的中国文化研究机构与团体,他们是非中心的中华文化"走出去"的强大推动力。如果我们过于依赖政府的推动力,就会变成政治宣传与文化入侵,就会遭到反感;然而如果我们将唯一的中心消解淡化,变成非中心、多中心,变成平等的传播关系,新、马及欧美都是中心,大家一起帮着走出去,何乐不为?他们是妈祖故事最直接的讲述者:一是对华友好的国际传媒人士。他们或在中国工作,或就职于海外,他们以讲故事为业,也善于讲故事。他们是妈祖故事最专业的讲述者。二是各领域的外国学者。他们在自己擅长的领域具有权威性和较高知名度,他们的观点和言论易被接受。他们是妈祖故事最权威的讲述者。三是普通外国人。在与中国的交往中,他们或收获了美好的回忆,或获得了事业的成功,或实现了人生梦想。他们是中国故事最大的讲述者群体。四是来华工作,活跃在经济、文化、教育、科技等多个领域,与中国开展交流与合作的境外专家。外事部门可以认真履行对常驻外国人的管理和服务职能,通过周到细致的工作,进一步加深国际友人对妈祖文化的了解,并通过其人脉资源更好地推动中华妈祖文化走向世界。可以组织开展"荣誉市民"和"友好使者"等评选活动。可以定期组织艺术演出、体育比赛、民俗体验、文化讲座、慈善公益等活动,让外国友人亲身感受妈祖文化"仁爱、正义、勇敢、和平"的核心价值,讲述妈祖的故事。五是海外华人。妈祖文化在世界范围内的传播与发展离不开海外侨胞的积极参与。目前遍布在世界近200个国家和地区的6000多万名海外华侨华人是传播妈祖文化的重要力量、展示中国形象的重要载体、促进中外友好的重要使者。血脉的联系让他们对中国有着自然的亲近,他们既熟悉中国和住在国的情况,又有丰富的国内外人脉资源和国际交流经验,是妈祖故事最积极的讲述者;而且可以取得新的视角、新的方式,可以化腐朽为神奇,这就是利用他者来讲述自己的好处。这样,四两拨千斤,借力打力,可以收到事半功倍的效果。其中,我们尤其要充分利用意见领袖的作用。"意见领袖"的概念是传播学奠基人拉扎斯菲尔德(Paul Lazarsfeld)在《人民的选择》中提出的。意见领袖主要指在信息传播过程中能够影响受众做出意见,并且施加一定影响的人,通常分为在某一专门领域的单一型意见领袖和多领域的复合型意见领袖。从传播妈祖文化的人群来看,意见领袖对于扩散妈祖信仰起了关键性作用,如政府官员、艺人文人、商人海员等人群中的意见领袖在传播妈祖文化过程起了突出作

用。因此,在海外开展合作,发现广泛分布在人际传播中的各个领域的意见领袖,充分调动他们的参与性,利用他们的示范作用,让海外更多的学者、艺术家、文学家和媒体来发出声音,多发声音,远比我们自己发声音更好,能够对妈祖文化传播的影响起重要作用。而且应该从"我们讲"向着引导"别人讲"转变,因为"别人自己讲"的有效性远远超过"我们对别人讲"。引导海外目标国家的自媒体人、名人、网红等意见领袖群体通过脸书、YouTube及目标受众国受欢迎的其他各种媒体来讲述妈祖故事或直播妈祖文化习俗,从而大幅度提高传播的受众覆盖率,也增强海外受众对妈祖文化的兴趣。这些可以通过文化交流或者营销合作的方式得以实现。

(五)慕课平台教学

任何文化和价值理念都必须借助于特定的媒体形式才能进行有效地传播。近年来,随着新媒体迅猛发展,传播学界越来越关注如何发挥新媒体传播高效快捷、双向互动的优势,以更快捷、更易于接受的方式推动妈祖文化对外传播。国际慕课作为一种全新的知识传播和文化传播载体,借助远程在线的教学方式,有利于打破原有的跨文化传播壁垒,让学员在日常学习与互动交流中完成对他者文化的认知与认同。

慕课平台为国际学员了解中国和妈祖文化打开了一扇窗户。第一,国际慕课是一个有效的"文化接触区"。跨文化传播的关键在于承认对方观念存在的合理性和对方身份的正当性。全球慕课学员通过数周的学习,不仅学会认识文化差异,而且开始接受并尊重这些文化差异,进而增进对他者文化和价值观的认同感和敬重感。从这个意义而言,国际慕课作为"文化接触区"至少具有两方面的优势:一是这一"接触区"是由多元文化成员在自由、开放、平等的基础上共同建构的公共空间;二是多元文化成员在这个公共空间内相识相知,能够顺畅地开展文化交流和跨文化对话。第二,国际慕课对于传播中国文化具有很大潜力。一个国家的软实力主要表现为对内的向心力、凝聚力和融合力,以及对外的亲和力、吸引力和影响力。国际慕课提供的文化相关课程和在线讨论环节,在对内和对外两方面都表现出传播中国文化的巨大潜力。实证结果显示,对国际学员而言,国际慕课为其摒弃成见、深入探讨和了解中国文化打开了一扇窗口;对国内学员而言,由多元文化背景学员建构的"文化接触区"有效激发中国学员反思自我,提升个人修养和文化自信,较好地实现了文化交流的一个重要功能,即从外面照镜子,重新认识自己。基于此,为使国际慕课在妈祖文化传播上更好地发挥作用,国内高校和其他教育机构作为妈祖文化的传播者,要主动承担应有的社会责任,借助具有全球影响力的慕课平台推出更多中华妈祖文化相关课程,积极向世界传播妈祖文化;要加大力度提升国际慕课讲师和管理员的文化素养,着力提供真实丰富、形式新颖、反映妈祖文化精华的传播内容;要加强多元文化学员之间的互动频次,以提升"接触区"的妈祖对外文化传播效果;同时,每一位参与国际慕课的中国学员要注重文化自觉和个人修养,在"文化接触区"扮演好负责任的文化传播者角色。

总之,在大力举办好妈祖文化对外交流活动的同时,将妈祖文化纳入中国传统文化"走出去"的行动计划,应该综合运用传统媒体和新兴媒体,加强与国际知名通讯社、电视集团、社交媒体和公关公司等的交流合作,将中国妈祖文化的作品投送到终端用户,扩大在海外的直接覆盖,不断提高妈祖文化的世界能见度,还要鼓励海内外全媒体,以"英文+图片+视频"形式进行直播,并推送妈祖文化新闻信息和文艺作品的文字、音视频资料,用国际语言讲好妈祖故事。

第四节　发挥妈祖文化的民间外交功能

构建"和谐世界"是中国领导人在 21 世纪提出的建立国际政治经济新秩序的一个重要战略构想。习近平在中国国际文化交流中心成立 30 周年之际做出重要批示:"发挥民间往来优势,坚持社会主义先进文化前进方向,大力弘扬中华优秀传统文化,在推进人类各种文明的交流交融、互学互鉴中,增强我国的文化软实力,维护世界和平。"①要建立一个"不同文明友好相处、平等对话、发展繁荣"的"和谐世界",需要全世界各国政治家和广大人民的共同努力,其中民间外交可以发挥不可或缺的重要作用,与政府的正式外交形成优势互补的局面。民间外交的一个重要目的和功能就在于促进各国民众之间的相互了解,不同文明之间的相互沟通,而这是构建和谐世界一个必不可少的前提条件。就"言说"的主体而言,深入拓展民间文化对外传播的研究,可以成为今后"海丝"研究可拓展的一片广阔的学术领域。② 那么,在我国当前发展战略中,妈祖文化海外推广应更多的是政府扶持下的民间行为,理应充分重视妈祖民间外交的功能,广泛开展人文交流,通过深层次的文化对话与碰撞,发挥妈祖文化在建设 21 世纪海上丝绸之路的文化引领作用,发挥妈祖文化"软实力"效应,努力提升中国的国际形象。

一、"一带一路"与妈祖文化的关系

国家主席习近平提出"一带一路"建设后,"一带一路"所涉及

---

① http://politics.people.com.cn/n/2014/1030/c1024-25934658.html.
② 陈支平:《关于"海丝"研究的若干问题》,《文史哲》2016 年第 6 期,第 92~98 页。

的地域轮廓日渐清晰。妈祖文化与"一带一路",一个是"民间信仰",一个是经济的前景,似乎一点关系也没有。但是,民间信仰却是可以使民心相通,形成社会根基,能使政策沟通、设施联通、贸易畅通、资金融通,会更有效率。从这个角度来说,要顺利推进"一带一路"建设,尊重民间信仰,使民间信仰提升到更高的高度,对推进"一带一路"建设会有帮助。"一带一路"是一项旨在实现中国同沿线国家共同发展、共同繁荣的国际倡议,推进"一带一路"建设所要实现的经济要素有序自由流动、资源高效配置和市场深度融合等一系列目标,归根结底就是要促进经济效率的提升。处理好尊重民间信仰与提升经济效率的关系是能事半功倍的。尊重民间信仰虽然并不能直接提升经济效率,但在一些沿线国家,民间信仰的影响力极为强大,不仅渗透到了人们生产、生活的各个领域,甚至是凌驾于法律、制度之上的绝对权威。从这个意义来说,在21世纪,"一带一路"倡议的提出顺应了和平、合作、发展的时代潮流,坚持"共商、共建、共享"的原则,为妈祖文化注入了新的时代内涵。

　　妈祖文化历史遗产是海上丝绸之路沿线国家共同拥有的,且是唯一的世界非物质文化遗产。妈祖信俗于2009年列入联合国人类非物质文化遗产名录时,不同文化、不同政治意识、不同国家和地区、不同民族的妈祖信仰的民众是共同欢庆的。这也是千百年以来各个国家文化交织与交流的深厚历史的遗产,大家对妈祖信俗有着共同的历史记忆。每年的妈祖诞辰与升天日都是这些沿线国3亿多名信仰妈祖民众约定俗成的共同纪念的日子,从而成为一种跨国界的文化历史,并形成精神上的共鸣。妈祖文化所彰显的中华民族海洋文明的和平特色,成为各国间和平互惠交往的精神象征。妈祖文化是海上丝绸之路的文化使者,是东方海洋文化的旗帜。我国21世纪新时期"一路一带"的发展倡议,正在改变着世界政治、经济的格局。经济、政治从来都是与其文化相伴随

的。妈祖文化,就是让世界人民"心连心"的纽带。妈祖文化无论作为连接华夏儿女的精神血脉,还是构建和谐世界的文化纽带,它所蕴含的"和平、仁爱、正义、勇敢"精神,与"和平之海、合作之海、和谐之海"的中国海洋观相互映照,是实施"一带一路"构想特别是海上丝绸之路建设民心相通的维系中最直接、最便捷、最广泛的文化桥梁。因此,作为我国民间信俗、民间文化中典型的正能量的妈祖文化不仅于2009年被列入联合国人类非物质文化遗产代表作名录,而且国家还把妈祖文化写进了"十三五"规划纲要:在推进"一带一路"建设中要"发挥妈祖文化等民间文化的积极作用"。可见,妈祖文化已带有的历史使命表达了时代的呼唤。妈祖文化与中外关系史、海上贸易史、沿海港口开发史、科学技术史等有密切联系,我们更应把传承和弘扬妈祖文化置于中国发展大局中,不断发挥其亲和的感召作用,让妈祖文化融入外交、经济、旅游等各个领域。

在"一带一路"沿线国家和地区,以妈祖文化作为民间沟通的重要桥梁,在基层民众交往中可以凝聚共识和力量。民心相通是"一带一路"建设的核心,文化交流是促进互信的有效渠道。不同文化间的沟通和交流能够推动妈祖文化自身的发展。2016年中央出台的《关于加强"一带一路"软力量建设的指导意见》进一步强调了软力量是"一带一路"建设的重要动力。"一带一路"要以文明交流超越文明隔阂,以文明互鉴超越文明冲突,以文明共存超越文明优越,从而推动各国之间相互理解、相互尊重、相互信任。[①]党的十九大报告中强调要积极促进"一带一路"国际合作,努力实现政策沟通、设施联通、贸易畅通、资金融通、民心相通,打造国际合作新平台,增添共同发展新动力。"一带一路"不仅需要经贸、政治方面的合作和互动,也需要文化交流和民间沟通。妈祖文化在对外交

---

① 习近平:《"一带一路"国际合作高峰论坛开幕式上的演讲》,2017年5月14日。

流中就具有其独特的优势。①

二、妈祖文化的民间外交优势

妈祖是海上丝绸之路精神的践行者,妈祖文化具有民间外交的优势,是海上丝绸之路系统传播中华主流文化的最佳使者。从我国与国外交流史来看,宋代以前海上丝路的丝绸、瓷器、珍宝、香料乃至宗教均属个别的文化交流,而之后,随着先人漂洋过海,海上丝绸之路沿线的国家无不留下妈祖大量的史迹、文化等。这些历史印记最为系统与完整地展示了中华文化——儒释道与海洋文化的内涵,这是中华主流文化系统走向世界的生动写照,难能可贵,绝无仅有。从这个意义而言,妈祖文化是海上丝绸之路系统传播中华主流文化的起点。从妈祖文化在各国的存在而言,妈祖具有民间外交的功能与作用,是文化交流的使者。以下这些特征完全可以诠释妈祖的民间外交功能:

第一,妈祖是官民同敬的圣贤。从传播史来看,妈祖信仰最早是从事海上贸易的船工、商人等传播开来的,妈祖来自于民众,又在民众中扎根,妈祖精神是人类向往和追求的理想人格模式,展示了普通民众的美好理想。在民众心目中,妈祖是福佑四方的万能保护神。

第二,妈祖信仰具有草根性的特点,妈祖拥有广泛的民众基础,使得不同文化背景的民众能够在同一妈祖信仰的旗帜下相互沟通、理解与达成共识。因此,妈祖文化在基层民众的交往中能够发挥重要的纽带作用。妈祖文化的亲和力和认同感,会使沿线国家及其民众产生文化情感共鸣,形成相同的利益诉求,并加深相互

---

① 宋建晓:《文化自觉视野下的妈祖文化与"一带一路"建设》,《福建论坛·人文社会科学版》2018年第6期,第171~177页。

了解和实现互利共赢。

第三,世界各地的妈祖宫庙具有强大的号召力。一般而言,妈祖宫庙的主持人由所在地颇有名望的人士担任,无论在政界、商界、企业界还是在民众中都拥有广泛的影响力,他们是理想的中华传统文化的热心传播者。

第四,世界40多个国家和地区的妈祖庙是一座座中华文化的展示馆。《国务院关于加强文化遗产保护的通知》指出:"我国文化遗产蕴含着中华民族特有的精神价值、思维方式、想象力,体现着中华民族的生命力和创造力,是各民族智慧的结晶,也是全人类文明的瑰宝。"妈祖宫庙的一砖一瓦充满了中华文化的元素,宫庙里的一笔一画讲的是中国故事,庙里供奉的有妈祖,也有或是儒教、或是道教、或是佛教的神明,或是古代圣贤,充满着博大精深的中华传统文化。

第五,世界各地的妈祖宫庙是永久性的传播中华文化的讲坛。一般而言,所有侨居海外的各国华人小区都有一个共同点,就是都以妈祖庙作为同乡会或商会,是各国华人的政治文化及小区中心,不仅是各国华人的精神殿堂,还是所在国妈祖信众的朝圣之地。所以,妈祖宫庙的存在是长久的,这就为宣扬中华文化提供了永久性的讲坛。

第六,世界各地拥有大批虔诚的信众。世界各地都有华人区,大多成了妈祖信仰区,这种影响扩大到亚裔等其他族群。同时,妈祖信众则是与当地民众接触最多、最为亲近的群体,最为接地气,对宣扬中华文化最易取得"润物细无声"的效果。历史表明,数百年来,存在各国的妈祖文化是可以让不同文化背景的民众相互沟通和理解,起到文明交流互鉴的作用。①

---

① 黄瑞国、郑加清、黄婕:《把妈祖文化打造成海上丝绸之路的重要文化枢纽》,《福建日报》,2014年11月17日,第10版。

第七,我国"十三五"规划中提出"鼓励丰富多样的民间文化交流,发挥妈祖文化等民间文化的作用"。每年在妈祖圣地湄洲岛有350多万名来自全球各地的信徒参与祭祀祈福等活动,"一带一路"沿线国家、地区以妈祖为主题的文化交流活动更是众多。2016年,来自印尼、意大利的40名华裔青少年来到湄洲岛体验妈祖文化。他们因妈祖而来,学习具有中国特色的汉语、书法、剪纸等,还与中国青少年交流对话。马来西亚马六甲拿督颜天禄一行于2016年到湄洲妈祖祖庙祭拜,参观和访问了中华妈祖文化研究院。颜天禄说,妈祖文化在马来西亚的传播历史悠久,不仅有利于凝聚华侨华人的力量,还促进了华侨华人与马来西亚人的和谐相处,妈祖文化是团结的重要载体,也是"一带一路"精神的延续。

而近两年的"妈祖下南洋·重走海丝路"暨中马、中新、中菲妈祖文化交流活动,更是引起轰动。据不完全统计,妈祖在一周的巡游行程分别了接受30多万人的恭迎朝拜。这是有史以来中外最大的民间文化交流活动,极具历史意义与价值,极大地推动中国和"海丝"沿线各国和地区的民间文化交流。

概而言之,妈祖千百年以来在默默践行着仁爱、正义、勇敢、和平、自由、文明、包容、和谐、合作、共赢的海上丝绸之路精神,传播着中华文明。如今,随着更多的国人走向世界,妈祖文化的影响已扩大到更多的国家。如能对妈祖文化善加弘扬,势必为海上丝绸之路的文化软着力插上腾飞的翅膀。从这个意义来说,妈祖文化是21世纪海上丝绸之路的中华文化交流的使者。

三、整合资源形成合力

国际交流表面上看是人与人之间的交流,其实质上是文化交流,其背后的文化,即价值观、信仰以及与语言文字相关的思维方

式等,只有通过深层次的双向文化对话与碰撞,尤其是价值观念和意识形态的对话与碰撞,才能最终达到增进了解、建立互信的目的。为进一步弘扬和传播妈祖文化,推动中国与"海丝"沿线国家、地区人文交流和经贸合作,加快构建世界妈祖文化中心,展示"和平之海、合作之海、和谐之海"的中国海洋观,推动构建人类命运共同体,要借鉴国际经验,应建立常态化官民融合机制,高度重视发挥民间、个人和企业的作用,深度整合民间智慧、人才和平台。扶持妈祖文化产业等民间力量,建立实施更科学更有效的支持机制,让民间团体真正焕发活力,实现文化繁荣,建立起中华妈祖文化与各国文化交流的平台,形成广泛的、多层次的妈祖文化对外交流、合作的格局,通过人员"请进来"和"走出去"的密切交往,增进与各国人民的感情交流,传递妈祖文化的精髓,真正实现中华妈祖文化"走出国门与走进民众心里"的目标,向各国人民展示讲仁爱、重民本、守诚信、崇正义、尚和合、求大同的中国价值理念。

(一)打造世界妈祖寻根认祖朝拜中心

莆田市是妈祖文化的发祥地,妈祖祖庙和诞生地与妈祖祖祠在莆田市,是分布在全世界40多个国家3亿多名信众心中的圣地,有着巨大的凝聚力与感召力。这里具有得天独厚的文化资源,也是创建世界妈祖文化区的最有利的天然条件,把莆田建设成为世界妈祖寻根认祖朝拜中心,在政治、文化、经济上具有历史与现实双重意义,可以为21世纪海上丝绸之路人文交流、文明互鉴发挥文化枢纽作用,以融入国家海上丝绸之路建设。在加强与台湾地区妈祖文化交流的同时,要大力加强与世界30多个国家的数千个妈祖庙的文化交流,充分发挥妈祖祖庙与祖祠在3亿多名信众心中无可替代的优势,以及充分发挥其与世界各地妈祖天后宫的联系,加强对各地妈祖庙的引领工作,鼓励与指导积极开展与海外妈祖宫庙的联系与互访活动。开展世界范围的妈祖寻根、认祖、朝拜活动,以进一步加强与海外华侨华人的文化和精神联结。继续发挥华侨华人社团等有关机构的作用,推动湄洲妈祖分灵世界各地,让"立德、行善、大爱"的妈祖精神传扬天下,播撒五洲。

(二)整合友城资源

推动妈祖文化走出去,是一项复杂的系统工程,需要方方面面的共同努力。要坚持政府主导、企业主体、市场运作、社会参与,统筹国际国内两种资源,用好文化交流、文化传播、文化贸易三种方式,凝聚政府、企业、社会组织和个人四方力量,着力构建全方位、多层次、宽领域的文化走出去格局,增强妈祖文化国际影响力。使中国声音"走出去",提升国际话语权,绝不只是外事部门、外宣部门和媒体的事,而是中国人民共同的事业。要高度重视发挥民间、个人和企业的作用,形成广泛的、多层次的对外文化交流、合作的格局,通过人员"请进来"和"走出去"的密切交往,增进与各国人民的感情交流,向各国人民展示民主、开放、进步的真实的中国。

作为城市对外交往的主要载体之一,友好城市工作为妈祖诞生地莆田市对外开放提供了有力支撑。一方面是"走出去"。配合国家外交战略,根据地域和国家差异,有针对性地选择文化交流与合作的具体方式、内容,做到有的放矢。通过积极推进和实施妈祖文化"走出去",扩大文化市场,扩大妈祖文化的世界影响,展示中国和平、合作、开放和进步的大国形象。比如,突出妈祖的"和""爱"等主题,整合文物、非遗、影像、图书、书画和文化科技产品等资源,在友城所在及其周边地区举行"妈祖文化周""妈祖图片展""妈祖文化讲座"等活动;推进海外妈祖像赠送活动。另一方面是"引进来"。外事部门充分发挥"妈祖文化节"等文化品牌的带动效应,利用莆田市举办的高端论坛、研讨会、大型节庆活动等时机,定

期邀请友城代表团来莆田市考察访问,进行文化交流和开展文化产业,诸如举办文艺交流活动,开展影视剧、动漫项目国际合作等,做到文化相通、相融,为海上丝绸之路的共同繁荣带来心灵上的共鸣,以期达到合作共赢、共建利益共同体的目的。此外,近年举行的天下妈祖"回娘家"、妈祖金身巡游等活动,不仅促进了异地信众间的交流,而且有利于妈祖文化突破地域的限制,实现全球化的传播。

(三)加强妈祖文化的持续交流和学术研究

随着社会的发展、传播技术的变迁,传播的形式朝着多元化和开放化发展。例如人才交流、学术交流和经济往来等社会活动的不断增加,给人们主动参与和自愿组合各种人际关系创造了条件,传播内容与形式也逐渐多元化,人际沟通和交流内容扩大到社会生活的各个方面,人际交往的纽带由一元转向多元,妈祖传播活动也要求新的形式。换句话说,研究机构、学校、跨国联合研究项目、学术研讨会等形式多样的学术交流活动,是中华妈祖文化价值理念和文化传播的又一重要途径。例如中国莆田市自2016年以来成功举办并圆满落幕的以"妈祖文化·海洋文明·人文交流""妈祖文化与海洋文明"等为主题的三届世界妈祖文化论坛,在海内外都赢得了广泛的赞誉。香港《大公报》发评论称,各地妈祖文化研究者、妈祖信众之间尽管隔着浩瀚的海洋,但拥有对妈祖共同的敬仰,这种敬仰将海内外的心紧紧联系在一起。妈祖见证了世界文化范围内的商贸和人文交流,她向世界各国人民传递了和平友好的价值观与和平发展、合作共赢的共同愿望。漂洋过海远道而来的国际友人们,对妈祖文化和世界妈祖文化论坛赞叹不已。加拿大渥太华大学跨文化研究中心玛丽教授从自身对中华文化的感性认识说起,概括了妈祖文化的全球价值:"我身边有很多华人会寻根谒祖,到中国寺庙、宫庙寻找文化归属感,天后宫是特别典型的代表。通过对妈祖文化相关的'非遗'做调查了解，我认为提倡大爱、行善、立德的妈祖文化，完全能够在21世纪海上丝绸之路上担当中华文化交流的使者。"

妈祖信俗现已成为全人类的共同文化遗产，今后，应当利用联合国教科文组织、中华妈祖文化交流协会和各种由海外华人组成的妈祖信俗组织等平台，进行各种形式的妈祖文化交流，拓展妈祖文化的活动空间，并通过这些交流来弘扬中华文化精神，传颂妈祖崇高美德。通过国际学术交流，争取学术领域的文化阐释权和话语权，促使妈祖文化价值理念和文化成为全球文化进步的重要推动力量。在与不同国家和地区加强各个层次学术交流的过程中，必须努力增加中国学者在国际高端文化精英群体中的话语权和实际影响力。

首先，积极开展对外妈祖文化学术交流活动。组织各种层次的有关妈祖文化的学术会议。政府与民间层面要形成互动的机制，紧紧围绕妈祖文化主题，明确定位、整合资源、积聚力量。文化部门、科研院所、社会组织都应该成为妈祖文化价值理念和文化传播的主体。国家层面设立有关中国妈祖文化会议的专项基金，以项目的形式对各主办单位进行招标补贴，鼓励跨国文化交流。妈祖宫庙所在地各省市也应该结合本地实际，积极开展类似的妈祖文化学术研讨会议。这样可以来扩大与国外文化、学术精英的沟通和交流，通过这些学者及大众传媒又将妈祖文化价值理念和文化传递给学者所在国的同行和民众。

其次，努力使妈祖文化及其价值理念的相关内容以学科、课程的形式进入国内外院校的教学课程体系。同时与国外院校联合开展与中华妈祖文化全球传播相关的科研项目；在尊重各国文化和教育体制的基础上，提高中华妈祖文化在世界各地的影响力。

最后，学术成果和学者走出去。针对国外学术精英的中华妈

祖文化及其价值理念的传播,可以借鉴日本的做法,积极向海外翻译出版重要学术著作,引起国外学者对当代中国学者新思想和中华妈祖文化新进展的重视。还可以组建教授访问团,在世界各地巡回讲演,更为直接生动地展现中华妈祖文化价值理念和文化的魅力,展示中国倡导和平发展、合作共赢的真诚愿望,推动"海丝"沿线国家和地区的民心交融。这种走出去就是实实在在的思想输出,更具有文化和思想的冲击力。

简言之,加强妈祖文化民间外交是"讲好妈祖故事,传好中国声音,向世界说明中国"的重要方式,可极大地促进妈祖文化跨文化传播的速度和广度。找准妈祖文化与中国"以和为本"的对外国家形象建构间的契合点,要秉持亲、诚、惠、容的外交理念,重视妈祖文化具有世界性影响力的优势,以它为民间外交实践的基石,发挥妈祖文化的民间外交功能,以妈祖文化作为21世纪海上丝绸之路搭架东西方政治、经济、文化和思想交汇的桥梁,在与"一带一路"沿线国家间的文化交流和民间外交中,强化各国民众对妈祖文化的认同意识,加深他们对妈祖文化的理解、认可、保护和实践,把中国的优秀传统文化推向世界,加深世界人民对中华文化价值源流的理解,为落实"一带一路"倡议、推动妈祖文化交流与传播向更宽领域、更高层次、更广范围发展做贡献!

四、小结

传播妈祖文化,讲好中国故事,尤需具备"借船出海"思维。我们应把握形势、主动设置议题,发掘中国传统文化的当代价值,为达到传播中国"新形象"的目的充分发挥全球影响力,占据国际高端文化传播平台,以官方力量持续推动,使之成为讲好妈祖故事的重要力量。通过国际声音讲故事,也是运用国际通行语言展现真实中国的有效途径。"他山之石,可以攻玉。"借助国际声音讲述中国故事,也是向他者借鉴经验、提升自我传播能力的一种途径。为妈祖文化走出去做努力,落实习近平总书记关于"着力打造融通中外的新概念、新范畴、新表述,讲好中国故事,传播好中国声音"的指示精神。对外妈祖文化传播,要做到16个字,即"知己知彼,入乡随俗,中国立场,国际表达"。①

---

① 施晓琴:《坚持"中国立场国际表达"——专家探讨策展如何助力对外文化传播》,《中国文化报》,2017年3月19日。

第六章　妈祖文化跨语境传播的话语效果

　　文化是民族的血脉和灵魂,是国家发展、民族振兴的重要支撑。一个民族的文化,凝聚着这个民族对世界和生命的历史认知和现实感受,积淀着这个民族最深层的精神追求和行为准则。① 尽管文化有不同的形态,如器物、习俗、道德、宗教、信仰和价值观等,尽管文化传播和交流也可以通过不同方式进行,但毫无疑问,国际文化传播和交流最主要和最有效的媒介是语言。语言是文化传播的重要载体,经典作品的翻译是促进跨文化交流的重要举措,它能够加深文化之间的认知和理解,加强对彼此文化传统的深度把握,对文明的建构起到举足轻重的作用。

第一节　妈祖文化的译介

　　文明发展和社会进步使得人类得以共存与沟通,人类文明得以延续和发展,是因为有了翻译。翻译活动是世界各民族间相互交流的产物,其最本质的作用是为人类拆除语言文字障碍,促成不同社会、不同地域、不同文化背景的国家和民族之间的沟通与交

---

① 黄友义:《发展翻译事业促进世界多元文化的交流与繁荣》,《中国翻译》2008年第4期,第8页。

流。而这种沟通与交流的结果,往往能启迪新的感悟、新的智能、新的视角,从而产生巨大的社会推动力,引发社会的变革和进步。因而,译介作为中外文化交流的桥梁,始终担负着跨文化传播的历史使命和社会责任。

一、文化译介助推妈祖文化对外传播

翻译作为对外传播的一种方式,一直是我国对外宣传的重要手段。季羡林先生在《中国翻译词典》序中说道:"中华文化之所以能长葆青春,万应灵药就是翻译。翻译之为用大矣哉!"进入21世纪以来,尤其是2013年"一带一路"倡议的提出,加速了中国的国际化步伐。随着中国的发展和世界格局的变化,世界上从来没有一个国家像中国,中国也从来没有像现在这样,一些伟大的时代主题跟翻译这两个字紧密地结合在一起,无论是中国文化走出去,中外文化的交流共生,中华文明、中外文明的互学互鉴,还是人类命运共同体的构建。翻译这两个字与这些伟大的主题、与民族的伟大复兴紧密地结合在一起。在当下的语境当中,翻译是为中国经济走出去服务,为中国的文化传播服务,为中国的理念走出去服务,更是为中国构建自己的国际话语体系服务。党的十八届三中全会决定强调,加强国际传播能力和对外话语体系建设,推动中华文化走向世界。党的十八大以来,翻译作为构建融通中外话语体系的重要担当者,在讲好中国故事、传播中国声音、展示中国形象、扩大中华文化的感染力和影响力、提升中华文化软实力的过程中发挥了越来越积极的重要作用。因此翻译不仅是"桥"和"船",在当今时代也为中国沟通世界、让世界了解中国铺设了"高铁"和"航线"。浙江大学文科资深教授许均提出:"在实现中华民族伟大复兴的进程中,推动中华文化走出去、提高中华文化国际影响力是需

要解决好的重大课题。推动中华文化走出去,表达了中华民族推进各国文化交流交融的美好愿望,也顺应了丰富世界文化、维护文化多样性的时代要求。推动中华文化走出去,做好中华文化译介工作至关重要。"①

作为一种国际传播媒介,翻译的重要性是不言而喻的。但翻译本身的内涵也已经大大地扩展了,由于不同文化之间观察事物和思考问题的立场和视角存在明显的差异,翻译不仅仅是两种语言之间的转换,而已经大大超越了那种逐字逐句的翻译,成了一种文化的再现与建构,是一种跨文化的翻译和阐释。②在许钧看来,"翻译是主导世界文化发展的一种重大力量,对翻译的定位与定义应站在跨文化交流的角度进行思考,以维护文化多样性为目标来考察翻译活动的丰富性、复杂性与创造性"。③中译外是"向世界说明中国,实现中国文化与世界文化的汇通和融合,完成中国文化'走出去'是时代的重大命题,也是翻译工作者必须承担的时代重任和历史使命"。④从跨文化传播的角度来说,翻译可以定义为"把一种语言符号或信息编码表达的意义用另一种语言符号或信息编码表达出来的富有创造性的文化活动"⑤,即文化翻译,它是文化跨国界传播以来所产生的一种发展战略。可以说,文化翻译就是为了妈祖文化更好地传播,为了让各国友人深入了解和研究中华传统文化。

要使世界共享中华妈祖文化成果,对外传播能力是决定因素之一,而翻译工作作为文化传播的必经之道,是决定妈祖文化传播

---

① 许钧:《文化译介助推中华文化走出去》,《人民日报》,2017年8月9日。
② 王宁:《翻译与国家形象的建构及海外传播》,《外语教学》2018年第5期,第6页。
③ 许钧:《关于新时期翻译与翻译问题的思考》,《中国翻译》2015年第3期,第9页。
④ 黄友义:《发展翻译事业促进世界多元文化的交流与繁荣》,《中国翻译》2008年第4期,第9页。
⑤ 曹明伦:《从教学视角看翻译理论与实践的关系》,《天津外国语学院学报》2006年第2期,第6页。

效果的直接因素和基础条件,从某种角度讲,也是一个国家对外交流水平和人文环境建设的具体体现。毫无疑问,文化译介就是妈祖文化走向世界必不可少的一环。通过翻译深入了解流行的国际话语体系,进一步构建和传播妈祖文化的话语体系。妈祖文化在进行不同语言、不同思维意识、不同文化、不同民族间的跨文化传播时,能否被受众正确解读和接受,翻译是关键,也是瓶颈。中外因语言符号不同,用词语境差异极易导致同一概念在中外出现歧义甚至误解。中华妈祖文化能否走出去、能走出多远、走出多少,在很大程度上都取决于翻译的质量。现阶段,中华妈祖文化及其价值理念欲深层次融入国际文化交流,展开有效的全球传播,必须高度重视传播话语体系向世界通用话语转换,树立语言和思维方式上与国际接轨的思想,尽可能地使用国际惯用语言。努力做到用西方精英阶层、普通民众乐于接受的话语讲述中华妈祖文化的故事,促进中华传统文化价值理念和文化的传播。

随着对外开放的扩大、现代信息技术的发展,在不断改进传统传播媒介的基础上,对外传播的手段、形式、内容和业务规模得到进一步拓展,从纸质媒体、广播电台、电视节目到互联网,已基本形成宽领域、全方位、立体化的对外传播格局。越来越多的外文版报纸、杂志和新兴起的外文版互联网也承担着对外沟通的重任。而在此过程中,翻译工作作为传播通道始终发挥着不可替代的重要作用。①

现阶段,妈祖分灵庙分布于五大洲,达到1万多座。但妈祖文化的全球传播主要集中于海外华人居住区,尤其是东南亚,在西方世界,特别是欧美人士中的传播和影响十分有限。西方学者对妈祖文化了解不多,研究者甚少,无法全面推动妈祖文化在海外的有

---

① 黄友义:《发展翻译事业促进世界多元文化的交流与繁荣》,《中国翻译》2008年第4期,第6~9页。

效传播。所以翻译作为推动妈祖文化全球传播的媒介,是讲好妈祖故事,推动中国文化走出去的有效途径。这更加凸显了妈祖文化译介的重要性和迫切性。国内的妈祖文化翻译研究也仍处于萌芽阶段,在中国知网搜索,进行相关研究的只有李丽娟(2010,2011)、徐颖(2012,2016)、吴慧娟(2013)、林伟清(2017)等寥寥几篇。这些研究从微观层面分析语言特点,给予妈祖文化翻译研究比较细致的探讨。但该角度的研究数量有限,研究视角也有待突破,存在很大发展空间。

要实现妈祖文化国际传播的有效建构,可以试着运用系统功能语言学、翻译学、跨文化学等理论来综合进行妈祖文化跨语境传播中话语体系建构的界面研究,研究跨文化的翻译策略,为妈祖文化跨语境传播提供最大且恰切的接受性可能,为中华妈祖文化的对外有效传播构建世界通道。

二、妈祖文化翻译的界面研究

20世纪90年代,英国诺丁汉大学英文系卡特(Ronald Carter)教授主编了一套由Routledge出版社出版的"界面研究丛书"(The Interface Series),引发了国际语言文学界的界面研究热潮。所谓界面研究就是对两个界相交的面进行研究。"界",即领域;"面",指两个界的交接处、研究时的切入点和角度。界面研究与相关学科的研究是一种相辅相成的互补关系。界面研究是跨学科研究的升级版,是学科分类进一步细化的产物。提倡界面研究就是要打破学科之间、学科各平面之间的人为分界。潘文国教授认为界面研究是一种语言研究的方法论。从本体论的角度看,他强调语言本身就是文化,研究语言就是研究文化。[1]

---

[1] 潘文国:《界面研究的原则与意义》,《外国语文》2012年第5期,第1~2页。

进行界面研究,需要厘清界面的定义、性质、范围(乃至学术定位)等基本问题。就界面的性质及定位,董洪川认为界面研究是一种学术立场、一种学术态度、一种自觉的学术研究意识;①朱跃、伍菡指出界面是一种关系,一种同一学科不同分支间以及不同学科之间的相互影响、相互联系和相互互动的关系。界面的精髓在于其具有包容性。② 刘正光指出,界面研究宏观上主要是不同理论范式之间相互借鉴,或是不同研究途径的相互结合;微观上是对学科内的本体问题进行深入全面的研究;应用上是将某一学科的理论方法或工具运用到其他学科的研究中去,产生或形成新的学科领域。③ 就研究范围来说,黄国文认为,界面研究可以是多学科、复式学科、交叉学科、跨学科或者是超学科,外语界面研究在不同学科中包括不同语言、不同文化、不同意识形态等之间的界面研究,从不同学科、不同视角来探讨同一个问题,就一定会有新的发现,得到新的启发。④ 王克非指出,界面是一事物的两个或两个以上接触面或接触点线,是相互密切关联甚至相互融合、不易切分的部分。翻译可以说天然就是有界面的。不同的语言通过翻译进行沟通时,是不同的文化在碰撞和交流,其间必定会发生融合、部分融合或变容。因此翻译的界面研究可以做翻译与原文的界面、译文与母语的界面、翻译与文学文化的界面以及翻译与语言学之间的界面等多界面研究。其中翻译语言这个界面的研究包括三个方面:一是所有翻译产品的属性,即翻译共性;二是特定语言间翻译产品的属性,即翻译语言的属性;三是某个或某类翻译产品反映出来的

---

① 董洪川:《界面研究:外语学科研究的新增长点》,《外国语文》2012年第5期,第2页。
② 朱跃、伍菡:《对近十年来国内外语界面研究的思考》,《外国语文》2013年第5期,第20页。
③ 刘正光:《界面研究作为学科发展的内在动力》,《外国语文》2014年第1期,第6页。
④ 张俊凌:《界面研究的方法、意义与发展——首届中国外语界面研究学术研讨会暨中国英汉语比较研究会界面研究专业委员会成立大会综述》,《外国语文》2012年第3期,第158~160页。

语言特征。① 杨信彰认为,在语言与社会的界面研究上,韩礼德(M.A.K.Halliday)的系统功能语言学提供了很好的理论接口。语言与社会界面研究为我们观察语言运作机制提供了一种视角和研究方法,主要有系统功能语言学、社会语言学和批评话语分析等。语言与社会的界面研究关注主要方面在于社会文化语境、语言变体和话语。② 刘世生教授认为界面研究主要有三类:国内的界面研究主要是语言内的界面研究,而国外的界面研究主要是语言外的界面研究,另一种是跨学科的界面研究。③

早在1959年,立足于符号学和语言学的理论,雅各布森(Roman Jakobson)提出了高度概括的翻译三分法:语内翻译(intralingual translation)、语际翻译(interlingual translation)和符际翻译(intersemiotic translation)。④ 这一分类将翻译活动从纯语言研究层面上升到文化研究的层面,"能够全面系统地描写翻译中的非语言因素"⑤,大大颠覆了传统翻译的视阈和所关注的对象。一般认为,语内翻译是指某一语言内部为着某种目的进行的词句意义的转换;语际翻译则意味着两种(或多种)语言的互相转换⑥,也是两种文化的传递;符际翻译是一种符号与另一种符号之间的相互转换,这里的符号包括语言符号系统和非语言符号系统,比如诗歌与音乐、小说与电影、文字与图画之间的转换。从语言符号到非语言

---

① 王克非:《从翻译看界面问题》,《外国语文》2014年第1期,第1~2页。
② 杨信彰:《语言与社会的界面研究》,《外国语文》2014年第1期,第2~3页。
③ 杨绍梁:《界面研究:外语科研创新的一条途径——"首届外语界面研究高端论坛暨全国外语界面研究学会筹备会"综述》,《外国语文》2012年第1期,第143~144页。
④ Roman Jakobson,"On Linguisicts Apcets of Transliaton," in Rianer Schulet and John Bguenet ed., *Theories of Translation*: *An Anthology of Essays from Dyrden to Derrida*, Chicago and London: The Uuiversity of Chicago Press,1992,p.145.
⑤ 李静:《雅各布森翻译理论研究》,《文学教育》2009年第1期,第139页。
⑥ 谭载喜:《雅各布逊论翻译的语言问题》,北京:中国对外翻译出版公司,1983年,第42页。

符号的转换,或者从非语言符号到语言符号的转换,都可以视为符际翻译的表现形式。① 在翻译实践中,实际上三种翻译并不能完全割裂开来。语内翻译有时是语际翻译的前提,只有在同一种语言中将信息表述和解释得清晰流畅,才能更好地进行语际翻译。在跨文化的语际翻译中,许多缺失在两种语言相互转换过程中的文化、历史、政治和意识形态信息等则可以通过符际翻译的桥梁来弥补。②

但是传统的翻译研究主要关注语际翻译,偏重文本层面的双语转换,对语内翻译和符际翻译的研究还有待加强。在全球化信息时代,意义生成的手段不断革新,传统的书面文字向多模态文本发展,文化交流和知识传递的方式也越来越多元。鉴于此,在妈祖文化跨语境的传播过程中,不仅要研究语际翻译,也应该关注语内翻译和符际翻译,特别是符际翻译,以打破长久以来以文字为中心的翻译活动,将原文本衍生出来的各种媒介形态都纳入翻译研究范畴,强调多模态的互动,增强知识文化传播的有效性。

第二节 妈祖文化的语内翻译

当今世界上,英语仍然是国际通用语言。全球说英语的人数超过了任何语种的人数,据统计,45个国家的官方语言是英语,世界1/3的人口讲英语。英语使用范围极其广泛,全球75%的电视节目语言为英语,电脑、互联网、文学、建筑、外贸和国际交流等领域也都以英语为通用语言。

---

① 王晨爽:《符际翻译视角下的〈喜福会〉电影改编研究》,《东北大学学报(社会科学版)》2017年第3期,第326页。

② 魏妹:《国内符际翻译研究透视》,《北京邮电大学学报(社会科学版)》2013年第5期,第97页。

　　翻译活动涉及三种主体：写作主体，原文的创作者，即原语作者；翻译主体，译文的创作者，即译者；阅读主体，阅读译文并期待获得与原文读者一样的阅读体验，即目的语读者。传统翻译观下，译者往往处于被忽视的尴尬位置。随着研究的深入，翻译理论不断推陈出新，译者也逐渐从边缘走到中心。从原语到目的语的转换过程中，译者对原文的准确理解无疑是保证翻译质量的重要前提。罗杰·贝尔（Roger T.Bell）认为，翻译可以分为以下几个步骤：译者接受原语文本——分析、合成——产出译文。① 其中的"分析、合成"就包含了理解原文语义的过程。一般来说，外语译成母语的过程中，理解原文的重要性显而易见；而母语译成外语的过程中，理解的重要性往往容易被忽略，特别对于初学者来说，有时会对母语的意思想当然，不愿意花太多时间去体会原文的意思，也不会深入分析译入语的非语言语境等因素，满篇译文只是所谓的对应词，翻译质量可想而知。其实，母语译成外语时，译者对母语原文的理解同样重要。译者对原文的理解跟一般读者对文章的理解不一样。译者是带着任务去理解的，因为译者的双重身份就决定了"语内译"的过程：译者分析原语的内容，用原语按译入语的思维和表达习惯来重述原语句子所承载的意义。

　　事实上，过往的翻译家或翻译理论家对翻译的研究都离不开两个方面：原作思想内容和译文读者。他们的理论都强调了以下两点：第一，语义是翻译的核心问题，翻译的任务不是简单地在另一种语言中寻找对应词，而是诠译原文的意义。第二，翻译必须以接受者为重，因为翻译的首要任务就是使译文读者看得懂，这就需要译者具有高度的责任感，发挥其主观的更周到的判断性和更灵活的能动性，使译文接收者最大限度地正确理解原文的信息；同时，译

---

① Roger T. Bell, *Translation and Translating: Theory and Practice*, London: Longman Group UK Ltd, 1991, p.21.

语的表达也应符合译语规范的、习惯的语言表达。"语内译"的目的就是把原作的核心意义用译语表达得更顺畅。① 因此,语内翻译无论是在语际翻译的理解阶段还是表达阶段都起着不可或缺的建构作用。

一、忠实于原文的"语内译"

理解是翻译的最重要环节,理解和欣赏原文是翻译的根本。很多翻译缺陷就是由于译者对翻译的内容想当然,没有正确理解原文造成的。索绪尔(Ferdinand Saussure)的语言观认为,语言中每一个词的意义只有在该语言系统中才能定位。② 词的内容并不是预先规定好的概念,词义的选择不仅应该由特定的上下文来决定,还应考虑原语词语的隐含意义的传达。中国传统文化典籍多以文言文为主,然而并非每一个人都可以充分体悟古文的含义。传统文化翻译不是简单的词义转换,必须通过对文本准确的解读和理解,做到忠实于原文,准确传递原文的意思。因此,语内翻译对于文化的传承非常重要,我国外交部高级翻译张璐说,我们的目标是要把中国的声音全面、准确和生动地传递给世界。在近十次总理记者会翻译时,她多次准确翻译领导人引用的古诗词,不仅做到了"信、达、雅",而且还准确传递出了我国古诗词的深厚底蕴,很多精妙之处令人称绝。例如她把"骨肉之亲,析而不殊"译为"Brothers, though geographically apart will always be bound by their blood ties"(直译:兄弟虽远隔重洋,但血脉相连),③说明她首先必须进行语内翻译,弄清原文有何典故、出自何处,理解原文的

---

① 黄跃文:《汉英翻译中的"语内译"》,《中山大学学报论丛》2003 年第 4 期,第 243~249 页。
② 廖七一:《当代西方翻译理论探索》,南京:译林出版社,2000 年,第 187 页。
③ https://mp.weixin.qq.com/s/Cp0T0pXAPGvWKS0mblDwFg.

含义,即先把文言文内译成现代汉语,然后才以最恰当的英语表达出来。

妈祖文化自宋以降开始传播,妈祖文化对外传播的宣传资料中也有不少的文言文资料。文言文英译必须有汉语的语内翻译,即事先把文言文转换为现代汉语。语内翻译现代汉语的准确性就决定了英译的准确性。因此,语内翻译是妈祖文化语际翻译的重要前提。

例1——筊杯:Cups used for divination(来源:湄洲妈祖文化源流博物馆)。

原译者对妈祖信俗中"筊杯"的语内理解失误,于是出现字字对译的"死译",建议译文:Tools for divination。

例2——"倘遇风浪危急,呼妈祖则神披发而来,其效立应;若呼天妃,则神必冠帔而至,恐稽时刻。"(来源:湄洲妈祖祖庙原石碑)"When there is risk and danger, if one call 'Mazu', then the god will come with her hair disheveled to save; if one call 'Tianfei', then the god will come with coronal gown immediately."①

该片段选自清代学者赵翼的读书札记《陔余丛考》②,下一句是"妈祖云者,盖闽人在母家之称也"。妈祖一生虽短暂,但死后得到朝廷多次褒封,封号从夫人、天妃、天后到天上圣母不等,但对于民间百姓来说,却独爱"妈祖"这个福建当地对年长妇女的昵称。这样的称呼,拉近了神明与百姓之间的距离,而妈祖本尊似乎也喜欢这样亲切的叫法,在百姓危难时刻,随叫随到;但若听到的是"天妃",却因为需要盛装打扮反而可能会耽误最佳救助时间。文中的"披发"与"冠帔"、"其效立应"与"恐稽时刻"是一组对比描写,反映

---

① 李丽娟:《特定语域中的语式再现问题——以妈祖文化介绍资料的英译为例》,《中南大学学报》2011年第6期,第239页。

② 赵翼:《陔余丛考》,石家庄:河北人民出版社,1990年,第625~626页。

了不同的称呼所带来的不同效果。先看"披发"与"冠帔"的翻译:"披发"被译为"with her hair disheveled","冠帔"译为"coronal gown"。原文与译文看似字当词对,但细看却颇有出入;译者未能结合上下文语境认真揣摩原文的真正意思。

在韩礼德看来,社会结构限定了社会语境的类型,社会语境是一种符号结构,由语场、语旨和语式三个维度构成。① 情景语境是社会语境的一个示例。语域是语篇变体,是与情景相关的语义资源的配置。不同的社会群体和交际网络决定了语旨,社会活动决定了语场,社会结构触发了语式。② 在理解原文阶段,即语内翻译阶段,译者没有从语言与社会文化语境的界面来考虑词义;语言是一种社会行为,原译文看似忠实,却"偏离原语篇所指,丢失其语场信息。可将"披发"改译为"with her hair uncovered/without dressing up"。同理,原译文中"冠帔"的翻译也只是解释了字面意思,缺失了语场信息,"即受朝廷诰封的命妇的装束",可采用直译加注的方式,改译为"coronet and cape(formally worn by a woman of high rank)",③ 才是真正意义上的忠实原文。再来看看"其效立应"与"恐稽时刻"的翻译。译者不知是省译还是漏译"其效立应",又把"恐稽时刻"理解为"立即、马上"。在文言文翻译为白话文的语内翻译阶段,应该弄明白"恐"表示"估计、也许";"稽"为书面语言,意为"延迟、拖延"。因此,原译文的"immediately"不仅是一种误译,语式上也不对等,书面语"procrastinate"无疑是更好的选择。建议译文改为:"Anyone who found themselves in danger at sea,would only have to call out the name 'Mazu!'; the Goddess would in-

---

① M. A. K. Halliday, *Language as a Social Semiotic*, London: Edward Arnold, 1978, pp.110-113.

② 杨信彰:《语言与社会的界面研究》,《外国语文》2014年第1期,第2~3页。

③ 李丽娟:《从语场的角度评析湄洲妈祖文化的英译》,《辽宁工程技术大学学报(社会科学版)》2010年第6期,第625~628页。

stantly come to the rescue in everyday clothes with her hair uncovered. If the name 'Tianfei!'(Heavenly Empress) was called, the Goddess would come to the rescue in coronet and cape (formally worn by a woman of high rank in ancient China), probably procrastinating a little while in dressing up."①

二、"偏离"原文的"语内译"

传统的翻译理论认为,文本是翻译活动的唯一中心,语言学家向来是把文本进行客体化处理和孤立化处理的。随着翻译研究的不断发展,关于翻译的理论描述也不断出现新的探索。伽达默尔(Hans-Georg Gadamer)认为文本是阐释的结果。从阐释学立场来看,文本只是一个半封闭的产品和理解过程的一个阶段。②

其实从一种语言转换到另一种语言的过程中,很多时候不仅要准确理解原文,还需要站在译文读者的角度来理解原文。由于东西方文化差异等因素,译文在表达上往往与原文出现偏差,但正是这种所谓的"不忠实",赋予了译文读者与原文读者类似的阅读体验,让译文读者有继续阅读下去的兴趣。这何尝不是一种忠实呢?

例1——"升天洞"的"洞":Hole。

原译者在语际翻译前未能进行"语内译",没有理解"升天洞"历史文化的含义,草率地译成 hole。实际上,《新牛津英汉双解大词典》对 hole 的解释是"空的空间"(hollow space in sth solid or in the surface of sth)或"动物住处"(animal's home)等。"升天洞"指的是传说中妈祖升天的地方,因此,建议译为"Ascension Cave",

---

① 李丽娟:《特定语域中的语式再现问题——以妈祖文化介绍资料的英译为例》,《中南大学学报(社会科学版)》2011 年第 6 期,第 238~242 页。

② [德]汉斯-格奥尔格·伽达默尔著,洪汉鼎译:《真理与方法——哲学诠释学的基本特征》,北京:商务印书馆,2007 年,第 59 页。

《新牛津英汉双解大词典》对 cave 的解释是"洞穴"（尤指天然形成的）(a large underground chamber, typically of naturally origin, in a hillside or cliff)。

例 2——……不管是颜（思齐）郑（芝龙）时期移民带去的"开台妈"……（来源：湄洲妈祖文化源流博物馆）

句中的"颜（思齐）郑（芝龙）时期"如果直接在英语中找对应词，译成"during the immigration period of Yan Siqi and Zheng Zhilong"看似准确无误，但对于不了解中国历史的外国游客来说，这个译文无法传递任何有效的时间信息。因此，需要站在外国游客的角度，对译文进行诠释，把"颜（思齐）郑（芝龙）时期"解释为妈祖信仰开始在台湾地区传播的具体时间。有了这样的"语内译"，才有可能产生外国游客能理解并愿意进一步阅读下去的译文："…in the first half of 17th century when the earliest Chinese people set their foot on the island…"

例 3——……（六艘随行的）船长十丈多，深三丈，阔两丈五尺。……[对妈祖显圣救助赴高丽（朝鲜）使团路允迪一行事件中所用船只的描写]（来源：湄洲妈祖文化源流博物馆）

"丈"是中国传统的丈量单位，为中国所特有，在英语中没有对应词。因此，翻译时应该先把该描写中的丈量单位换算为西方的丈量单位"米"。通过这样的语内译后，才可能产生译文读者能理解的译文："… Their length is over ten zhang, their depth three zhang, and they are two zhang five chi wide (about $30 \times 9 \times 7.5$ meters)…"

"语内译"的重要意义更主要体现在一些文化负载词语上。接受者对于信息的形式和内容的理解，相当程度上依靠各自的文化

预设(cultural presuppostions)。① 一般情况下,原语作者与原语读者会具有相同或相似的文化预设,所以人们在阅读母语写就的文本时(专业性很强的文本除外),在内容的理解上不会有太大的障碍。但是译语读者的文化预设会不同于原语作者;因此,即便是译者在翻译中勉强能找到直接的对应词,译文读者也不一定能跟原语读者一样准确地把握其中的信息内容。译者必须对一些文化负载词汇做必要的铺垫,在译文形式上做一定的调整,补充与原语内涵意义相关的信息,以弥补译语读者文化预设的不足,使译文读者能顺利地理解原作。②

例4——……朝天阁为1989年7月所建,阁内供奉的妈祖是台湾鹿港天后宫的黑脸妈祖。……(来源:湄洲岛景区原石碑)

此句的"黑脸妈祖"是关键词,"黑脸"在英语中的对应词是black-face,"黑脸妈祖"似乎可以直接翻译为black-face Mazu,但这样的译文只能体现妈祖的肤色,却无法传递原文的民俗文化色彩,译文与原文在文化内涵上并没有完全对等。在这种情况下,译者需要站在译语读者的角度,设想他们有可能无法体会到的文化预设,先进行语内翻译,弄清楚黑脸妈祖的缘由:相传台湾天后宫每天都有很多虔诚的妈祖信众前来祭拜,妈祖神像长期受香火熏染,因此脸色呈黑。然后在进行语际翻译的时候,通过直译加注的形式,既保留了原文中对妈祖直观生动的描绘,又能让译语读者对妈祖有更立体丰富的认识。所以,"黑脸妈祖"可以翻译如下:"…the black-face Mazu (there are so many believers coming to worship her that her face has been gradually smoked black by the burning incense)"。③

---

① 廖七一:《当代西方翻译理论探索》,南京:译林出版社,2000年,第237页。
② 黄跃文:《汉英翻译中的"语内译"》,《中山大学学报论丛》2003年第4期,第247页。
③ 徐颖:《功能目的理论视角下的民俗文化翻译》,福建师范大学硕士学位论文,2012年,第16~17页。

第三节　妈祖文化的语际翻译

　　语际翻译是最常见的翻译,指的是两种语言符号之间的转换,是用一种语言的符号诠释另一种语言的符号。进行文言文英译时,语际翻译往往是发生在语内翻译之后,即将文言文译为白话文后,语际翻译才真正开始。这一过程的准确性十分重要,目标语的词汇、句型、语法、表达习惯等都是重要的考虑因素,选词需反复推敲,以减少英译过程中的"词不达意"。① 实际上,翻译的独特性在于它是"跨语言——跨文化——跨心理"的语言思维转换活动。因而语际翻译的基本任务不只是实现语言的转换,实质上这一过程是十分复杂的,需要跨越语言、思维、知识、文化等许多障碍,其中最主要的就是思维与文化障碍。思维是体验的(embodied)。人类认知结构来自人体的经验,客观事物只有被大脑感知时才能获得意义。语言和思维有密切联系。思维是语言转换的基础,也是理解的重要前提,这就决定了语言的具体转换必然受思维的制约。体验主义认识论认为意义是人的思维模式,是相对于一定自然环境和社会环境的认知和经验由大脑将多维心理模式整合而成的交织体。② 思维的差异,势必会影响两种语言的互相转换,因此译者必须考虑译语读者的言语习惯和文化认知方式,根据认知经验习惯,对原文的语义组合加以合理调整,使其具有译入语使用者的认知特征,最终把原文信息有效地传递出去。刘宓庆强调,翻译不仅

---

　　① 黄国文:《典籍翻译:从语内翻译到语际翻译:以〈论语〉英译为例》,《中国外语》2012年第6期,第64～71页。
　　② 陈道明:《隐喻与翻译——认知语言学对翻译理论研究的启示》,《外语与外语教学》2002年第9期,第41页。

需要概念思维,还必须调动形象思维和直觉思维。① 随着翻译理论和实践的不断发展,学界越来越重视文化因素在翻译中的重要性。诚如著名翻译理论家尤金·奈达(Eugene A. Nida)所言:"对于真正成功的翻译而言,熟悉两种文化甚至比掌握两种语言更重要,因为词语只有在其作用的文化背景中才有意义。"② 关于翻译文化理论的研究自20世纪中后期以来逐渐得到各国翻译理论界的重视,并实现了从语言到文学再到文化三个层面的递进。与此对应,翻译理论界探讨的重点也从语言层面上语码的转换,到文学层面上文学作品美的再现,再到文化层面上文化的传播。越来越多的翻译理论学家认为,不能再把翻译简单地理解为两种语言之间的转换,而应视为两种文化之间的交流。③ 哈特姆(Basil Hatim)和梅森(Ian Mason)认为译者不仅要通晓两种语言,更要具有两种文化视野,译者要在原文作者与译文读者之间发挥协调者(mediator)的作用。④ 甚至有学者指出:"在翻译活动中,译者对原文的理解正确与否,在很大程度上取决于他对文化的了解,译作的成功与否,与其说与语言有关,毋宁说主要与文化有关。"⑤ 因此,只有原语和目的语文化都了然于胸的译者,才有可能在译文中准确地传递出原语的文化意蕴,达到"文化对等",实现文化传播的最终目的。从本质上而言,"语际翻译可以视为某种文化的跨文化性对自身作用的一种方式"。⑥ 语际翻译的核心即文化翻译,而文化翻译的质量直接影响了文化传播的效果,同时也在一定程度上左右了外国人的价

---

① 刘宓庆:《翻译与语言哲学》,北京:中国对外翻译出版公司,2001年。

② Eugene A. Nida, *Language, Culture and Translation*, Shanghai: Shanghai Foreign Language Education Press, 2000, p.27.

③ 王东波:《语际翻译与文化翻译——兼论中国传统典籍翻译策略》,《山东大学学报》2007年第4期,第118~121页。

④ 廖七一等:《当代英国翻译理论》,武汉:湖北教育出版社,2001年,第266~301页。

⑤ 俞佳乐、许钧:《翻译的文化社会学观》,《中国翻译》2004年第1期,第41页。

⑥ 蔡新乐:《语内翻译与语际翻译的比较》,《外国语》2000年第2期,第61页。

值观,让他们在阅读、观看翻译作品时能根据自身对作品的解读来实现对中华文化的整体性了解。要保证翻译作品的价值,首先要坚持翻译准确性的原则。需要注意的是,不能将文化翻译的准确性等同于文化作品翻译过程中每个字词的准确性。一味地照搬原有意思,过分追求字词语段的还原可能会造成文章整体含义的断裂和文字内涵的丧失。这种情况下,应该将文字的翻译准确性与文章内涵兼顾起来,在保证阅读效果和审美水平的同时尽心进行准确而科学的翻译。只有这样,才能让外国人更加全面准确地了解中国文化,从中汲取先进部分进行吸收,以此来实现跨国文化之间的交融与文化全球化战略的构想。从内容上看,文化翻译的内容多为一些经典作品或畅销文学内容。对这部分内容的翻译不仅要做到准确无误,同时也必须从文化性的角度对翻译内容进行思考与二次加工,保证作品的可读性与文化性特征。① 由于不同国家的语言文化都存在很大不同,而文化作品都具有较强的本土性与区域性,所以在进行翻译和二次加工的过程中,翻译人员需要先对当地的文化和语言习惯进行了解,真正做到思想上的理解与文化上的共鸣。此时,翻译人员必须坚持"文化走出去"的战略方针,时刻坚持作品翻译的文化性原则,保证每一部翻译出来的作品都是"活生生"的历史文化展现而非僵化的语言文字复述。②

一、妈祖文化外宣语料分析

纵观目前关于妈祖文化外宣资料的英译文本,发现译文中语法错误、表达不规范、译文前后不一致甚至拼写错误及大小写混乱

---

① 李艺:《文化翻译与文化走出去的相关问题》,《湖南科技学院学报》2016年第6期,第147页。
② 李子木:《中国文化对外翻译出版发展报告(1949—2009)》,《中国新闻出版报》,2012年12月14日。

等问题比比皆是,触目惊心,更谈不上译文在语篇功能、语类及两种语言思维上的对等。这些问题严重影响了神圣的妈祖文化的传播气氛和形象。为此,本节仅基于系统功能语言学的语域理论及语篇分析理论,以湄洲妈祖祖庙景点英汉介绍、妈祖源流博物馆等有关妈祖文化展品的英译、莆田文峰宫网站英汉介绍等为例,分析原英译文本的问题根源,寻求一种译文在意义和功能上与源语对等的翻译方法,确保译文既能起到跨文化交际的作用,又能起到宣传我国优秀文化的作用。

(一)语域与翻译的关系

1.语域理论

语域理论是系统功能语言学的重要理论之一,指的是我们讲的和写的语言将随着情景的变化而变化。语言具有社会性,社会是由不同阶层构成的,它们有各自的社会习语与表达方式。由于交际情景、交际媒介及交际对象的不同,语言在实际使用过程中会产生程度不同的各种变体(language varieties),这就是语域。换言之,语域就是语言的使用领域,是特定的职业人群和社会人群所特有的语言应用范围。任何语言都是在一定的语域中使用的语言。系统功能语言学的语域理论和语境理论是相互联系的。韩礼德(1976)从社会学角度把语言变体分为方言(dialect)和语域(register)。他和哈桑(Halliday & Hasan,1985)指出,语域是由与某一情景配置(situational configuration)语场(field)、语旨(tenor)和语式(mode)有关的语义配置(semantic configuration)的。它与方言变体(dialect variation)不同,说明的是语言使用时的各种变异现象(variation in use),即社会活动过程中的种种差异。它是语言使用者与语境的各个方面互动的结果。这些都是语境的变量,语言使用者可以在有关变量下预见所要交换的信息和所要使用的语言。

由此可见,语场、语旨和语式的语境理论奠定了语域的理论基础。而语场、语旨和语式跟语言三个元功能相互联系:语场指语篇内容所属的社会活动的领域,它是判断语篇体裁的决定因素,体现了语言的概念功能;语旨是指交际行为的参与者在不同的交际场合,以不同的身份出现,担任着不同的交际"角色",从而形成不同的"角色关系",有时也可指语言在特定语境中的使用目的,所以体现了语言的人际功能;而语式则是语言交际活动的渠道或媒介,包括修辞方式,即口语和书面语、非正式和正式语体,是语篇功能的具体体现。语篇功能是元功能的核心,它使语言与语境发生联系,使说话人只能生成与情景一致和相称的语篇。①

在社会文化语境下的语言交际活动中,无论使用口语还是书面语进行交际,不同的交际态度会促使交际行为的参与者使用不同的"言语层"(levels of speech),或正式语体(formal speech, formal style),或非正式语体(informal speech, informal style)。所谓"正式语体",就是用于正式场合的严肃的语体,"非正式语体"就是用于非正式场合的随便的语体;正式的口语语体注重发音、措辞和句子结构,非正式的口语语体则不讲究发音、措辞或句子结构;正式的书面语体通常注重语言使用的规范性及其条理性,非正式的书面语体一般较为随便,接近自然口语。语体的正式程度(level of formality),一般可以划分成"极正式(hyperformal)——正式(formal)——核心(common)——非正式(informal)——极不正式(hyperinformal)"五个层次。这与美国社会语言学家马丁·朱斯(Martin Joos)1961年在他的文体学专著《五只钟》(*The Five Clocks*)中对英语语体的划分大致相同:

(1)冷漠体(the Frozen Style)(极正式文体):这种语体非常正

---

① M.A.K.Halliday, R.Hasan, *Language, Context, and Text: Aspects of Language in a Social-Semiotic Perspective*, Victoria: Deakin University Press, 1985, p.35.

式,一般都有固定的格式,结构严谨,句子冗长,语气严肃,多被采用于各种典礼。

(2)正式体(the Formal Style)(正式体):这种语体通常是书面体,句子较长,文法规范,包含各种子句,使用被动语态和排比手法,颠倒语序等。多用于官方报道、书面讲稿、演说或发言等较重要的场合和较严肃的主题。

(3)商议体(the Consultative Style)(核心体):这是一种半正式的语体,介于正式的与随便的语体之间,属日常用语,用于日常工作、购物、旅行等。马丁·朱斯把同陌生人攀谈所使用的英语看作是这种文体典型的表现形式。

(4)随意体(the Casual Style)(非正式体):这种语体的特点是简略,如省略主语、助动词、句首的冠词等;常用于同学、朋友之间的非正式场合的交谈。

(5)亲密体(the Intimate Style)(极不正式体):这种语体除了高度省略外,还夹杂着俚语、行话,语气非常随便,有时甚至粗俗,多用在家庭成员和非常亲密的朋友之间。

汉语语体基本分为文白两大块,相当于书面与口头、正式与非正式的语体。还有众多的方言土语,也给汉语语体增添了变化。方言词带有口头语体的色彩,外来词和古词语带有书面语体的色彩。口语语体是适应"面谈"的交际需要而形成的,所以也叫谈话语体。口语语体的主要特点是平易、自然,不事雕琢,有跳跃性。书面语体是适应书面交际的需要,在口语的基础上经过加工而形成的。书面语具有语句雅正、结构严密,讲究条理性,具有规范性的特点。

2.语域分析在翻译中的应用

翻译是用一种语言文字表达另一种语言文字的过程,也是一种运用语言进行交际的形式。在这种交际过程中,涉及两种不同

文化背景和语言表达习惯,因而它是一种跨语言、跨文化的交际形式。① 根据系统功能语篇理论和语言功能理论,翻译要求对原文语言层次、语篇功能进行全面分析,在译语中寻找对等的转换,使译文与原文在意义和功能上均保持一致。语域理论所具有的特点和功能对翻译实践有着现实的指导意义。从语域的角度来解释翻译的本质,翻译就是译者根据不同的语篇范围、交际意图和目的、译者心目中不同的读者群以及不同的交际方法、交际效果,将语言符号组成连贯的语篇,以完成某个或几个交际功能,把原文的语域特征在译文中再现出来,而在这个过程中语场、语旨和语式会发生变化,这些变化直接影响到译者在翻译时采取的策略。因此,语域的转换并不是等值转换,而要在可译性范围内重视原文、译文语式的对应,使原文的正式程度和非正式程度在语音、词汇和句法方面的选用上得到体现。译者所做的这些选用都是基于各种语域的需要。因此,语域分析对词汇、句法的选择起着不可缺少的指导作用,它直接关系到译文语篇类型与功能的再现。

　　语言理解是受各种因素制约和影响的。语言的风格可分为语言的民族风格、时代风格和个人风格。不论是语体还是风格,都是从语音、词汇、语法、篇章上体现出来的。不同语体风格的词语在使用组合方面都有各自不同的特点。有些词语经常在某一语体中使用,而不在其他语体中使用,这些词语也就带上了某种语体的特殊色彩。汉语是词汇丰富的语言之一,有不少文言词,也吸收了不少外来词语。例如,汉语表达"die"的概念除了"死"之外,还有"卒""殁""归西""蹬腿儿"等。英语中具有语体色彩的同义词语有三类:一类是英语本族词(native words),一类是外来词(loan words:拉丁语、希腊语、法语等),另有一类为习语同义词(synonymous id-

---

①　邓炎昌:《语言与文化——英汉语言文化对比》,北京:外语教学与研究出版社,1989年,第34页。

ioms)。源于拉丁语、希腊语和法语的词语往往比本族词更为正式，多用于科技、学术、事务性文体中，具有书面特征；习语则显得生动活泼，具有口语特点。如英语表达"死"的词语除"die"之外，还可用"to cease""to pass away""to kick the bucket"等。

英汉语言之间的差异主要不是反映在词汇上，而是在句法结构上。汉语重意义组合而轻形式结构；英语注重形式结构协调，以分析达其意。英汉语体的句法差异如下：汉语句式复杂多样，从结构上分为单句和复句，从其他方面可分为主谓句、无主句、流水句、连动句、主题句等，也可分为散句如长、短句，整句如对偶句、排比句、顶真句、回环句等。英语句子从结构上分为简单句（simple sentence）、并列句（compound sentence）与复合句（complex sentence），从长度上分为长句与短句，从修辞角度分为松散句（loose sentence）、平衡句（balanced sentence）、圆周句（periodic sentence）、完整句（complete sentence）和片语句（sentence fragment），从主谓先后上分为正装句与倒装句。因此，翻译中应把握两种语言各自在文体和句式对应上的不同特点，英译时不拘泥于汉语原文句式，有目的、有意识地选择语体恰当的英语句型。

所以，语域视域下的翻译应该实现语篇三种功能的对等，即实现三个变量在语篇中所含信息的完全传递。在翻译的过程中，对语篇语场、语旨和语式的认识和把握，是译者决策及操作中的三个重要因素。换言之，三者相辅相成，才能保证语言在具体使用中与其使用场合、交际目的、交际对象之间保持一致、协调的关系，保证信息传译中的得体性（appropriateness）。因为每一特定语域都有特殊的词语，这些词、词组和语法结构常被以一些特殊的方式使用，使其不同于其他语域。不同的语域具有不同的语体风格特点，语场、语旨和语式表现了语域的选择，同时也决定了交际的内容、交际双方的关系和交际的方法。这就要求译者必须对源语篇的语

篇语场、语旨和语式三个变量在篇章、句群和信息单元等语篇基层上的具体体现有一个全面的认识；更要清楚了解译语语篇（target text）的相应特点，特别是不同于源语篇（source text）之处。

(二)语料分析

语言的运用通常不只是语法问题，而是运用得是否得体、适度的问题。语法上无懈可击的句子，如果不合语域，即不合参与者身份、谈论话题和场合地点，仍不具有有效的交际功能，这可称之为语域误用。语域基本划分为正式语体和非正式语体。在实际语言交际中，两种语体的选择与语境密切相关。翻译时，译者要根据上下文的情景，选择与原文语体相当的译文。① 同样的词和句，由于语言使用场合不同、交际的对象不同、所表达的意义不同、使用的翻译法不同，最后所产生的语用效果也不同，正所谓"词本无义，义随境生"（Words do not have meanings; people have meanings for them.）。为了达到这一目的，作为译者，首先应该考虑语域，从众多的不同表达法中选择合适的词或句，既考虑功能等效，又考虑整体效果，细心体察其中的变化，恪守译文的适应性原则，做到"文随其体，语随其人"。②

一般说来，在语言交际中，操母语的人通常具有较强的选择语域的能力，操外语的人通常也会关注语域选择，以切合具体的交际情境。但是，在翻译实践中，译者为了求"信"往往会忽略语域方面的问题——忽略普通语言与专门语言之间的差异、口语语体与书面语体之间的差异以及正式语体与非正式语体之间的差异。我们发现妈祖文化的英译者只考虑原文的表层意义，照字面死译或硬

---

① Eugene A. Nida, *The Theory and Practice of Translation*, Leiden: E. J. Brill, 1982.

② 刘宓庆：《文体与翻译》，北京：中国对外翻译出版公司，1986年，第492页。

译,因而在选词择义方面值得推敲的还有不少,对妈祖文化的传播造成了负面影响,有违初衷。综观妈祖文化的英译,我们发现其语域误用的现象俯拾皆是。

1.译者语场概念缺失,"死译""硬译"现象普遍

语场指的是特殊的职业领域,如文学语篇、科技语篇、广告语篇和法律语篇的翻译等。固定的语场不仅对原文中词的意义起着相对固定的作用,更准确地说是决定了词的概念意义,而且在此基础上对译文的表达也起着调节的作用。在不同的语场中,同一个单词的意义可能会有不同的解读。所以在翻译中,译者应首先认清语场,深刻理解原文的切实含义,才能用特定场界的思维概念去理解并翻译原文,把原文的意思确切表达出来。为此,要灵活处理译文,当增字则增,当减字则减。这样,译文有时可能貌似脱离原文,实则忠实于原文的意思。

然而妈祖文化语料译例的译者缺少对源语篇的语场进行分析,没有吃透源语篇的精神,以译出语为取向,唯原文的形式是举,唯恐译文失真,有违原文作者的原意,于是出现对号入座式的翻译,完全采取词对词、句对句(word for word and line for line)的死译或硬译方法。

例1——闽台一水之隔,两岸自古至今交往不断。早年移民渡海入台时,也带去了已在大陆盛行的妈祖信仰。所以,一部台湾开发史同时也是一部妈祖东渡史。

Fujian and Taiwan looks at each other across the river, communications between the areas were developed since ancient times. In early years, when immigrants came into Taiwan, they also brought the Matsu belief which was popular in the mainland to Taiwan. Therefore, the development history of Taiwan may also be recognized as an eastern spreading history of Matsu.(来源:妈

祖源流博物馆)

析：原译文没有认真理解原文中"一水之隔"的"水"之意，生硬而且不恰当地翻译成 the river，实际上这里的"水"指的是台湾海峡。同样，文中"移民"实际指的是从大陆迁移到台湾地区的居民。"东渡史"指的是妈祖信仰的传播至海峡东岸的台湾地区，而非 eastern spreading history of Matsu，所以原译出现字字死译的现象。又如专有名词"妈祖"的翻译。译例将"妈祖"用威妥玛拼音译成 Matsu，是没有顺应翻译生态环境的表现。《汉语拼音方案》自1958年颁布后，威妥玛拼音已停止使用。1979年9月，联合国第三届地名标准化会议关于中国地名拼法的决议："建议：采用汉语拼音作为中国地名罗马字母拼法的国际标准。"至此中国人名、地名的翻译国家标准和国际标准都得以建立。因而译者在翻译人名或地名时，使用拼音汉语 Mazu 即可，更能保留其民族文化身份。实际上对于民间百姓而言，"妈祖"不仅仅只是一个称呼，更是把人神关系转化为亲情伦理关系，而妈祖也由高高在上的女神化身为如同家人般亲切的奶奶、阿婆。所以，在有些语境中，妈祖还可以译为"Mazu,'granny'"，以传递源语的文化信息，这样译文读者才有可能体会到信众对妈祖不一样的深厚情感。

例2——祖庙祭典

由于湄洲是妈祖的诞生地，祖庙是妈祖信仰的发源地，所以，元、明、清各朝皇帝都曾遣官直接"诣湄洲致祭"，于是在湄洲祖庙就形成了一种最高规格的祭仪——祖庙祭典。康熙五十九年（1720年）还将其编入国家祀典，与孔子、关帝同等。自民国以后，祖庙祭典被简化并逐渐湮没，直到1994年农历三月二十三日妈祖诞辰才得以恢复。如今，妈祖祭典已成为湄洲祖庙祭俗的标识，并被列为国家非物质文化遗产。

Since Meizhou is the birthplace of Matsu and the temple here

is the origin of Matsu belief, emperors in the dynasties of Yuan, Ming and Qing all ever sent officials to directly "participate in Matsu memorial events in Meizhou", therefore, a highest standard of rituals was formed in the Meizhou Matsu Temple, it is named as Matsu Temple Ceremonies (A.D. 1720) which was incorporated into the national ceremony and equaled to temples for Confucius and Guan Gong. After the founding of the Republic, Matsu Temple Ceremonies were simplified and finally disappeared, it was restored only till the birthday of Matsu on lunar March 23, 1994. Presently, Matsu Temple Ceremony has become a symbol of Matsu temples ceremonies on the Meizhou Island, it is listed as a national intangible cultural heritage.(来源:妈祖源流博物馆)

析:译例把标题"祖庙祭典"翻译成 Matsu Temple Ceremonies 也是不规范的,其实现在普遍被外国网站翻译并采用的是 Mazu Sacrificial Ceremony 或 Worshipping Ceremony。"妈祖祭典与孔子、关帝同等"被译为 equaled to temples for Confucius and Guan Gong,导致比较对象不对等。原文之意是妈祖祭典和祭孔、祭关帝的仪式相比较,并非和他们的庙相比较。

由此可见,照直死译或硬译非但不起任何作用,反而会行文累赘,使信息模糊,阻碍译文功能的发挥。因此,要实现原文与译文功能上的信息对等,翻译时决不能斤斤于字比句次,该删除的一定要删除,以保证通畅准确地传达原文的实质性信息。在许多情况下词是可以换用的,但是在某个特定的场合,一个词可能会比另一个词更得体。我们对自身语言的认识是极其复杂的,我们的头脑里所装的不只是一种广泛的、形式复杂的代码知识,而且还有一种对于各种各样语言环境的体验。这种体验指导我们在交际和翻译时为适合特定的场合对代码的近似项做出选择。这正是英国作家斯威夫特(Jonathan Swift)对文体所下的定义：文体的真正意义就在于把恰当的词用在恰当的地方(proper words in proper places make the true definition of a good style)。它对我们翻译不同语域的语言变体具有现实指导意义。我们期望语言能切合语境。

2.译者语旨界定模糊,译文语体结构松散

翻译是交际的复杂行为,是源语作者、具有译者身份的读者、具有译语作者身份的译者、译作的读者三者之间相互作用的过程。在这个过程中,译者和译语读者之间是一种互动关系,翻译应以目的语文本的功能而不是源语文本的规定(prescription)为导向,文本应该是完整世界的一个组成部分,不是一个孤立的语言标本。所以应该从动态的角度来分析和界定目的语读者群,即参与者的身份,考虑读者的接受能力,而采取相应的翻译策略,以充分有效实现翻译作为文化信息传播媒介的作用。参与者之间的社会地位和关系不同,交流的态度、目的和方式不同,都直接影响到语体风格、译文的句型和语气。因此,语旨决定了交际过程中语言正式度的问题,从而不可避免地影响到译文中词汇和表达的选择。语旨也离不开事件发生时具体的场合和地点。语旨可分为四个相互交错的层面：正式程度(formality)、礼貌程度(politeness)、无人称程度(impersonality)和可接受程度(acceptability)。正式程度体现在词汇和句式上；礼貌程度指交际参与者社会距离的远近,主要体现在称谓上；无人称程度指作者避免提及本人的行文方式,如英语中的被动语态；可接受程度指作者认为与读者共享知识的多少,共享知识越多,文中所含语境信息就越少。① 一般来讲,在翻译的过程中,译者无权改变原文中已具有的基调。作为译者,首先要根据源语的语域标记确定其语体,然后再以译语中相应的词汇和句式将

---

① 李运兴：《语篇翻译引论》,北京：中国对外翻译出版公司,2001年。

这一语体在译文中重现。或者说,译者应注意源语篇作者企图与他的读者建立一种什么样的交际关系,然后尽力在译文中准确地再现这一关系。每种不同的语体都应该有各自的词汇和句式特征。语言文字类型不同,社会文化背景迥异,因而英语和汉语两门语言的语域也不相同。就英语而言,从句法方面来审视,其专门语言与普通语言之间有较为明显的差异,各种变体之间的差异也较为明显。从根本上说,汉语的变体主要"变"在语汇(术语)上,而英语的变体除了"变"在语汇(术语)上,更重要的是"变"在语法(句法)上。通常在正式的场合要使用相应的正式语言,在非正式的场合则要使用相应的非正式语言。如果非正式的语言用于正式的场合或反之,就会给人以不得体、不协调的感觉,有时甚至会产生异常的效果,这在语言学上称"语域的混淆"。①

在写作形式上,妈祖文化的源语篇叙事赅括,语言庄重规范、简练,结构严谨,长句多,逻辑性强,语体严肃正式。因而,要使译文再现原文的语旨,就要根据源语篇体现在词、句、段多个层面上的语域标记来识别语旨,并将语旨成功地移植到译文中,翻译时应该探求适当的词句,寻找最富有表现力的句式和词序来传递源语信息和表达感情。

例3——湄洲妈祖祖庙介绍:"灵妃一女子,瓣香起湄洲。"妈祖,原名林默娘(960—987),湄洲岛人。生前博爱无垠、救苦救难。殁后,人们敬其德、仰其灵,于987年在岛上她羽化之处("升天古迹")建庙奉祀,这乃世界首座妈祖庙,故名"祖庙"。……

Mazu, old name Lin Moniang (A.D. 960-987), was born in Meizhou Island. Before her death, she loved for humanity and heartstring, after her dying, legend said that she ascended to heaven and become immortal on the Island ("the side for raising to the

---

① 秦秀白:《英语文体学入门》,长沙:湖南教育出版社,1987年。

skies") people built a temple by way of memory to worship her in 987. This is the original Mazu Temple in the world, also is worshiped as "Ancestral Temple"...(来源:湄洲妈祖祖庙原石碑)

例 4——"升天古迹"是妈祖升天之处。相传公元 987 年重阳节(农历九月初九日),林默娘(即后称"妈祖")同诸姐登高于湄峰之巅,默娘迎着仙班古乐,跨上祥云,翱翔于天际间。忽然彩云布合,不可复见。默娘升天后,乡人感其美德,就在此处建庙奉祀。明代祖庙住持僧照乘在崖上题刻"升天古迹"四字。

Historic site for ascending to heaven "Historic site for ascending to heaven" is the place for Mazu to ascend to heaven. Tradition has it that Lin Moniang (who is called Mazu later) had ascended a height with her sisters on the top of Meifeng hill in the Double Ninth Festival in 987 (Chinese tradition calendar September 9), and then Lin Moniang has met the immortal drama troupe and the ancient music, suddenly colorful cloud closed and Lin Moniang disappeared. After her ascending to heaven, the folks were moved by her virtues; a palace was built there for celebration. The abbot of the ancestral temple named Seng Zhaocheng in the Ming Dynasty inscribed? Historic site for ascending to heaven? on the cliff.(来源:湄洲妈祖祖庙原石碑)

译例中的语篇结构,无论是词汇还是句式结构,都没能实现语旨对等。其译文基本上按照汉语的结构、字面意义来译的,以至于句子与句子之间结构混乱,衔接松散,随意更换主语,所用词也多是常用词,给人留下一种不正式、随意的印象,所以不符合语类特点。

3.译者语式意识淡薄,译文表达形式随便

语式是作者/说者要与读者/听者建立一个什么样的交际关系的意图的具体体现,是语言传达信息的媒介、渠道、形式,它决定了

译文的表达。译者应充分意识到特殊语境中语篇用来表达意义的形式,口语和书面语之间存在明显差别。在翻译不同题材的语篇时,译者必须意识到这种差别,看看原文是口语体式还是书面体式等。属于正式书面语的原文不可译为口语,反之亦然。译者只有在翻译中注意源语传达信息的方式,才能更好地表达出原作的意义,以利于译语读者的理解。

妈祖文化多为祖庙沿革及妈祖神迹的叙述,以碑记的形式出现在朝拜圣地,其源语篇属于正式的书面语体,主要特点是:庄重、准确、朴实、精炼、严谨、规范。它在词语选择、句法结构和篇章建构方面有自己的独特性、逻辑性、规范性和稳定性,措辞严谨、规范、正式,多为敬畏式的语言,并保留了一些古语词;句法严密完整,段落衔接连贯紧密,篇章逻辑严密性强。然而,上述译例的用词随便、结构松散、语篇衔接单调、缺乏连贯性、逻辑性,语体随意,因而在语体上无法实现与源语篇对等。如例3中的"殁""羽化"都是正式书面语,表示"死"之意,译例只是直接用die来表示,与源语语体不合。其实无论在何种文化中,对于"死"字,人们总是寻求一些中性的或委婉的词汇来表达。汉文化也忌讳直接说"死"字,而是间接地用一些委婉语来表达,如"安息""百年""与世长辞""逝世""升天"等。再者,旧时的委婉语有宗教的影子,还有社会等级的差别,如僧尼之死说"圆寂""遁化";道教则称人死为"仙逝""羽化",意指变化飞升成仙。诸如此类,不一而足。同样,对于"死"字,英语中也有许多相应的委婉表达语。例如,常用"去了"(to pass away),"离别了"(to depart),"离开了我们"(to leave us),"睡着了"(to go to sleep),"去天国"(to go to heaven),"心脏停止了跳动"(one's heart has stopped beating)等词来代替说某人"死了"(to die)。英汉语委婉语都是发源于原始宗教迷信。

篇章及其段落通常是个有机的整体。从句子结构看,英语书面语体较常使用短语状语,如介词短语、分词短语、独立主格结构等,而口语体则通常使用从句或并列句。句子结构的复杂程度能反映该语体的正式程度,长句的频繁使用说明该语体正式,而短句则说明该语体不太正式。

译例没有充分意识到英汉语在句式结构上的差异,以至于译者按照汉语思维习惯,拘泥于源语篇语式而机械地逐句翻译。如例3中"after her dying, legend said that she ascended to heaven and become immortal on the Island ('the side for raising to the skies') people built a temple by way of memory to worship her in 987.This is the original Mazu Temple in the world. also is worshiped as 'Ancestral Temple'";例4中"Tradition has it that Lin Moniang (who is called Mazu later) had ascended a height with her sisters on the top of Meifeng hill in the Double Ninth Festival in 987(Chinese tradition calendar September 9), and then Lin Moniang has met the immortal drama troupe and the ancient music, suddenly colorful eloud elosed and Lin Moniang disappeared"等这样主从句之间缺少连接词、层面之间没有明显逻辑标记,而且有悖于译入语的句式。

此外,英语的语域还有地域和时间变体之分。所谓地域变体就是我们常说的 regional dialect;时间变体,即 historical dialect。这两种语言变体能使作品具有"异国情调""地方色彩"或"古香古色"。妈祖文献很多是属于地域和时间变体,因此翻译时也必须顾及原文风格。

通过上述语料分析,从语域角度讨论翻译过程中所涉及的几个步骤,从一个侧面揭示了翻译过程的复杂性。翻译过程是一个交际过程,是涉及两种语言、两种文化、两种情景、两种不同的目的和动机的复杂的人际交流活动。在这个过程中,语篇是译者联系

作者的一个重要因素,译者从源语篇中解读、推测原文作者的交际意图和交际目的以及他自觉和不自觉地所表达的意义;译者通过语篇与原文作者进行对话,从中寻求自己认为合理、合适、贴切、准确的交际意义。

　　以上分析说明,所有社会语境构成了文化语境。文化是整个意义潜势,决定意义的选择。文化也是整个行为潜势,决定人们的行为方式,所以说社会语境与文化语境决定了人们的行为方式和语言方式。语域对于翻译过程中的处理有着很大的制约作用。诺德①(C. Nord)认为翻译是"人类行为理论"研究的范畴,是跨文化交际的主要内容:"人类交际受情境的制约。"情境绝非千篇一律,而是根植于文化习惯;而文化习惯又反过来制约情境。语言是文化的一部分,言语交际因此受文化先决条件的制约。词或句的意义是不固定的,它依赖一定的上下文,有关联性。因此,要力求达到忠实、通顺的翻译,作为译者,识别语域是一个重要的前提,不可忽视在特定的语言和社会环境中去寻求它特有的意义。译者应该把握原文与译文的语域特征,把握译文语域相对于原文语域的转换,要学会从众多的不同表达法中选择合适的词或句,既考虑功能等效,又考虑整体效果,细心体察其中的变化,恪守译文的适应性原则,把语域差距缩减到最小,成功地移植到译文中,保证译文的语域功能在译语中得到体现,继而体现在译文语篇的各个语言层次上,从而使译文更忠实于原文。因此,翻译时要遵守语义、功能、语体三个方面的对等原则。语义对等是指在表意层次上,要尽可能以具体对具体、抽象对抽象、模糊对模糊,要正确地将原文语域的信息用译文语言表达出来,不苛求语法与句子结构的一致,但要求信息内涵上的相等。无论是尤金·奈达提出的"翻译是在接受

---

① Chritiane Nord, *Translation as a Purposeful Activity: Functionalist Approaches Explained*, Shanghai: Shanghai Foreign Language Education Press, 2000, p.1.

语中制造出原语信息的最近似的自然等值物,首先是在意义方面,其次是在文体方面(Translating consists in producing in the receptor language the closest natural equivalent of the source language message, first in terms of meaning and secondly in terms of style.)",还是严复提出的"信、达、雅"的翻译标准,抑或是林语堂提出的"忠实、通顺、美"的标准,几乎所有的流派均以如实地表达源语所表述的内容为翻译的要旨,以忠实传达原意为翻译的目的。功能对等是强调句式表意功能的对等,功能对等的翻译要求译文使用自然流畅的语言忠实地反映原文信息,最大限度地贴近原文,让译文读者产生与原文接受者对等的反应。语体对等是要求正式对正式,规范对规范,即运用词语规范,符合约定俗成的含义,既不能"文""白"相间,也不能"雅""俗"互呈。

根据以上原则,我们试把译例修改如下:

例1 建议改译为:Fujian and Taiwan are separated only by a strip of water, and the communication and exchanges across the Strait have been constant since ancient times. In the early years, when people migrated to Taiwan from the neighboring coastal areas, they also brought Mazu belief, which had been flourishing in the mainland of China. Therefore, the development of Taiwan has been intimately entwined with the eastward spreading of Mazu belief.①

例2 建议改译为:Since Meizhou is the birthplace of Mazu and the First Mazu Temple is the origin of Mazu belief, the emperors of Yuan, Ming and Qing dynasties used to dispatch officials to directly hold Mazu worshipping ceremonies. Therefore, a ritual of the highest standard has been developed at the First Mazu Tem-

---

① 林伟清:《生态翻译观下妈祖文化资料机译可行性分析》,《集美大学学报(哲社版)》2018年第4期,第108页。

ple, namely Mazu Worshipping Ceremony. In the 59th year of Kangxi's reign (1720), it was incorporated into the national ceremonies of the Qing dynasty with another two equally significant traditional ceremonies in ancient China: one for Confucius and the other for Guan Gong. However, the Ceremony was once simplified and almost disappeared after 1912 until the birthday of Mazu on March 23 (Chinese lunar calendar) 1994, when the Ceremony was eventually restored. Presently, Mazu Worshipping Ceremony has become a symbol of ceremonies held at the First Mazu Temple each year, and has already been listed as a National Intangible Cultural Heritage.

例3 建议改译为:Mazu, whose mortal name is Lin Mo (960—987), was born on Meizhou Island, Putian. Deeply concerned about common people across the land, she was always helping the needy and relieving the distressed during her lifetime. Soon after her departure, at the site where she flew to Heaven ("Sheng Tian Gu Ji"), a temple was erected to worship her in honor of her lofty virtues and benevolent motherhood. It is the first temple dedicated to the Goddess Mazu; hence the name "Zumiao" (the First Mazu Temple).

例4 建议改译为:"Sheng Tian Gu Ji" is the site where Lin Mo(later titled as the Goddess Mazu) ascended into Heaven. Legend has it that, in 987, to the sound of many ancient musical instruments, Lin Mo flew to Heaven on auspicious clouds while climbing to the top of Mount Meifeng with her elder sisters on Chongyang Festival (the ninth day of the ninth month of the Chinese lunar calendar). All of a sudden, the clouds gathered and filled the sky, when in a twinkle, Lin Mo could not be seen. Therefore, people lived there were grateful for her virtue and built a shrine. On the cliff right next to the shrine, the four Chinese characters "Sheng Tian Gu Ji" were engraved by Seng Zhaocheng, the abbot of Meizhou First Mazu Temple in the Ming dynasty.

二、妈祖文化的翻译策略

(一)翻译原则

功能目的论将翻译定义为一种有目的的信息转换行为。其主要翻译原则是目的原则和忠诚原则。功能派学者认为,一篇译文好坏的标准并不是看与原译文是否等值(equivalence),而是它是否合适(adequacy)。合适指的是译文须符合翻译目的的要求,达成其在译入语语境下的交际目的。目的论下翻译的标准是动态的,是随着翻译的目的变化而变化的。

翻译活动过程中,译者要以目的为基础,择其最易实现目的的表达,即译文的功能是评价译文质量的一大标准,译文要满足翻译目的的要求,在译入语语境里尽可能地发挥译文的功能。

妈祖文化外宣资料英译的预期读者是非汉语受众,主要目的是对外宣传我国独特优秀的民俗文化,把其中深层次的文化内涵和文化特色传达出来,让非汉语读者对这一文化能更准确地理解,促进东西方文化沟通与交流。译者应当以译入语的预期目的和功能为前提,在完全理解原文文化信息内涵的基础上,充分考虑符合译入语读者的语言习惯、认知习惯和文化接受度,尽量考虑读者需求,选择特定的翻译方法或策略而进行,避免因照搬汉语的表达习惯而出现硬译、死译的现象,保留重要的文化信息,以确保准确译出原文的内在含义,使妈祖文化的对外传播能顺利进行。

(二)翻译技巧

翻译的目的就是为使用不同语言、具有不同文化背景的人群之间的交际服务的,所以单纯从语言角度来研究翻译是不够的,要充分考虑文化因素。比如一个为国内读者熟悉的事件、地名、人名或词语,对于外国读者就未必如此。因此,在翻译中增加一些背景知识、注释和解释性的说明就显得必要。根据功能目的论的翻译原则,妈祖文化外宣资料的英译可以借鉴以下几种翻译方法:

1.音译或音译加注(transliteration + annotation)

音译即译音,是把一种语言的语词用另一种语言中跟它发音相同或近似的语音表示出来的翻译方法。有些文化词汇和意象在译入语中找不到对应的词汇,这时需要译音代义的方法,比如一些专有名词、文化内涵词、无对应的词的词语等就是通过音译法翻译的。

例如:

顺济殿

为本宫之前殿。宋宣和五年(1123),宋徽宗御赐"顺济"匾额为本殿额名。……(湄洲妈祖祖庙)

文化内涵词(culturally-loaded words)传达了该民族的价值观、思维方式、风土人情、生活方式、传统习俗和宗教信仰等信息。翻译与语言、文化密切相关,翻译既是语言的转换,也是文化的移植。由于文化差异的存在,语际的信息转换活动使文化内涵词翻译起来十分棘手,如果处理不当,便可能成为信息传递的障碍。解决跨越文化内涵词翻译障碍的首选途径是"音译+注释"。湄洲妈祖景区内很多殿宇楼阁的名称带有中国文化色彩,翻译时可能要费较多文字进行解释,建议采用音译法,一来保留文化信息,二来作为殿阁的名称,译文过于复杂反而会给读者理解带来困难。但如果是出现在宣传文本中的词汇,为了更清楚地表达原词的意思,应在音译后适当加上注释,以便于读者理解译文。例子中两次出现"顺济"一词,一是作为大殿的名字,二是出现在皇帝御赐的匾额上。首先作为殿名,可以采用音译的翻译方法,不需要加注释,以避免译文拖沓。但是"顺济"作为匾额名,是宋徽宗为了嘉奖妈祖救助海难有功而特赐的,是中国所特有,"顺济"含有"顺利渡过难关"的意思,在英语中没有对应词。此句的"顺济"除了音译之外,还需要向读者解释其具体含义。因此在翻译匾额时,除了音译外还应该把这一层意思加以解释,这样读者才能够理解宋徽宗题匾的真实含义。

建议译文改为:

Shunji Hall

This is the front hall. In the 5th year of the reign of Xuanhe period of the Song Dynasty（1123）, Emperor Huizong conferred an inscribed board with "顺济"（Shunji, meaning "smooth tiding over difficulties"）which is used as the name of this hall…

2.直译加注(literal translation ＋ annotation)

英语与汉语的语言结构与文体结构有相同的一面,汉译时可照译,即所谓"直译"或"对应"——既忠实原文内容,又符合原文的语言与文体结构。随着跨文化交际不断发展,各国文化交流活动日渐频繁,读者们对译文质量的要求也随之提高,他们渴望看到更多更有中国味的译文,直接感受到原汁原味的中国文化,领略地道的中国风俗习惯。这就需要译者在翻译过程中注意保留源语中的特色文化信息,尽可能将其直译出来,达到最佳的"同源对应"（cognate equivalence）。但由于很多情况下直译出来的译文还不能与原文的文化内涵完全对等,文化色彩和文化信息有所缺失,这时候应该加上必要的注解,补全信息,既满足译文读者的文化需

求,又保证他们能真正理解其中的文化特色和文化内涵。

例如:

妈祖石像,高 14.35m,身披霞帔,头顶冕旒。(来源:湄洲岛景区石碑)

"霞帔"和"冕旒"是中国文化里独有的名词,其实就相当于常说的凤冠霞帔,是中国古代皇帝御赐的妇女礼冠和命服,是身份和地位的象征。虽然国人对这些文化背景很熟悉,但不代表外国读者也一样熟知这些知识,如果光翻译字面意思为 coronet and cape,读者并不能体会这些服饰背后蕴含的文化意义,以为只是普通的披风和头饰而已,所以还要进一步解释这是中国古时候十分正式尊贵的官袍,代表接受者拥有较高的社会地位。

建议译文改为:The Mazu stone statue is 14.35 meter-high, wearing coronet and cape, which is an official robe representing a high social rank in ancient China.

3.意译[free (liberal) translation]

虽然直译、音译等能更好地保留原有的文化信息和鲜明的文化色彩,使读者能最直接地感受到原文所传递出的文化底蕴,但是目的语读者对我国的民俗文化知识并非熟悉,有时候不管是音译还是直译可能都无法准确地把其中个性鲜明的文化色彩和内涵表达出来。这种情况下,不妨转换思维模式,从意义出发进行"意译",不需过分注重细节,只挖掘原文深层结构的中心思想,抓住最重要的文化内涵,然后使用译入语读者能理解的语句把原文的信息进行重组,将原文真正深层次的文化特色翻译出来。这样的译文也许并不能与原文完全对等,但我们的目的是传播民族特色文化,让国外读者理解获得文化信息是关键,不能因为一味地追求对等而放弃了文化内涵,否则反而得不偿失。

例如:

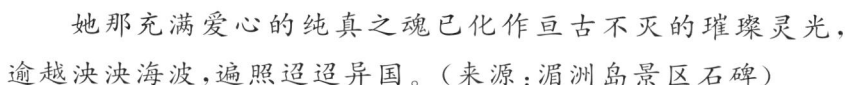

她那充满爱心的纯真之魂已化作亘古不灭的璀璨灵光，逾越泱泱海波，遍照迢迢异国。（来源：湄洲岛景区石碑）

这句话的句式带有明显的汉语色彩，多用比喻、四字词、叠字等，以起到重复强调、加强语气的作用。同样，这类句子不能直接字对字进行直译，否则译文的结构会显得很混乱，内容复杂拖沓；脱离了文化语境，读者也看得云里雾里，没能起到文化传播的作用。这句话看似复杂，但其实中心意思很简单，主要指的是妈祖那富有关爱之心的纯真之魂影响广泛，能跨越国界，在世界范围内传播。知道了文化内涵，翻译起来也就相对简单了。

建议译文改为：Her pure spirit, which is full of love, has turned to immortal bright light and is spreading all over the world now.

4. 增译（amplification）与减译（omission）

翻译行为所要达到的目的决定了整个翻译行为的过程，即目的决定方法。只要能达到翻译目的，实现译文的预期功能，译者可灵活选择增译，补充与原语内涵意义相关的信息，有时也可能需要减译或调整等翻译策略与方法。

比如，以下这段对妈祖羽化飞升之日的描写：

……（独自乘长风驾祥云，翱翔于苍天皎日之间，忽见彩云布合，人亦不可复见。……（来源：湄洲岛景区原石碑）

"长、祥、苍、皎、彩"等诗意的描绘都是起到渲染环境、烘托气氛的作用，并不含有实质性信息，体现了汉语讲究文采，"常把情感体验与客体描述合而为一，易于滥用主观性修饰语"[①]等特点。而西方话语的文风朴实，注重实质信息，因此在该句的语内翻译阶段，应该避开逐字逐句忠实原语的翻译策略，删减空泛的描写，"长风、祥云、苍天、皎日"等理解为"风、云、天、日"，译为"wind, cloud, sky, sun"等即可，力求在表达上做到真实可信，以契合译文读者偏

---

① 连淑能：《英译汉教程》，北京：高等教育出版社，2006年，第34～35页。

向客体思维的阅读期待。

再如：

两岸情缘

"一尊妈祖两岸情，追根溯源血脉亲。"……不管是颜（思齐）郑（芝龙）时期移民带去的"开台妈"，还是明（末清初）郑（成功）时期的"船仔妈""护军妈"，以及后来的"湄洲妈""温陵妈""银同妈"等等……

Cross-strait Love

"Matsu links people along the two straits and represents the blood relation in their origin." Development of Taiwan is closely linked to spread of Matsu. People on both sides of the Strait have "the same root and the same God"…Either the "Taiwan Pioneering Matsu"…"Meizhou Matsu", "Wenling Matsu" and "Yintong Matsu"…（来源：妈祖源流博物馆）

这段文字充斥着大量的人名、朝代和一些文化负载词。"开台妈""护军妈""湄洲妈""温陵妈""银同妈"这些都是从湄洲祖庙分灵的妈祖的别称，这些别称蕴含着丰富的文化背景知识，是妈祖文化传播中的重要方式。翻译时需要删繁为简，提取有用信息，整合文字。我们只需要交代因为历史和地理的原因，从17世纪初到现在，分灵出来的妈祖有许多的别称。然后举一个例子，如"开台妈""护军妈""湄洲妈"说明即可。

建议改译为：…for historical and geographical reasons, Mazu has been given various names from the beginning of 17th century to the present. For example, "Pioneering Mazu" got its name because it was taken to Taiwan in the first half of 17th century when the earliest Chinese settlers set their foot on the island. Later on, people had the "Army Protection Mazu", which was escorted to

Taiwan by Zheng Chenggong, a Chinese military leader stationed on the island in the middle of the 17th century. And presently, people have "Meizhou Mazu","Wenling Mazu" and so on…①

5.形合(hypotaxis)与意合(parataxis)

由于思维方式的不同,不同民族对同一客观事物常有不同的语言表达习惯。从语言学角度来看,英、汉语言之间最重要的区别莫过于形合与意合之分了。汉英两种不同的语言在语篇结构上呈现很大的差异,英语是一种典型的形合语言。英语句子主语和动词不可或缺,它是以"主谓结构"为主干,注重形式结构协调,语篇多于形连(formal cohesion),语句各成分的相互结合常借助语言形式手段(包括词汇手段和形态手段)实现,以表示其结构关系。它的"语法是硬的,没有弹性"。② 其语言具体表现为:重形式,重理性,句式构架严整,表达思维缜密,行文注重逻辑,语言大多明晰客观,符合理性。相反,汉语重意合,注重语义上的连贯(semantic coherence),不受形态制约,句型结构灵活多样,无主语句和无动词句较多,句子内部成分常常一一罗列,呈现并排式结构,外形上没主从句之分,层面之间没有明显的逻辑标记,句中各成分之间或句子之间的结合多依靠语义的贯通,少用连接语,句子结构简短而松散,所以它的"语法是软的,富有弹性"。③

例如:

天宫灵霄殿

这是《妈祖》剧拍摄场景之一——天宫灵霄殿。正中是玉皇大帝宝座,左右两边是麒麟,麒麟是古代传说的一种神兽,世人多用其象征吉祥。殿前是香炉。

---

① 林伟清、徐颖:《翻译适应选择论视角下妈祖文化宣传资料英译》,《莆田学院学报》2017年第6期,第23页。

② 王力:《中国语法理论》,《王力文集》第一卷,济南:山东教育出版社,1984年,第141页。

③ 王力:《中国语法理论》,《王力文集》第一卷,济南:山东教育出版社,1984年,第141页。

Heaven Palace

This is one of the shooting scenes of 〈Mazu〉TV series—the Heaven Palace. Right in the middle is the throne of the Jade Emperor. And there are Kirins on both right and left side, which are one of the mythical creatures in the ancient legends.（来源：湄洲妈祖文化影视城）

译例未能很好地把握英汉两种语言各自在语体和句式对应上的不同特点，英译时拘泥于汉语原文句式，出现逐字逐句翻译、过于口语化，而且句子间衔接不紧凑等问题。这时需要有目的、有意识地选择语体恰当的英语句型。建议改译为：

Palace of Heaven

This is one of the shooting scenes in the TV play Mazu. In the very middle lies the throne of the Emperor of Heaven, with two Kylins on both sides. Kylin is one of the lucky mystical animals in ancient Chinese legends and has been seen as the symbol of good luck. In front of the palace is the incense burner.

再如：

……妈祖是一位历史人物，她就诞生在湄洲岛这块"郁积乾坤英淑之气"的土地上。……她生于宋建隆元年（公元960年）农历三月二十三日，卒于宋雍熙四年（公元987年）农历九月初九。……

Matsu is a historical figure who was born on the Meizhou Island with "ectoplasm"… Matsu was born on lunar March 23 in AD 960 and passed away on lunar September 9 in 987…（来源：妈祖源流博物馆）

原文中关于妈祖出生于湄洲岛的论述本来就有所重复，如果在这一小段介绍性的文字中,两次出现都翻译成 was born on Meizhou Island,不符合英语行文简洁的表达习惯,需要译者删繁为简,以原文信息为基础,按照译入语读者的阅读习惯,重新调整语序。因此,关于妈祖出生于湄洲岛这个事实只要保留一处就可以了。为了行文的连接,开头说明妈祖是一位历史人物,接下来说她的出生日期就更为连贯。建议把"She was born on lunar March 23rd, 960 and passed away on lunar September 9th, 987"调整到开头,紧接在"Mazu is a historical figure"之后更符合逻辑和语篇连贯的需要。可见,在翻译过程中,译者适应多方面的因素,可对原文做必要的删减、语序调整并进行整合。

6. 跨域合作翻译(cross-culture co-translation)

语篇翻译的跨学科特点不仅强调跨学科合作,也需要跨地域合作。拉斯韦尔(Harold Lasswell)传播过程模式应用到译介,指的是"译介内容""译介主体""译介途径""译介受众""译介效果"五大要素的译介模式。关于译介主体,就是谁来翻译的问题。中译外译者到底应该是深谙中国文化的国内本土译者,还是西方汉学家既了解中国文化,又了解海外读者的阅读需求与阅读习惯,善于沟通国际出版机构、新闻媒体及学术界的翻译群体呢?针对这个问题,黄友义先生认为,对于中国译者,与外国翻译或者编辑合作,不仅是一个较好的工作流程,更是一个学习提高的过程,可以帮助我们学会用欧美话语体系诠释中国作品的内涵。从表面上看,翻译做的工作形式上是翻译语言,其实翻译的是文化,翻译文化就必须对两种文化都了解。如果中译外译者是中国人,深谙中国文化,就需要请外国学者在语言上帮助理顺润色;如果中译外译者是研究中国问题的外国人,是汉学家或者是学中文的人,就要搭配一个对中国文化非常了解、外文基础又好的中国人。近年来,国际上知名度比较高的译本都是中外合作的结果,中国最典型的著名翻译

家杨宪益成就卓著,原因之一是和英国夫人戴乃迭(Gladys B.Tayler)组成了最佳搭档。①

在中西文明交流史上,活跃着一群特殊的跨域作家群体,他们用英语直接书写中国故事,在西方世界产生过巨大影响,为推动中学西传做出了重要贡献。这种用他者语言对本族文化世界的客观存在或用母语对异域文化世界的客观存在进行的跨域创作活动在广义的翻译定义里被称之为一种特殊的翻译路径——文化译介模式,其本质特点是异域文化传播。这种模式下的活动主体具有作者和译者双重身份,是文化使者。他们跨域的生活阅历、独特的观察视角以及迎合西方读者审美情趣和阅读习惯的创作手法,在推动中国文化走进西方读者阅读世界方面具有不可替代的优势。无论是旅居中国多年、以在中国所见所闻为创作主题的西方作家,还是为弘扬中华文化而用英语直接进行文学创作的华人精英,他们不仅是成功的作家和翻译家,更是伟大的文化传播使者。他们不仅翻译了大量的中国文化和文学经典,而且还用更易于西方读者接受的语言和创作手法直接书写了中国故事,以一种独特的方式成功地将中国文化译介出去,在中国文化"走出去"的历史进程中发挥了重要作用。②

就妈祖文化跨语境传播的"译介主体"而言,跨域书写的文化译介模式值得借鉴。在新的历史背景下,推动中华妈祖文化"走出去",提高妈祖文化在海外的传播效果和中国文化软实力,不仅需要高水平的传统译者,更需要精通双语、深谙异域文化且能用外语对本族文化或能用母语直接书写异域文化的跨文化译者。如果在跨域合作翻译模式下,译介主体集"作者"和"译者"身份为一体肩

---

① 鲍晓英:《中国文化"走出去"之译介模式探索——中国外文局副局长兼总编辑黄友义访谈录》,《中国翻译》2013年第5期,第62~65页。

② 高彬、杨丽:《跨域书写:中国文化"走出去"之译介模式探索》,《江苏科技大学学报》2017年第1期,第6~51页。

负着妈祖文化传播的使命,在传播效果上有着得天独厚的优势,传播效果更佳。他们均有在中国的生活见闻、阅历、体验和以中国社会为背景进行文学创作的经历,其"中国话语"的生产方式更能雅俗共赏。但是要始终坚持一个原则,如果是中国本土翻译的,也一定要经过外国人把关。在多媒体信息时代,可依靠网络联系,聘请那些对中国态度友好而且精通妈祖文化的国外译者来承担翻译或审校的重任。在全新的世界文化格局中,世界关注中国,中国走向世界,多元文化共生、共存、共发展成为时代主题。推动妈祖文化"走出去""走进去",使妈祖文化融入全球文化,让世界认识和了解妈祖文化,了解中国,是多元、共存文化格局逐步建立和健康发展的必经之路。

中华妈祖文化要走出去,要进行跨文化传播,要讲好妈祖故事,要引进世界上一切先进思想、先进理论、先进事务、先进技术,一个重要方面就是一定要过好翻译关。对外译介好妈祖文化,让世界不仅读懂中国的现象,也能读懂中国的价值观、世界观和方法论,让受众有所启迪、有所借鉴。

如今,英文妈祖文化资料已成为世界了解妈祖文化的重要手段,所以其翻译的质量对于宣传妈祖文化、塑造妈祖形象、进行国际文化交流都有重要意义。在语际翻译妈祖文化相关的故事或者习俗时,要遵循贴近原则:贴近妈祖文化精髓,贴近海外受众对中国文化的需求,贴近海外受众的思维习惯。用外国人听得懂、听得进的话语进行翻译。从事翻译,文本很重要,人的因素也很重要,其中包含译者和受众。在进行翻译时,必须以融通的话语使翻译作品被读者接受。在语言、思维、认知等方面,中外存在差异,因而,翻译话语体系的构建就显得尤为重要。译者要研究受众的文化背景和思维方式等,采用归化翻译,用海外受众易于接受的话语模式传播妈祖文化。翻译的过程既要忠实于妈祖文化汉语源文

本，又要在了解海外受众文化特征和思维习惯的基础上，用他们听得懂的、喜欢听的话语模式来表达，把妈祖故事、妈祖文化讲生动、讲透彻，使受众从文化和价值观上接受并认同妈祖文化，进而认同中国文化。因此，妈祖文化翻译要基于对原语的理解，考虑受众的文化背景和思维方式，采用"文化的翻译"策略来表达中国立场、中国观点，对外建构新外交时代的国家形象。

第四节 妈祖文化的符际翻译

符际翻译（亦称跨类翻译：transmutation），指"通过非语言的符号系统解释语言符号，或用语言符号解释非语言符号，比如把旗语、手势变成言语表达"。① 符际翻译是一种针对语言和非语言信息进行综合处理的翻译手段，在文化传播和交际层面上更加适合现今大量种类繁多的非语言交流和传播活动。由于多种原因，国内对符际翻译的研究一直处于翻译研究领域的边缘，至今尚未得到长足的发展。符际翻译可以说是三种翻译中最包罗万象的，又隶属于跨学科范畴；相关领域学者对符际翻译的忽视也间接表明其边缘性、复杂性、综合性和跨学科的特点。

对翻译的考察研究长期以来一直受到"语言中心主义"的主导，致使翻译研究长期以来一直是一个隶属于对比语言学之下的分支学科或研究领域，因此人们过去所理解的翻译基本上就是两种语言之间的转换。后来由于比较文学和文化研究对翻译研究的干预，这种逐字逐句的基于语言层面的翻译范围才逐步扩大为两

---

① J.Roman,"On linguistic aspects of translation," *Theories of Translation：An Anthology of Essays from Dryden to Derrida*, Chicago and London：The University of Chicago Press,1992,p.145.

种文化之间的翻译,但其意义转换的中介仍是语言。但从此以后,翻译开始同时在对比语言学和比较文学两个学科之框架内得到考察和研究。当然,在一个文字文本占据读者大众的主要阅读空间的时代,语言和文化的翻译必定是研究者考察翻译的主要对象。然而,在当今这个全球化的后信息时代,信息的传播媒介发生了很大的变化,语言的作用也受到了其他传播媒介的挑战。随着科学技术的不断发展、多媒体和互联网的广泛使用,人们不再把语言作为唯一的意义表达手段,信息的传递方式不再是单一的文本,而是包含了多种模态,如音频、视频、三维立体动画等复杂形态。这些现代化的手段丰富了语义表达的形式,打破了常规媒介的单一性。语篇分析学家们也日益清晰地认识到语言只是意义生成的手段之一,谈话时的手势、面部表情、身体语言,书面作品中的排版、插图,以及戏剧中的音乐、舞蹈、服装等,都是生成意义的符号模态(semiotic modes)。尤其是随着计算机和因特网技术的发展,语篇出现了照片、图画、精美的布局等多模态特征,人们的交际变得更加多模态化和多媒体化。传统语言学家采取的只分析语言或以语言为核心的单模态分析法已不能全面地解释意义生成和交际。20 世纪 70 年代以来,许多学者都尝试从社会符号学这一角度分析多模态语篇,探索和构建描述各种符号模态(如语言、图像、声音、色彩、印刷版式等)的"语法",解释各种符号模态如何在多模态语篇中和谐并存,以及人们是如何在特定的情景语境和社会实践中有效地利用多种符号模态构建意义、传达信息,达到交际目的的。克瑞斯(G.Kress)等人(1997)意识到了图像在语篇中已作为重要的交际形式,因此引起语篇的形式和特征发生了变化,读者在阅读时不再仅仅依赖于书面语言。他们认为从语言单模态到多模态的发展促使人们从语言学到符号学的变化。在今天人们的阅读和观赏中,图像的无所不在和对文字空间的挤压使得人们越来越感觉到,我

们仿佛身处在一个"读图的时代"。我们经常面对的并不是主要由文字组成的阅读文本,而是由文字和图像共同构成的"语符"或"语像"文本,有时甚至图像占据了更大的空间,而文字则仅仅充当对图像的附带性说明。这确实给当代读者带来了极大的挑战,同时也更给翻译者带来了极大的挑战。①

一、妈祖文化的多模态语篇特征

数字化和信息化时代也使得妈祖文化的语篇日趋呈多模态化。由于多模态语篇强调语篇的社会功能,把语言的三大元功能延伸到包括语言符号在内的其他社会符号系统,在功能语法的基础上延伸和发展了功能语法。多模态语篇分析的出现,为信息时代的语篇分析提供了一个新视角,极大地丰富了语篇分析的研究手段。在多模态语篇分析中,每一个模态(无论是话语、书面语言、形象、声音还是动作)都是一个独立的意义生成资源,我们可以为每一种模态制定语法,来总结该模态作为意义生成资源所共有的规律。所以,当代妈祖文化研究也不能忽视对语义多模态表达方式的研究。在妈祖文化跨语境传播中,对于人类非物质文化遗产"妈祖信俗"最具代表性的"妈祖祭祀典礼"、图文并置的妈祖故事语篇、戏剧(歌剧、舞剧、越剧、莆仙戏)、音乐、舞蹈、美术、雕塑、书法、影视作品和宫庙建筑等艺术形式,以及妈祖信俗、祭祀活动、妈祖巡游、分灵谒祖等民俗形式,我们不仅要能读懂文字说明的部分,更要能读懂图像等非语言符号所蕴含的丰富信息和意义。这就需要译者具有多方面的才能:既要能将图像所蕴含的意义用语言文字的形式表达出来,有时面对来自另一种语言文化的图像,我

---

① 王宁、刘辉:《从语符翻译到跨文化图像翻译:傅雷翻译的启示》,《中国翻译》2008年第4期,第29页。

们还要具备跨文化符际翻译的才能，在阐释图像等非语言符号的同时将其背后的历史文化背景知识也翻译成目标语。下文仅以妈祖祭典、妈祖雕塑、妈祖图文故事等例，来分析如何恰当解读妈祖文化的多模态语篇。

（一）多模态妈祖祭典的文化内涵

湄洲妈祖祖庙祭典与妈祖文化的形成几乎同时，与孔庙祭典、黄帝陵祭典并称"中华三大祭典"。作为妈祖信俗的重要组成部分、妈祖文化的标志性载体，妈祖祭典作为民俗、信仰、礼仪、工艺美术、音乐舞蹈的传承载体，包含唱白、上香、诵经、读祝文、叩首、音乐、舞蹈、神像、服饰、祭坛、祭器、供品等各种视听觉符号资源为综合体的动态多模态语篇，以言语、色彩、声音、动作等多种手段和符号资源进行交际，共同创建意义来弘扬中华妈祖文化。因而多模态妈祖祭典仪式蕴含了中华传统文化特有的元素和内涵，展现出具有中华民族文化内涵的祭祀仪式，实现了宗教祭礼与艺术观赏的完美结合，在海内外产生巨大的影响，一直受到社会学界的关注。

湄洲妈祖祭典现场

275

　　多模态妈祖祭典语篇中的文化元素和内涵执行了语言的三大功能的任务,即再现功能、人际功能和语篇功能。第一,妈祖祭典是重大节日祭祀妈祖的仪式,已远远超出宗教信仰的范畴,妈祖的迷信成分不断淡化,已适应于当代人的心理需要;也并不再是祈佑护航的单一功能载体,而是一个传统思想文化信仰的象征,是中国悠久海洋文化中"人海和谐"心态的动态性表现,是内涵丰富的文化载体;妈祖祭典也已成为促进海内外经济文化交流与友好往来的纽带,成为增强民族团结、弘扬民族文化的新民俗活动,更成为维系社会的稳定和有序、沟通海内外中华民族血缘亲情的纽带与桥梁。所以,妈祖祭典的目的在于广泛传播妈祖灵迹和妈祖信仰,弘扬中华传统文化,尤其是在进一步促进闽台两地交流方面发挥更大的作用。在此前提下,妈祖祭典的参与者不只局限于国家官员,所有的妈祖信众、妈祖文化研究爱好者和国内外游客都可以参加祭典。第二,祭典活动场所平面对称的布局,妈祖祭坛的设置在体现祭典的人际意义的同时,也凸显了中国建筑文化和"天人合一"的信仰。第三,祭典过程的舞蹈和器乐演奏,所传达的信息值正是中国艺术文化的最佳体现。妈祖祭曲音乐是一种既能渲染庄重肃穆的祭祀气氛,又含有莆田地方特色的妈祖祭典音乐。舞蹈是献给海神妈祖的悦神之舞,是中国悠久海洋文化中"人海和谐"心态的动态性表现。如《初献》之舞主要运用雕塑造型的艺术表现手法,使之与稀声音乐的古朴无华风格相协调;《亚献》之舞队形变化幅度较大,着重表现四面八方前来朝拜妈祖的踊跃情景;《终献》之舞又参入踏浪而舞的起伏动态,表现海上朝圣的特定情景。祭典通过视觉模态与音乐模态同现,加强体现了妈祖"有德于民,有功于国"的内涵,同时也表达了中华儿女对世界和平、世界和谐的期盼。第四,整个祭典过程所采用的高饱和度的色彩,如红色、黄色、蓝色等几种主色彩对比明显、突出,其显著性不仅吸引了观者的注意力,更是符合中国传统文化赋予这些颜色的含义。在中国传统文化中,红色包含热诚、庄严、高兴、温暖等含义,有中国色的美称;黄色包含光明、愉快、平和的含义,在古代是帝王的象征色,有高贵、尊严的含义;而东方佛教喜爱雅素、脱俗,常用黄色暗示超然物外的境界;蓝色给人幽雅、深刻的感觉,象征海洋,也表示希望、幸福、和平。第五,祭典是寄附于妈祖文化的表现形式。每一个仪式过程都承载着数千年来海洋民族对人的生命关怀,这种关怀通过庄严的祭礼来感恩妈祖对人生的保护,来实现人与神(妈祖)的沟通。因此,妈祖祭典表达了对妈祖长久的思念和膜拜,体现了民众借神祈愿,祈求风调雨顺、国泰民安、社会和谐、世界和平,体现了对美好幸福生活的渴望。

(二)妈祖石雕神像的和平理念多模态符号构建

和谐是中国传统文化的核心理念和根本精神。关乎和平、大爱、勇敢,反映人类追求真、善、美的妈祖文化,本质上就是一种和谐文化,彰显出的是中华民族传统文化精神,是人民对"孝""善"等传统美德的追崇,体现了中国传统文化之主流,在当代仍然具有生命力和现实意义。它是一个多层次、多元化的复合体。

湄洲妈祖祖庙正殿前方的"祖庙山"之巅屹立着一尊妈祖石雕神像,背靠祖国辽阔的大地,面向大海,遥望着宝岛台湾,为海峡两岸同胞共同瞻仰,如今已成为湄洲岛的标志性建筑,被誉为莆田市乃至海峡西岸的"形象大使"。该神像是由厦门大学艺术学院李维祀和蒋志强教授设计,于1987年九月初九妈祖羽化千年纪念日奠基。妈祖石雕神像竖立在湄屿最高峰,高14.35米,寓全岛面积14.35平方千米之意,重约300吨,用365块洁白的优质花岗石精雕而成。妈祖头戴凤冠、冕旒,身披霞帔,手持如意,脚踏莲花台,迎风矗立,栩栩如生。妈祖慈爱的双目眺望着台湾海峡,与台湾北港朝天宫妈祖石雕像遥遥相望。由人及神的海神妈祖,已成为海峡两岸通商、通航的和平象征,成为统一祖国、沟通两岸往来的和平女神,是人类和平与发展的使者。

湄屿峰上的妈祖石雕像

　　从多模态社会符号学角度解读妈祖石雕像,可以发现各种模态符号在神像上具有极强的感染力和震撼力。它们共同建构和塑造了神像所蕴含的和平理念,表达了设计者的意识形态,达到了很好的社会效果。妈祖神像的材料、色彩、朝向,头上的冕旒、身上的霞帔、手上的如意都是意义丰富的符号,是承载者(carrier)。它的意义是通过象征过程中的暗示(symbolic suggestive)实现,即意义来自承载者自身的品质。第一,神像用365块花岗石精雕而成,象征着一年365天天天平安幸福。神像整体上只使用单种白色,象征妈祖洁白无瑕。第二,神像正面朝向大海,是中国海洋文化的特

征之一,以保佑海上、海外各方信众。她给予人们,尤其是海外归来寻根的人们无限慰藉。因此,她是各方信众的保护神,是海晏河清的象征。第三,神像与台湾北港朝天宫妈祖石雕像遥遥相望,慈祥的面容满含期盼,期盼祖国早日统一。海峡两岸尽管隔海相望,但台湾地区与大陆,人同根、血同脉、神同缘,对妈祖共同的崇高敬仰把两岸人民的心紧紧地联结在一起。妈祖被奉为"和平女神",是两岸人民共仰的女神、两岸和平的纽带。她在热爱和追求和平的两岸人民中间引起共鸣,她是大众虔心向善,渴望和平安乐的美好心愿。第四,"冕旒""霞帔""如意"都是中国民族文化独有的文化精髓,年代久远,文化底蕴丰富,已演化成一种意识形态、一种文化象征符号。如妈祖手中的玉如意,象征着平安、吉祥、如意。① 神像上所有这些意象共同构建了丰富的再现、互动和构图意义,反映出建造妈祖石雕意义深远。

总之,整个石雕像的设计资源(design resources)以视觉因素、姿态设计和空间设计为主,无论是设计者的创意、构思还是具体的表现手法和产生的效果,都充分体现了其带有明显而强烈的民族特色的宣传主旨,而且将妈祖"立德、行善、大爱"的品质塑造得淋漓尽致。

(三)妈祖故事语篇中的图像特点

妈祖的故事最初在民间只是以口述形式传播,经过各时各地各阶层的口传添加,其内容逐渐丰富,其传说也日趋纷纭。元、明以降,随着朝廷对妈祖的不断晋爵加封,人们在频频传播其灵验故事的同时,随其背景及利益而对妈祖的原生形象不断进行加工塑造。迄12世纪中叶,始出现有关妈祖信仰起源及其身世的文字记

---

① 李丽娟:《从社会符号学角度解读妈祖石雕像的再现意义》,《莆田学院学报》2009年第6期,第79~82页。

载,而"图说妈祖"则始于清代以后,如清代林清标(1778)著的《敕封天后志》简称《天后志》,又称《湄洲志》,书内有神迹图说53图(图文各半),左图右书。清人许叶珍编绘的《天妃图》,共两册,48幅,每幅图都绘有故事情节和文字说明;编于嘉庆间的《天后圣母圣迹图志》下卷,图说并言,有海天活佛(圣母绣像)、圣迹图迹(自"感大士赐丸得孕"至"沐皇恩春秋崇祀"共48节,左图右文)[①]等。这些书都以图为主,配以简短文字说明,图文并茂,形式新颖,一图一个故事,形象地再现了妈祖的生平事迹和各地对妈祖的信仰,全篇既有连续性,又有各自独立性。这些插图、画传十分珍贵,但都是黑白刻印本,绘技也较简单。20世纪末,现代人类社会进入多媒体信息的"读图时代",视觉文化成为信息的重要组成部分,数字电脑摄影的普及,给历史文物插图书籍提供了极大的便利。特别在色彩方面,经典书籍配图再版的"插图珍藏本"以强大的视觉冲击力、丰富的插图吸引了更多读者的眼球。例如,马书田的《全像妈祖》全书以全彩铜版纸印刷,图文并茂。几乎每页都运用插图来诠释文字内容,并加以引申,使得该书熠熠生辉,书中清刻本《敕封天后志》一图描绘了妈祖收服晏公的传说,惟妙惟肖。[②] 又如罗伟国《妈祖全传》所述妈祖的故事,大多取自民间传说,为了使读者对妈祖的传说有一个较感性的认识,书中为全部故事配了连环画图。[③]

除了以图文并茂的书籍传播外,妈祖传说故事还以各种壁画或雕像配以文字的形式出现在各个妈祖庙。在湄洲妈祖文化园内,人们可以看到山顶上巨大妈祖石雕像的周围散布着30组216尊石雕群像。妈祖故事群雕是根据中国历史博物馆《天后圣母圣迹图志》,选择了妈祖生前及殁后扶危济困、护国庇民的故事和传

[①] 黄国华:《有关妈祖的录书与志书(下)》,《湄洲日报》,2007年10月18日。
[②] 马书田、马书侠:《全像妈祖》,南昌:江西美术出版社,2007年。
[③] 罗伟国:《妈祖全传》,合肥:黄山书社,2004年。

说,每组讲述一个妈祖故事,记录妈祖如何从人而神的历史过程,从妈祖诞生、涉波履险、焚屋筑堤、消除病疫到羽化升天以及升天后的种种善行圣迹。群雕仿佛是一部形象的妈祖传说故事集。

湄洲妈祖文化园内的妈祖故事石雕

上海天后宫妈祖故事石雕

莆田港里天后祠石雕

青岛天后宫

此外,网络多媒体为传播妈祖文化提供了广阔的空间平台,图文并茂的妈祖传说故事可见于中华妈祖、天下妈祖、湄洲在线等网页上。其中插图生动而具有强烈的视觉冲击力,更适合现代读者、妈祖信众阅读,在传播妈祖文化的过程中,起到了特殊的作用。

总之,无论是早期《天后圣母圣迹图志》之类的画册、文化园内的群雕,还是网页上的语篇,其显著的特点之一是都配有精美的插图,是一种包括文本、图像等符号资源的多模态语篇。其编写除了考虑语言文字的特点外,还必须考虑图像的特点和图文关系,以及这些视觉交际手段如何与受众的认知特点和接受心理相适应。

图像作为一种符号,能够将一部分文字所要表达的意义更好、更生动地表达出来,但是,它显然不能将所有文字所要表达的意义清晰地表达出来;反过来,文字一般来讲是可以表达所有图像所要表达的意义的,但是,在某些情况下甚至许多情况下,文字的表达效果不如图像好。对于文字和图像之间的关系,学术界的看法不尽相同。罗兰·巴特(Roland Barthes)认为,文字和图像之间存在着依托(anchorage)和传递(relay)的关系,图像和文字说明是关联的;然而,由于图像本身的意义飘忽不定,必须借助文字说明才能确定。① 菲利普·莱文(Phillip LeVine)认为插图能够使文本更具体、连贯,便于理解。具体来说,插图让文本所叙述的目标或事件可视化(presentation function)。②

多模态妈祖故事语篇包含了故事体裁中的神话与传说子范畴,或"叙述""逸事"次语篇体裁,是典型的叙述模式。史书中所载的各类妈祖故事都是以特定的历史事件为基础的,但传播过程中,不同的社会群体,依据各自的信仰、兴趣、愿望把她从人变成神,从不同的叙事立场构建各自的叙述文本。一般来说,妈祖故事可以分为以下几类:妈祖身世、超自然法力、降妖伏魔、护航御敌、护国庇民等显灵圣迹。妈祖故事语篇中的图像多为插图,与文本同为制造意义的资源。这些语篇一般使用篇幅短小的一段文字,加上

---

① R. Barthes, *Image*, *Music*, *Text*, London: Fontana, 1977.
② P. LeVine, R.Scollon, eds., *Discourse and Technology: Multimodal Discourse Analysis*, Washington, D.C.: Geroge Town University Press, 2004, p.2.

相应活动场景的插图,属于明确形象的活动图像(explicit iconic images of activities),且以重述、总结、重复等形式阐述文本。但插图与文本各司其职,侧重点各有不同。插图的线条、颜色描绘出文字所无法叙述的意境,较之文字说明具有形象、直观的特点,甚至可以使有限的文字不易表达清楚的某些细节和事物特征跃然纸上,一目了然;文字的清晰语义表达又弥补了难以直观显现的思想及时空变化,插图与文字互相融合、协调,共同表现一个主题。插图中的文字说明与短文有词汇复现之处,有利于衔接,使整个多模态语篇成为一个有机的整体,充分体现了"叙与画合"的特性,因为以图配文的目的就是讲故事。我国伟大的文学家鲁迅对插图的作用曾做过精辟的论述:"书籍的插图,原意是在装饰书籍,以增加读者兴趣的,但那力量,能补文字之所不及,所以也是一种宣传画。"妈祖故事语篇中的插图具有相对的独立性,同时又从属于故事。它具有一定的主题,但又服从传说故事,成为传说故事的辅助性符号方式和意义方式。插图通过选择故事中有意义的人物(如妈祖等)、场景和情节,用绘画形象表现出来,将可读性和可视性结合起来,使读者增加阅读的兴趣,加深对传说故事的理解。因而这些插图对我们的阅读有着特殊的意义和作用。从阅读功能来讲,文字叙述是诱导读者想象来展开内容,而插图则是充分发挥视觉形象独特的表现优势和表达功能的真正价值,配合书籍文字内容,有意识地构建,以创造出准确表达思想、信息的视觉语言。妈祖"窥井得符""挂席泛槎""驱除怪风""化草救商""甘泉济师""圣泉救疫"等一幅幅插图形象逼真地呈现于读者、信众面前,直接刺激人们的感官,以可视的形象再现了妈祖慈悲为怀、除恶扬善、乐于助人、互助互爱、济世救人的高尚品德和崇高精神。

　　妈祖故事图文搭配的书籍装帧具有以下特点:(1)插图附属于文字,并与文字并列互补,一方面插图能帮助读者更好地解读文

本,另一方面读者也往往需要文本的解释来正确理解图像的含义。图文是完全一致的,图像的呈现传达了文字的概念,文字的概念则规定了图像的意义。(2)图文并行式叙述,即插图和文字同时出现并能一一对应,描述相同的事情,故事实际上被文、图分别叙述了一遍。插图与文字所包含的各种符号资源合力组成多模态妈祖故事语篇的整个信息。

福建莆田文峰天后宫编

在以图为主的网页中,图在网页中往往处于较上方并且比文字大。因此,网页上妈祖故事多模态语篇中是采用图像在上、文字在下的编排方式,这样的安排与从上至下的阅读路径相一致,同时也符合人们的认知和感知习惯。图片下方的文字说明使图像的解读更加具体化了,更好地阐述了图像要表达的意义。上图下文,让人第一眼看到的是图,下面是文,看完了文,知道了内容,反过来又仔仔细细看图,欣赏画中的情节。

妈祖文化园内的妈祖故事群雕,造型生动活泼,人物栩栩如

相传妈祖十六岁的时候,有一次,与一群女伴出去游玩,当她对着井水照妆时,一位后面跟着一班神仙的神人捧着一双铜符,拥井而上,把铜符授给她,一起玩的女伴们都吓跑了,而妈祖则接受铜符,并不怀疑。妈祖接受铜符后,灵通变化,符咒避邪,法力日见神通,以至她常能神游,腾云渡海,救急救难,人门称她是"神姑""龙女"。(湄洲在线 http://www.mozoo.net)

生,更加具体和形象地再现了妈祖一生的传奇事迹,与石壁上的文字说明协作互补,共同构成了一个完整的语篇,吸引着观者的注意力。

概括地说,对妈祖文化的多模态化研究,可以探讨语篇中不同符号是如何共同建构和表达妈祖博爱的胸怀、善良的品德,塑造"和平、勇敢、关爱"的伟大的"海上和平女神"的形象;探讨每个模

态本身对妈祖文化语篇意义的产生有何作用,而且要研究所涉及的所有模态之间是如何互动,共同实现语篇要表达的意义的;对于不同模态的语法和词汇,它们之间在共同体现语篇意义上的关系以及一定的语篇以什么模态和媒体表达最为有效,语篇中的文字、图像和颜色等各种符号模态结合在一起传递给读者一个怎样的概念意义、人际意义和语篇意义,然后结合语篇中的其他符号信息,并将这些符号资源进行整合,研究它们在特定的语境和社会大环境中如何互动并形成一种统一的交流行为和力量,表达现实的社会意义;不同类型语篇如何共同传达妈祖文化仁慈博爱、济世救人、惩恶扬善、祈求和平等真、善、美的博大精神的理念。妈祖文化的多模态语篇分析可以引导读者更好地理解语篇和语境意义,同时对语篇从多方面提供辅助信息,由于不断强化使读者对妈祖文化的吸收更加精确和彻底,更好地解读妈祖文化,让妈祖文化上升为人类传承文明、发展进步的世界性课题,让世界更好地阅读、认识、了解妈祖和妈祖文化,从而进一步增强妈祖信仰文化的影响力。

二、符际翻译在妈祖文化跨语境传播中的应用

符际翻译研究在信息时代具有广阔的应用前景:第一,在当今网络时代,图像符号的大量涌现使得传统意义上的语内翻译和语际翻译应对不暇。符际翻译顺应了时代的发展,从文化传播和多维互动交际意义上来说,较之传统和单一的语际翻译,符际翻译运用面更加宽泛且更具实效,深入研究符际翻译的重要性是毋庸置疑的。第二,语际翻译常常以语言视角去探视翻译的特点和效果,而符际翻译研究则更加注重语言与非语言因素之间解读和翻译,即语言与图像、语言与文化、语言与音乐等交叉点上那些具有质感的意义传达。这样才能将信息时代的可视信息(文本的,包括文字

和图像)和不可视信息(隐形话语,如音乐、光感,以及其他具有诗意和美感的交流方式或交流背景等)结合起来,获得更加全面综合的信息。实际上,可以认为,符际翻译是一种更适合超文本翻译的翻译手段。①

　　无论对于妈祖祭典语篇的多符号翻译还是妈祖故事语篇中的跨文化图像翻译,不应该仅仅局限于对各种模态符号、图像和画面表层信息的诠释,而应该充分考虑不同符号、图像和画面所暗含的文化、语境、历史、意识形态等诸多因素。对妈祖故事图像文本(或其他多模态符号文本)进行翻译的一个重要任务就是突破语码层面的翻译,引进文化译介和阐释的因素。对多模态符号文本的英语译介主要面对的是西方文化语境中的文本受众,因此是跨语言文化疆界的符际翻译。它具备以下三个特征:一是跨越不同语言的翻译,二是跨越不同文化的翻译,三是跨越不同学科的翻译与阐释。鉴于此,对妈祖祭典或者妈祖故事的图文语篇的英译至少要包含以下三步:首先要对多模态符号文本及不同符号进行文字图解,即语内文化翻译;其次是对文本进行文化图解,即跨符际的文化翻译;最后,根据中西文化差异,寻找二者的文化间际性,寻找确当翻译法,进行异质文字图解,以文化主体间际性为基础确当传译出图像等非语言符号所蕴含的中国文化精神。② 比如,妈祖祭典仪式通过主题选择模态,以视觉模态为主,声觉模态、动作模态、言语模态等为辅,经过符号的生产、分配、理解一系列转换,各种模态和符号系统各具特色、同心协力,使妈祖祭典的内涵达到完美的效果。翻译需要解读出祭典所用的各种符号是为了透射更多内在的含义,既是完成祭典仪式的功能,又能折射出中国独特的和谐文

---

　　① 魏妹:《国内符际翻译研究透视》,《北京邮电大学学报(社会科学版)》2013年第5期,第98页。

　　② 胡明涛:《从语符翻译到跨文化图像翻译——亳州花戏楼砖雕文化的英语译介初探》,《开封教育学院学报》2013年第7期,第31页。

化。妈祖祭典祈愿妈祖保佑海晏河清,歌舞升平,从而求得"天人合一""人海和谐"的瑞象,表达对和平与美好生活的追求与愿景。因此,妈祖祭典所标志的妈祖文化,具有促进中华民族文化认同的博大感召力和强大凝聚力;鲜明地显示出妈祖文化在民族凝聚中的和谐内涵;明显地、出色地展现了中华民族鲜活生动地谋求天下太平,谋求救助苦难,谋求人类幸福的古老文化传统的独特价值。祭典语篇中的各种模态符号都是围绕这个意义与功能而进行构筑的。又如,在符际翻译妈祖像上的"冕旒""霞帔""如意"时,需要解读这些文化元素。"冕旒"(king's crown with tassels)原指中国古代帝王、诸侯及卿大夫的礼冠,象征无限权威。"霞帔"(a scarf over ceremonial robe for ladies of nobles),是宋以来贵妇的命服。妈祖能民女宫装,是因为她慈悲博爱、护国庇民的高尚品德赢得了乡民的爱戴、帝王的加封晋爵。妈祖奉献人类的大慈大爱、大智大勇也就成了世人生命中永远的冕旒。"如意"(an ornament and symbol of good luck)是一种象征祥瑞的器物。再如,妈祖图文故事中有时没有出现妈祖的形象,却也能体现出"妈祖显圣"的神助意境。在《林妈祖志全图宝像》第二十二回,外商遇风暴而有祷于妈祖,空中现千里眼的形象等。第二十三回铜炉溯流,第五十回、五十一回统一台湾,以"神灯""迷雾"等物象代指妈祖显圣。① 《使琉球录》卷下录明代谢杰《敬神》:"每值风发,必有先征:或为蜻蜓、蛱蝶,或为黄雀、红灯笼,另人得预为之计。""舟人每逢风涛,有祷必应,或蝶、或雀、或灯光,舟人见之,则险夷翻涉矣。"② 《五杂俎·地部二》也有类似的记载:"海上有天妃神甚灵,航海者多著应验,如风涛之中忽有蝴蝶双飞,夜半忽现红灯,虽甚危,必获济焉。"③ 对

---

① 黄劲:《〈林妈祖志全图宝像〉中的妈祖形象探析》,《莆田学院学报》2018年第3期,第5页。
② 蒋维锬:《妈祖文献资料》,福州:福建人民出版社,1990年,第130页。
③ 谢肇淛:《五杂俎》,上海:上海书店出版社,2001年,第86页。

这些神迹图所进行的英语译介必须兼顾三个方面。首先是对蝴蝶、黄雀、红灯笼和神鸟等这些妈祖显灵的具体化图像进行文化阐释,"这些具有象征意义的形象,充满了神话思维的想象与幻想"[①],挖掘妈祖神格外化形象中所蕴含的丰富中国审美意蕴;其次是把这些视觉符号的文化内涵转化为文字文本,即实现语内翻译中的跨艺术门类阐释;最后是根据西方文化特征并结合西方文化受众的文化心理,进行跨异质文化互文性的阐释性翻译。只有实现了以上三者的结合才能实现妈祖显灵神助形象的跨符际翻译。

总之,多模态妈祖文化语篇的英译是跨越不同语言、不同文化、不同学科的跨语言文化疆界的符际翻译,需要译者跨越边界,考虑符号、文本所要表达的思想和情感等因素,兼顾译语读者的接受度和审美情趣,以描述、阐释为主,实现对多模态妈祖文化语篇的跨文化和跨符际翻译。

---

① 肖景仁:《明清时期海神妈祖神格外化形象分析》,《莆田学院学报》2014 年第 1 期,第 20 页。

结　语

　　妈祖是以和平、自由、平等、共存的形象冠以"和平女神"的称誉，中华民族自古以来追求的"和"在妈祖精神上得到充分的展现。妈祖最富有特色之处就是她的包容与和谐，"和"是妈祖区别于其他神祇的一个重要特征，也是中华海洋文化与西方海洋文化一个极为重要的区别。妈祖作为海上丝绸之路的保护神，具有跨语境、跨国、跨文化和信众多分布广的特点。妈祖文化与"新海丝"沿线国家不同文明的核心价值存在着许多相同或相近的要素，是"新海丝"沿线国家拥有的共同历史记忆。它所体现的"立德、行善、大爱"的精神和"外向、多元、兼容与开放"的特征，与以"和平合作、开放包容、互学互鉴、互利共赢"为核心的丝路精神相契合，能够引起"新海丝"沿线各国的情感共鸣，正是讲好中国故事、传播好中国声音、建设"新海丝"中实现互利互惠、共同发展的重要文化载体。以妈祖文化为传承中华优秀传统文化的一个载体，通过妈祖文化向世界展示人类共同的价值观，展现妈祖文化和相关民俗文化的深厚底蕴，大力弘扬妈祖精神，向世界充分展示文化中国的良好形象，不断增强中国文化的国际影响力。

　　当前国家发展战略为妈祖文化的海外传播提供了新机遇。在具有"非遗"特征的妈祖文化对外传播的宏大工程里，让妈祖文化"走出去""走进去"成为世界各国人民了解和认识中华文化的重要

窗口之一,讲好妈祖故事,传播妈祖文化,发出中国声音,就要研究"新海丝"建设中妈祖文化跨语境传播的话语建构模式,探索妈祖文化在其中传播的新内容、新内涵、新路径,考虑到对象、内容、方式。要从语言、文化和传播的多维视角出发,以语言为逻辑思维的起点,与包括社会学、人类学、跨文化传播学、叙事学等在内的多学科有效地互动,架构起一个集文本叙事、图像叙事、影像叙事为一体的多元立体话语模式,把握话语权。妈祖文化博大精深,其跨语境传播的着力点就是对妈祖故事的凝练和阐释,对传播策略的构建和呈现,让世界读懂、听懂、看懂妈祖故事里的精神内涵,从"中国声音"的有效表述和表达、中国故事海外表达、妈祖在国外有效传播等方面,致力于在"新海丝"沿线国家有效、灵活地讲述妈祖故事,全面提升妈祖文化的海外认可度,为我国建设21世纪海上丝绸之路发挥妈祖文化应有的桥梁和纽带作用。

参考文献

一、著作

1. Chritiane Nord. Translation as a Purposeful Activity: Functionalist Approaches Explained[M]. Shanghai: Shanghai Foreign Language Education Press, 2000.
2. Eugene A. Nida. Language, Culture and Translation[M]. Shanghai: Shanghai Foreign Language Education Press, 2000.
3. Eugene A. Nida. The Theory and Practice of Translation[M]. Leiden: E. J. Brill, 1982.
4. G. A. Prince. Dictionary of Narratology[M]. Nebraska: University of Nebraska Press, 1987.
5. G. Kress, Leeuwen T. Van. Reading Images: The Grammar of Visual Design[M]. London: Routledge, 1996/2006.
6. K. L. O'Halloran, ed.. Multimodal Discourse Analysis: Systemic Functional Perspectives[M]. London/New York: Continuum, 2004.
7. M. A. K. Halliday. An Introduction to Functional Grammar[M]. London: Edward Arnold, 1994.

8. M. A. K. Halliday. Language as a Social Semiotic[M]. London:Edward Arnold,1978.

9. M. A. K. Halliday,R. Hasan. Language,Context,and Text:Aspects of Language in a Social-Semiotic Perspective[M].Victoria:Deakin University Press,1985.

10. M.O'Toole.The Language of Displayed Art[M].London:Leicester University Press,1994.

11. P.LeVine,R.Scollon,eds..Discourse and Technology:Multimodal Discourse Analysis[M].Washington,D.C.:Geroge town University Press,2004.

12. R.Barthes.Image,Music,Text[M].London:Fontana,1977.

13. Roger. T. Bell. Translation and Translating:Theory and Practice[M].London:Longman Group UK Ltd.,1991.

14. 邓炎昌.语言与文化——英汉语言文化对比[M].北京:外语教学与研究出版社,1989.

15. 郭建斌,吴飞.中外传播学名著导读[M].杭州:浙江大学出版社,2005.

16. 郭庆光.传播学教程[M].北京:中国人民大学出版社,1999.

17. 国家海洋局直属机关党委办公室编.中国海洋文化论文选编[M].北京:海洋出版社,2008.

18. 国务院新闻办公室会同中央文献研究室,中国外文局.习近平谈治国理政[M].北京:外文出版社,2014.

19. [德]汉斯-格奥尔格·伽达默尔著,洪汉鼎译.真理与方法——哲学诠释学的基本特征[M].北京:商务印书馆,2007.

20. 胡庚申.翻译适应选择论[M].武汉:湖北教育出版社,2004.

21. 黄瑞国.妈祖学概论[M].北京:人民出版社,2013.

22. 蒋维锬.妈祖文献资料[M].福州:福建人民出版社,1990.

23.蒋维锬、郑丽航.妈祖文献史料汇编:第一辑·散文卷[M].北京:中国档案出版社,2007.

24.蒋维锬.妈祖文献史料汇编:第一辑[M].北京:中国档案出版社,2007.

25.蒋维锬.妈祖文献史料汇编:第二辑[M].北京:中国档案出版社,2009.

26.李俊甫.莆阳比事(续修四库全书734·史部·地理类)[M].上海:上海古籍出版社,1996.

27.李露露.妈祖信仰[M].北京:学苑出版社,1994.

28.李运兴.语篇翻译引论[M].北京:中国对外翻译出版公司,2001.

29.连淑能.英译汉教程[M].北京:高等教育出版社,2006.

30.廖七一.当代西方翻译理论探索[M].南京:译林出版社,2000.

31.廖七一等.当代英国翻译理论[M].武汉:湖北教育出版社,2000.

32.林明太.妈祖文化研究论丛(Ⅱ)[M].北京:中国文史出版社,2014.

33.刘宓庆.翻译与语言哲学[M].北京:中国对外翻译出版公司,2001.

34.刘宓庆.文体与翻译[M].北京:中国对外翻译出版公司,1986.

35.罗晃潮.日本华侨史[M].广州:广东高等教育出版社,1994.

36.罗伟国.妈祖全传[M].合肥:黄山书社,2004.

37.[英]马克·柯里.后现代叙事理论[M].北京:北京大学出版社,2003.

38.马书田,马书侠.全像妈祖[M].南昌:江西美术出版社,

2007.

39.彭文宇,蔡国耀.海外交流[M].福州:福建人民出版社,2003.

40.秦秀白.英语文体学入门[M].长沙:湖南教育出版社,1987.

41.孙致礼.新编英汉翻译教程:第2版[M].上海:上海外语教育出版社,2013.

42.谭载喜.雅各布逊论翻译的语言问题[M].北京:中国对外翻译出版公司,1983.

43.王力.中国语法理论[M]//王力文集:第一卷.济南:山东教育出版社,1984.

44.谢肇淛.五杂俎[M].上海:上海书店出版社,2001.

45.张寅德.叙事学研究[M].北京:中国社会科学出版社,1989.

46.赵翼.陔余丛考[M].石家庄:河北人民出版社,1990.

47.周南京,沈立新.华侨华人百科全书·社区民俗卷[M].北京:中国华侨出版社,2000.

二、期刊

1.鲍晓英.中国文化"走出去"之译介模式探索——中国外文局副局长兼总编辑黄友义访谈录[J].中国翻译,2013(5).

2.蔡新乐.语内翻译与语际翻译的比较[J].上海外国语大学学报,2000(2).

3.曹明伦.从教学视角看翻译理论与实践的关系[J].天津外国语学院学报,2006(2).

4.陈道明.隐喻与翻译——认知语言学对翻译理论研究的启示[J].外语与外语教学,2002(9).

5.[澳]陈国生,关照宏.澳大利亚的妈祖信仰与海上丝绸之路

[J].妈祖文化研究,2017(4).

6.陈政禹.宋元以来浙江妈祖信仰研究初探[J].中国海洋大学学报(社会科学版),2015(3).

7.陈支平.关于"海丝"研究的若干问题[J].文史哲,2016(6).

8.初景利,唐果媛.论从学术研究到智库研究的转化机制[J].情报理论与实践,2018(11).

9.董洪川.界面研究:外语学科研究的新增长点[J].外国语文,2012(5).

10.范正义.西方学界妈祖信仰研究述评[J].莆田学院学报,2017(6).

11.高彬,杨丽.跨域书写:中国文化"走出去"之译介模式探索[J].江苏科技大学学报,2017(1).

12.[日]高桥诚一.日本における天妃信仰の展開とその歴史地理学の側面[J].東アジア文化交渉研究,2009(3).

13.公丽艳,王岩.此"爱人"与彼"爱人"——儒家思想与基督教思想的冲撞与融合思微[J].齐鲁师范学院学报,2012(6).

14.关世杰."我国对外传播文化软实力"系列文章说明[J].国外社会科学,2012(5).

15.官品佳,袁书琪.妈祖文化内涵及其在亚太合作发展中的重要功能[J].资源开发与市场,2012(2).

16.郝前.跨文化视野下的中西民族性格比较[J].安徽教育学院学报,2007(4).

17.胡建斌.叙事学视阈下的春节故事传播研究[D].武汉:华中科技大学,2017.

18.胡瑾,曾蕾.学术会议英语演讲语篇多模式语言符号意义构建[J].外语与外语教学,2007(3).

19.胡明涛.从语符翻译到跨文化图像翻译——亳州花戏楼砖

雕文化的英语译介初探[J].开封教育学院学报,2013(7).

20.胡壮麟,董佳.意义的多模态构建——对一次演示竞赛的语篇分析[J].外语电化教学,2006(109).

21.胡壮麟,朱永生,张德禄,等.系统功能语言学概论[M].北京:北京大学出版社,2005.

22.胡壮麟.社会符号学研究中的多模态化[J].语言教学与研究,2007(1).

23.黄国文.典籍翻译:从语内翻译到语际翻译:以《论语》英译为例[J].中国外语,2012(6).

24.黄国文.一个简单翻译过程模式的功能分析[J].外语研究,2009(1).

25.[印尼]黄海山.印尼民丹岛丹绒槟榔市天后宫及其文物[J].妈祖文化研究,2018(3).

26.黄劲.《林妈祖志全图宝像》中的妈祖形象探析[J].莆田学院学报,2018(3).

27.黄友义.发展翻译事业促进世界多元文化的交流与繁荣[J].中国翻译,2008(4).

28.黄跃文.汉英翻译中的"语内译"[J].中山大学学报论丛,2003(4).

29.蒋维锬."天后""天上圣母"称号溯源[J].莆田学院学报,2004(1).

30.蒋维锬.妈祖文化热的再认识[J].东南学术,2004(S1).

31.蒋维锬.妈祖信仰与华侨会馆[J].《妈祖研究学报》,2008(3).

32.李静.雅各布森翻译理论研究[J].文学教育,2009(1).

33.李丽娟.从社会符号学角度解读妈祖石雕像的再现意义[J].莆田学院学报,2009(6).

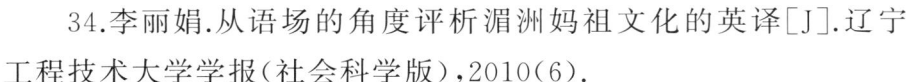

34.李丽娟.从语场的角度评析湄洲妈祖文化的英译[J].辽宁工程技术大学学报(社会科学版),2010(6).

35.李丽娟.特定语域中的语式再现问题——以妈祖文化介绍资料的英译为例[J].中南大学学报,2011(6).

36.李天锡.潮汕籍华侨与泰国华侨华人的妈祖信仰[J].莆田学院学报,2008(1).

37.李天锡.马来西亚华侨华人妈祖信仰窥探[J].八桂侨刊,2009(3).

38.李天锡.试析印度尼西亚华侨华人的妈祖信仰[J].东南亚纵横,2009(6).

39.李天锡.论妈祖信仰与和谐文化[J].莆田学院学报,2010(1).

40.李天锡.越南华侨华人妈祖信仰初探——以胡志明市穗城会馆天后庙为重点[J].莆田学院学报,2011(1).

41.李新铭.缅甸华人的民间宗教信仰研究[D].昆明:云南师范大学,2013.

42.李艺.文化翻译与文化走出去的相关问题[J].湖南科技学院学报,2016(6).

43.李战子.多模式语篇的社会符号学分析[J].外语研究,2003(5).

44.[马来西亚]林德顺,陈碧华.妈祖信仰在"一带一路"中扮演的文化沟通角色探析[J].妈祖文化研究,2017(4).

45.林国平.海神信仰与古代海上丝绸之路——以妈祖信仰为中心[J].福州大学学报(哲学社会科学版),2017(2).

46.林晶.多学科视域下日本学界关于妈祖文化的研究——以日本CINII系统为中心[J].中国史研究动态,2018(2).

47.林晶.作为共生文化的妈祖文化——以妈祖文化的日本传

播为对象[J].日本问题研究,2015(3).

48.林明太,黄朝晖.妈祖文化在海上丝绸之路沿线各国的传播与发展[J].集美大学学报(哲社版),2015(4).

49.林伟清.生态翻译观下妈祖文化资料机译可行性分析[J].集美大学学报(哲社版),2018(4).

50.林伟清,徐颖.翻译适应选择论视角下妈祖文化宣传资料英译[J].莆田学院学报,2017(6).

51.[澳]林亦瀚.澳大利亚妈祖文化传播历史、现状与展望[J].妈祖文化研究,2018(4).

52.[马来西亚]刘崇汉.海外会馆天后宫与妈祖文化——以马来西亚两座天后宫为例[J].妈祖文化研究,2018(1).

53.刘福铸.论明代福建妈祖信仰的特征[J].中国海洋大学学报(社会科学版),2006(4).

54.刘福铸.朝鲜汉文诗文集中的妈祖史料[J].妈祖文化研究,2017(1).

55.刘婷玉.妈祖文化的外向型特征及其在美国的播迁[J].莆田学院学报,2016(3).

56.刘毅.新时代中国智库国际传播能力建设的思考[J].对外传播,2019(3).

57.刘莹.基督教与美国人的核心价值观[J].社会科学论坛,2011(5).

58.刘正光.界面研究作为学科发展的内在动力[J].外国语文,2014(1).

59.罗丹,杨永忠,林明太.近二十年来妈祖文化研究的中英文文献比较分析[J].形象史学,2018(1).

60.[加拿大]玛丽,李强.加拿大的妈祖文化与海上丝绸之路[J].妈祖文化研究,2017(4).

61.牟立群.跨文化图像翻译的补偿[J].文教资料,2009(27).

62.潘文国.界面研究的原则与意义[J].外国语文,2012(5).

63.[韩]朴现圭.高丽时代妈祖接触考[J].鲁东大学学报(哲学社会科学版),2009(3).

64.[韩]朴现圭.韩国所在妈祖现况[J].莆田学院学报,2016(1).

65.[越]阮玉诗.天后信仰在越南湄公河流域的传播及其特点[J].妈祖文化研究,2017(1).

66.时立荣,田丽娜.试论社会主义核心价值观的话语体系构建[J].人民论坛,2013(14).

67.帅志强.人际传播与妈祖文化传承[J].浙江国际海运职业技术学院学报,2011(7).

68.[日]松尾恒一,徐铭.历史与现代:清代华商的航海与妈祖信仰——在长崎旅日华侨社会中的传承与现状[J].妈祖文化研究,2017(1).

69.宋建晓.文化自觉视野下的妈祖文化与"一带一路"建设[J].福建论坛·人文社会科学版,2018(6).

70.隋岩,徐晨.叙事重构时代[J].现代传播(中国传媒大学学报),2016(4).

71.汤一介.古今东西之争与中国现代文化的发展[J].江淮论坛,1994(6).

72.汤一介."文明的冲突"与"文明的共存"[J].北京大学学报,2004(6).

73.童家洲.日本华侨的妈祖信仰及其与新、马的比较研究[J].华侨华人历史研究,1990(4).

74.王晨爽.符际翻译视角下的《喜福会》电影改编研究[J].东北大学学报(社会科学版),2017(3).

75.王东波.语际翻译与文化翻译——兼论中国传统典籍翻译策略[J].山东大学学报,2007(4).

76.王克非.从翻译看界面问题[J].外国语文,2014(1).

77.王宁,刘辉.从语符翻译到跨文化图像翻译:傅雷翻译的启示[J].中国翻译,2008(4).

78.王宁.翻译与国家形象的建构及海外传播[J].外语教学,2018(5).

79.王莹.文化自信与中华优秀传统文化的对外传播[J].广东社会科学,2017(5).

80.魏姝.国内符际翻译研究透视[J].北京邮电大学学报(社会科学版),2013(5).

81.夏立平.发挥妈祖文化在21世纪海上丝绸之路建设中的作用[J].妈祖文化研究,2018(1).

82.肖宏德.语内翻译和语际翻译的界面研究——从外国人翻译两首唐诗谈起[J].西安文理学院学报(社会科学版),2013(1).

83.肖景仁.明清时期海神妈祖神格外化形象分析[J].莆田学院学报,2014(1).

84.徐颖.功能目的理论视角下的民俗文化翻译[D].福州:福建师范大学,2012.

85.许钧.关于新时期翻译与翻译问题的思考[J].中国翻译,2015(3).

86.严三九,武志勇,吴锋,等.论具现代与普世价值的中华文化价值理念及其国际传播(下)[J].文化与传播,2014(2).

87.杨钦章.海神天妃故事在明代的西传[J].海交史研究,1987(1).

88.杨绍梁.界面研究:外语科研创新的一条途径——"首届外语界面研究高端论坛暨全国外语界面研究学会筹备会"综述[J].外

国语文,2012(1).

89.杨信彰.语言与社会的界面研究[J].外国语文,2014(1).

90.俞佳乐,许钧.翻译的文化社会学观[J].中国翻译,2004(1).

91.张俊凌.界面研究的方法、意义与发展——首届中国外语界面研究学术研讨会暨中国英汉语比较研究会界面研究专业委员会成立大会综述[J].外国语文,2012(3).

92.张丽娟,高致华.中国天妃信仰和日本弟橘媛信仰的关联与连结[J].宗教学研究,2011(2).

93.张明明."海丝之路"背景下的中琉妈祖信仰书写及其文化交流意义[J].文化遗产,2018(2).

94.张士闪.传统妈祖信仰中的民间叙事与官方叙事[J].山东艺术学院学报,2007(6).

95.张志洲.文化外交与中国文化"走出去"的动因、问题与对策[J].当代世界与社会主义,2012(3).

96.张祝平.论民间信仰扩散的边界——妈祖信仰在浙西南山区的流播状况考察[J].浙江社会科学,2018(1).

97.朱寰.儒学与基督教道德哲学核心理念的异同[J].甘肃社会科学,2003(5).

98.朱跃,伍菡.对近十年来国内外语界面研究的思考[J].外国语文,2013(5).

99.庄琳璘.以妈祖宫庙为视角看马来西亚华人的妈祖信仰[J].莆田学院学报,2015(4).

三、报纸

1.讲好妈祖故事 聚焦美丽莆田[N].湄洲日报,2017-09-14.

2.妈祖文化,如何成为走向世界的福建名片[N].福建日报,

2016-11-10.

3.胡正荣,李继东.如何构建中国话语权[N].光明日报,2014-11-17.

4.黄国华.有关妈祖的录书与志书(下)[N].湄洲日报,2007-10-18.

5.黄瑞国,郑加清,黄婕.把妈祖文化打造成海上丝绸之路的重要文化枢纽[N].福建日报,2014-11-17(10).

6.黄瑞国.妈祖文化国际化的传承与发展[N].福建日报,2017-02-28(9).

7.黄瑞国.把妈祖文化打造成海上丝绸之路的重要文化枢纽[N].福建日报,2014-11-17(10).

8.李子木.中国文化对外翻译出版发展报告(1949—2009)[N].中国新闻出版报,2012-12-14.

9.梁砾文,王雪梅.重建中国学术的传播力[N].社会科学报,2018-04-12(5).

10.刘福铸.黄公度《题顺济庙》诗赏析[N].莆田侨乡报,2005-09-30.

11.施晓琴.坚持"中国立场国际表达"——专家探讨策展如何助力对外文化传播[N].中国文化报,2017-03-19.

12.宋元模.妈祖信仰在菲律宾的传播[N].莆田乡讯,1987-10-25.

13.王震中.发挥妈祖文化三大功能 服务我国当前发展战略[N].福建日报,2016-11-15(9).

14.吴伟锋,蔡昊.妈祖下南洋·重走海丝路——湄洲妈祖千年来首次巡游东南亚在海内外产生热烈反响[N].湄洲日报,2017-07-10.

15.吴伟锋,蔡昊.人类文明遗产彰显"国际范"魅力——世界妈祖文化论坛首次视频连线全球各地代表共话妈祖文化[N].湄洲日报,2017-12-04.

16.夏立平.妈祖文化在海上丝绸之路建设中的作用[N].福建日报,2017-02-28(9).

17.许钧.文化译介助推中华文化走出去[N].人民日报,2017-08-09.

18.一凡.妈祖庙在印度、法国[N].莆田乡讯,1987-05-20.

四、网络资料等

1.黄国华.妈祖与建筑[EB/OL].(2016-06-13).http://www.oceanol.com/zhuanti2016/xzhy11/ztlm121111111111/2016-06-13/60223.html.

2.蒋维锬.妈祖信仰与华侨会馆[EB/OL].http://image.so.com/i? q=%E9%9B%AA%E9%9A%86%E6%B5%B7%E5%8D%97%E4%BC%9A%E9%A6%86%E5%A4%A9%E5%90%8E%E5%AE%AB&src=tab_www.

3.赖静平.我为老外译"武侠"[EB/OL].(2017-05-30).http://news.163.com/17/0530/05/CLLN6JEU00018AOP.html.

4.李天赐.潮汕籍华侨与泰国华侨的妈祖信仰[EB/OL].(2008-11-25).http://www.fjsen.com/b/2008-11/25/content_1148513.htm.

5.潘真进.妈祖信仰在西欧[EB/OL].http://www.chinamazu.cn/mzdg/whyy/fxlc20150310/27601.html.

6.潘真进.明代的妈祖信仰[EB/OL].(2015-08-08).http://dzb.ptweb.com.cn/system/2015/8/8/20150808075431.htm.

7.[越]阮玉诗.越南南部的妈祖信仰[EB/OL].(2016-06-17).

http://www.vanhoahoc.vn/nghien-cuu/van-hoa-viet-nam/van-hoa-ung-xu-voi-moi-truong-xa-hoi/2322-nguyen-ngoc-tho-tin-nguong-thien-hau-tai-nam-bo-viet-nam.html.

8.吴晟炜.妈祖文化海外发布平台上线 海外华媒冀讲好妈祖故事[EB/OL].https://mp.weixin.qq.com/s/kBIPdk5f3hyC_QqUUub3jA.

9.习近平."一带一路"国际合作高峰论坛开幕式上的演讲[EB/OL].(2017-05-14).

10.习近平.加快推进丝绸之路经济带和21世纪海上丝绸之路建设[EB/OL].(2014-11-06).

11.中共中央办公厅,国务院办公厅.关于实施中华优秀传统文化传承发展工程的意见[EB/OL].(2017-01-25).

12.聚焦世界妈祖文化论坛:妈祖,"一带一路"的文化使者[EB/OL].(2016-11-02).http://www.chinanews.com/cul/2016/11-02/8051547.shtml.

13.中文魅力有多大?每四个美国中青年就有一个愿意学![EB/OL].(2018-01-11).http://ihl.cankaoxiaoxi.com/2018/0111/2251463.shtml.

14.湄洲妈祖祖庙官网[EB/OL].www.mz-mazu.org.cn.

15.湄洲在线[EB/OL].http://www.mozoo.net.

16.东南新闻网[EB/OL].http://pt.fjsen.com.

后 记

这本书是我主持的 2015 年度福建省社科研究基地重大项目"'新海丝'战略中妈祖文化跨语境传播的话语建构模式研究：以界面研究为视角"的研究成果。

本研究成果在形成过程中，得到单位领导、同事，朋友们的大力支持与无私帮助。在此，首先要特别感谢福建省妈祖文化研究会第一届常务副会长、福建省妈祖文化研究社科基地原副主任、莆田学院妈祖文化研究院原院长黄瑞国教授。2014 年，本人在妈祖文化研究领域遇到瓶颈，黄教授给了我许多有价值的指点和建议，扩大了我的学术视野，因此，我获得 2014 年福建省社科规划研究项目"妈祖文化的海外传播与国家形象建构研究"立项。该课题的成功申报增加了我的信心，2015 年我的"'新海丝'战略中妈祖文化跨语境传播的话语建构模式研究：以界面研究为视角"项目申报也成功获得福建省社科研究基地重大项目立项。其次，感谢本课题组成员黄瑞国、陈昉、陈丽婉、徐颖、林伟清、刘慧钦等老师的辛勤付出，其中，陈昉老师参与本书第三章第一节、第五章第二节的写作过程；林伟清老师参与第五章第一节的写作过程；陈丽婉老师参与第四章第一、二节，第六章第二节的写作过程；徐颖老师参与第六章第三节的写作过程，在此谨表谢意！此外，感谢福建省妈祖文化研究会各位同人对本书出版的大力支持。感谢匿名专家为本书

提出的许多宝贵修改意见。感谢为本书分享部分图片的老师和朋友。感谢书中所引用的文章作者,标注若有遗漏,诚望宽宥!同时,感谢厦门大学出版社有关人员对本书出版做了大量工作。最后,感谢所有关心我的师长和好友对我的大力支持和帮助。感谢我的家人,特别是我丈夫,任劳任怨分担了家务,使我能够全身心投入教学与科研工作。

由于本人学术水平有限,书中疏漏与不足之处在所难免,恳请广大专家学者不吝赐教。

李丽娟

2019 年 3 月